경희대학교 국제지역연구원 환동해지역연구 시리즈 6

중국 동북지역과
환동해지역의 관계성

이 저서는 2011년 정부(교육과학기술부)의 재원으로 한국연구재단의 지원을 받아 수행된 연구입니다.
(과제 번호 : NRF-2011-362-H00001)

경희대학교 국제지역연구원 환동해지역연구 시리즈 6

중국 동북지역과 환동해지역의 관계성

홍면기 | 송규진 | 원동욱 | 박동훈
주용하오 | 최영진 | 김보라 | 이송림

경희대학교 출판문화원
KYUNG HEE UNIVERSITY PRESS

| 머리말 |

중국 동북지역과 환동해 지향 : 갈등과 협력

이번 환동해시리즈 연구총서 6권 출간은 경희대 국제지역연구원과 옌볜대 동북아연구원이 HK국제학술대회를 통해 연구 협력 관계를 강화하며 공동 과제 개발을 추진해 온 결과물이다.

중국의 지도자 시진핑習近平은 2012년 집권 초기에 중화민족의 위대한 중흥이라는 '중국의 꿈中國夢'을 주창했다. 이어서 집권 후반기에는 이를 실현하기 위한 실천 목표로 유라시아와 해양을 아우르는 '일대일로一帶一路'를 주창하면서 6대 경제회랑 건설에 역점을 두어 중국의 나아갈 길을 제시했다. 중앙정부의 '일대일로' 전략은 개방성과 확장성을 지니고 있기에 중국 동북지역에서는 동북3성 지방정부가 각각 이들 경제회랑과 연결 고리를 형성하려 하고 있다. 이 책에서는 중국 동북지역의 근대사를 조망하며 현재 지정학·지경학적 이슈 및 생태·환경적 관점에서 중국 동북지역과 환동해지역 간의 갈등을 파악하고 협력 방향을 모색하고 있다.

총 4부 8장으로 구성된 이 책의 제1부에서는 근대 중국 동북지역의 역사와 경제 관계를 조망한다. 한국이 직면한 지정학적 압력을 완화하면서 통일을 이루어 나가는 데 주목 받는 공간이 북한과 접경하고 있는 중국의 동북지역(만주)이다. 이 지역은 북한의 변화를 이끌고 통일과 동아시아 평화를 견인해 내는 전략 공간이기도 하지만, 역사·영토 문제 등 한국의 장래에 매우 민감하고 엄중한 문제를 제기할 수 있는 위험한 공간이라는 이중의 의미를 지니고 있다. 제1장은 이런 문제의식에서 만주의 지정학적 역사를 개관하고 한반도 평화와 역내 국가 간의 협력을 위한 인식론적 문제를 검토한다. 한편 과거 일본제국은 중일전쟁 이후 전쟁 수행을 원활하게 지원할 수 있도록 조선사회를 재편했으며, 물자 공급을 위해 '북방권' 무역을 강조했다. 일제강점기에 조선은 대일對日 무역을 제외하면 대'북방권' 무역이 가장 큰 비중을 차지했다. 이 '북방권' 무역은 일본이 중국 대륙으로 침략하는 데 일조했다. 제2장에서는 일제강점기 조선무역사를 네 시기로 나누어 각 시기별 무역정책과 내용을 분석한다.

제2부에서는 중국 동북지역에서 경제회랑과 한반도의 연계성을 살펴본다. 현재 유라시아 공간은 국제운송회랑을 둘러싼 강대국의 각축장이 된 지 오래다. 이러한 가운데 한반도를 둘러싼 안보 환경이 매우 유동적 국면으로 전개되고 있다. 제3장은 시진핑 정부가 역점을 두어 추진하고 있는 '일대일로' 전략과 2017년 5월에 출범하는 새 한국 정부가 모색할 '신북방정책' 또는 '신북방뉴딜'의 연계협력을 계기로 한반도 평화를 추진하는 지경학적 접근법으로서 '동북아경제회랑' 구축의 필요성과 의미, 경로와 방식에 대해 논의한다. 제4장에서는 현재 지속되고 있는 역내 갈등의 틀에서 벗어나 날로 가시화하고 있는 유라시아지역 단일경제권 통합 추세라는 보다 큰 틀에서 두 지역의 관계에 접근한다. 이 연구는 중국이 '일대일로' 구상을 추진하는 상황에서 '신지정학'에 대한 이론적 정립을 통해 국제협력을 이끌어 낼 수 있는 유용한 분석틀을 제시한다. 중국이 현재 구상, 추진하고 있는 '일대일로' 전략의 기본 내용과 특징을 고찰함으로써 두만강지역개발에 어떠한 시사점을 가져다줄 것인지 분석하고 있다.

제3부에서는 중국 동북지역과 환동해지역 간의 경제적 관계를 파악한다. 중국 동북3성은 지리상 특징 때문에 최근 '외부'로 나아가는 전략하의 경제성

장을 바탕으로 환동해를 통한 동북아 접근이라는 면에서 중요성이 커지고 있는 곳이다. 동북아 경제협력의 '결절점'으로나 거대한 소비 시장으로 보더라도 '외부'의 힘으로 경제 발전을 해 온 전쟁 전의 경위와는 반대로, 제5장에서는 중국 동북3성의 관점에서 동북진흥전략 실시 이후의 경제 개황을 정리하고 대외무역 현상을 분석한다. 이어서 러시아 극동지역과 북한을 중심으로 한 동북아 국가들의 경제관계에 관한 진척 상황을 고찰한 후, 동북3성과 동북아 국가들의 경제 교류 확대를 위한 과제와 가능성을 제시한다. 제6장은 대북對北 경제제재 조치가 북·중 간의 교류와 교역에 얼마나 영향을 미치는지 파악하는 것이 주요 목적이다. 최근 북한의 핵실험과 장거리 탄도미사일 발사 등으로 야기된 국제사회의 다자간 UN안보리 제재 조치들을 중심으로 살펴본다. 한·중 간에 한반도 비핵화는 합의를 했지만 한반도 해법에서는 시각의 차이가 뚜렷하다. 특히 최근 제5차 북핵 실험 이후 북한과 불법 거래를 하는 중국 기업에 취해진 새로운 제재 조치와 한계를 파악한다. 향후 환동해권 교류 및 교역에서 경제 관계망의 구조적 변화와 관계망 이론에 대한 함의도 고찰한다. 그런가 하면 몽골은 수입 대체·수출 지향 산업개발정책과 관련해 현재 몇몇 분야를 우선적으로 개발하는 데 역점을 두고 중국 등 외국 국가들의 투자를 통해 경제협력을 도모하는 입장이다. 하지만 아직까지 몽골과 중국 동북3성의 경제협력의 경우 최우선 산업개발 관점에서 연구가 제대로 수행되지 않은 상태이다. 제7장에서는 몽골과 중국 동북3성의 경제협력을 몽골의 수입 대체·수출 지향 산업 중 최우선 분야 측면에서 고찰했다.

제4부에서는 중국 동북 접경지역의 생태환경 문제와 협력에 대해 논의한다. 20세기 이전 동북지역은 생태환경이 양호한 편이였으나 20세기에 걸친 대규모 자원 개발과 건국 이후의 급속한 공업화 진전으로 생태환경이 악화되는 지역으로 변모했다. 일부 학자들은 동북지역이 2003년 동북진흥전략 실시 이전의 생태환경으로 복구가 불가능한 임계 상태에 처했다고 지적한다. 제8장은

동북지역의 전체 생태환경의 변화 추세에 대한 압박 요인을 현재 시각에서 분석하면서 동시에 동북 접경지역을 헤이룽강, 두만강, 압록강 유역으로 나누어 구체적인 지역 생태환경 문제를 분석하고 향후 과제를 제시한다.

이 책이 나오기까지 권세은 경희대 HK사업단장의 지속적인 지원이 있었다. 2017년 2월 서강대학교에서 열린 경제학공동학술회의에서는 한국동북아경제학회가 두 세션을 제공해 주어 우리 연구진이 발표와 활발한 토론을 통해 원고를 완성하는 데 큰 도움을 받았다. 아낌없이 지원해 주신 이종철 회장과 강승호 교수께 감사를 드린다.

2017년 봄

경희대 국제지역연구원 HK 교수 최영진

| 차 례 |

제I부

중국 동북지역의 근대사 조망

제1장

만주(중국 동북지역)의 지정학과 지경학적 협력의 문제 : 역사·이론·정책의 변증

홍면기

1. 들어가면서

21세기에 들어 기존 질서에 대한 중국의 도전과 이에 맞선 미국의 적극적 대응이 가시화되고, 세계화와 지역공동체에 대한 낙관론이 후퇴하면서 고전적 의미의 '지정학의 귀환return of geopolitics'이 운위되고 있다.[1]

여기에 발칸 등지에서 러시아의 현상 변경 시도, 브렉시트Brexit로 상징되는 유럽의 균열도 지정학적 게임에 복잡성을 더하고 있다. 더욱이 갓 출범한 미국 트럼프 행정부가 '미국우선주의America First'를 강력히 표방하면서 기존 국제 질서의 구도와 논리에 예측하기 어려운 난기류가 조성되고 있다.

이처럼 세계적 차원에서 벌어지는 지정학적 변동은 전통적인 해양 세력과 대륙 세력 간의 경쟁과 갈등이라는 양상을 재현하면서 분단 한국에도 엄중한 도전을 제기하고 있다. 한국의 장래에 지리적 위치가 국가의 정책과 운명을 결정한다는 전통적인 권력지정학[2]의 그림자가 짙게 드리워지고 있다는 우려가 제기되는 것은 우연이 아니다.

---

1 지정학의 귀환에 관해서는 Walter Russel Mead, "The Return of Geopolitics : The Revenge of the Revisionist Power," *Foreign Affairs*, May/June, 2014 참조.

한국은 역사적으로 반도라는 지리적 입지로 말미암아 남·북방으로부터 지정학적 압력을 받아 왔으며, 때때로 대륙과 해양 세력이 치열하게 경쟁하는 지정학적 요충이 되어 왔다. 분단과 전쟁, 냉전기 한반도를 중심으로 구축되었던 이른바 남·북방 3각 간의 대치 구도 또한 이런 한국의 역사적 경험과 무관하지 않다. 이 점에서 한국의 통일 문제도 한반도의 지정학적 조건을 어떻게 극복할 것인가에 귀결된다고 하겠다. 그동안 한국은 한미동맹과 일본과의 협력 관계를 통해 안보 위기를 극복하고자 노력해 왔다. 그러나 한국은 북한과 그 배후의 중국과 러시아(구소련)를 한 축으로 하는 북방으로부터 지정학적 압력을 근본적으로 해소하지 못하고 있으며, 이런 남방과 북방으로부터의 압력을 어떻게 중화하면서 우리의 이익을 극대화할 것인가가 생존과 번영의 근본적 문제가 되어 왔다.

냉전적 질서가 해체되고 난 후 위와 같은 공고한 지정학적 대치 구조가 이완되면서 남북한 간 교류와 협력이 증가하고, 통일을 실현 가능한 희망으로 여기게 되기도 했다. 그러나 최근 지정학의 귀환 조짐은 남북한의 화해와 협력, 통일에 부정적인 환경 요인이 되고 있을 뿐 아니라 한국의 통일과 지역협력을 위한 지정학적 이니셔티브를 심각히 제약하고 있다.

위와 같이 한국이 직면한 지정학적 압력을 완화하면서 통일을 이루어 나가는 데 주목 받는 공간이 북한과 접경하고 있는 중국의 동북지역(만주)[3]이

2 지정학 일반에 대해서는 콜린 플린트, 『지정학이란 무엇인가』, 한국지정학연구회 역, 도서출판 길, 2007 ; 임덕순, 『지정학』, 법문사, 1999 등을 참조. 지정학이 경제와 안보의 집약적 표현이라는 점에서 이 글에서는 지정학과 지경학을 엄격히 구분하여 사용하지 않기로 한다.

3 만주는 보통 오늘날 중국의 동북3성과 동몽골 일부를 포괄하는 공간을 말한다. 만주의 범위와 용법에 대해서는 中見立夫, 「地域概念の政治性」, 『滿蒙問題の歷史的構圖』, 東京 : 東京外國語大學 アジア・アフリカ言語文化硏究所, 2013, pp. 1~28 참조. 여기서는 논의의 편의상 청말에서 중국의 국공내전에 이르기까지 열강 쟁탈 대상이 되었던 시기와 중국 건국 이후를 구분하여 각각 만주와 중국 동북지역으로 표기하는 것을 원칙으로 했다.

다. 이 지역은 북한의 변화를 이끌고 통일과 동아시아 평화를 견인하는 전략 공간이기도 하지만, 역사·영토 문제 등 한국의 장래에 매우 민감하고 엄중한 문제들을 제기할 수 있는 위험한 공간이라는 이중의 의미를 지니고 있다.[4] 이런 문제의식에서 이 글은 만주의 지정학적 역사를 개관하고 한반도 평화와 역내 국가 간의 협력을 위한 인식론적 문제를 점검해 보고자 한다.

이 글은 크게 세 부분으로 구성되어 있다. 먼저 청 말기 이후 만주를 중심으로 전개되었던 제국주의 국가 간의 갈등과 경쟁의 경과를 개략적으로 살필 것이다. 이어서 만주의 지정학적 격동과 변화가 한반도와 직접적으로 연동되어 있다는 점을 지적했다. 만주와 한반도는 순치 관계라는 지리적 인접성 때문에 역사적으로 불가분리의 관계를 이어 왔다. 뿐만 아니라 한반도의 평화와 통일, 동아시아의 지경학적 협력 과정에서 '불행한' 역사가 남긴 역사 문제를 해결하면서 협력의 유대를 쌓아 가야 한다는 견지에서 두 지역의 관계성은 아직도 현재진행형으로 계속되고 있다.

마지막으로, 이 글에서 무엇보다 강조하고자 하는 것은 기존 권력정치 power politics의 관성을 벗어나기 위한 새로운 발상과 주체적 노력이 전제되지 않으면 안 된다는 점이다. 중국의 개혁·개방 이래 중국 동북지역은 지역 협력을 추동해 나갈 수 있는 경제적 잠재력과 자원을 축적해 가고 있다. 그러나 이런 협력의 자원과 기회가 저절로 협력의 질서 창출로 이어지지 않는다는 점, 오히려 동아시아에 밀려오고 있는 지정학의 귀환이 한반도를 또다시 지정학적 충돌 구도 속으로 밀어 넣을 위험성이 있다는 점에 유념하지 않으면 안 될 것이다.

---

4 이런 시각의 논의는 홍면기, 『영토적 상상력과 통일의 지정학』, 삼성경제연구소, 2006 ; 동북아역사재단 편, 『동아시아 평화와 초국경협력』, 동북아역사재단, 2013 등 참조.

이 글에서는 이런 맥락에서 중국 동북지역과 한반도의 지정학을 고전적 지정학과 비판적 지정학, 국가에 의해 '만들어진' 역사와 글로벌 히스토리의 시각을 대비시키면서 논급하고자 한다. 중국 동북지역 지정학의 역사적 사실을 이해하는 것 못지않게 각국의 정책에 저류하는 세계관과 이를 포장하고 있는 개념들을 밝혀내는 것도 중요하다. 우리의 시각과 방법론으로 만주와 한반도, 동아시아의 지정학을 조감하고 구성해 나가는 방법론으로 비판적 지정학과 글로벌 히스토리의 문제의식을 도입한 까닭이다. 역사상 모든 지점은 교차로라는 『사피엔스』의 저자 유발 하라리Yuval Noah Harari의 말을 빌리지 않더라도 전환의 시대는 문제 해결을 위한 새로운 논리와 방법론을 요구하게 마련이다. 이런 상황에서 우리는 한반도에서 지정학적 '비극'이 유형적으로 반복되어 왔다거나 반복될지도 모른다는 가위눌림을 불식하기 위한, 그리하여 중국 동북의 협력 에너지를 남북관계 개선과 환동해를 비롯한 지역협력으로 이끌어 나가기 위한 우리 자신의 언어를 갖지 않으면 안 된다. 서술 관점의 분절성에도 불구하고 지경학적 협력을 위한 인식론에 관한 논의를 제기해 둔 까닭이다. 글의 말미에 한국의 과제와 맺음말을 간략히 덧붙였다.

2. 만주를 둘러싼 열강의 갈등과 충돌

(1) 만주란 무엇인가?

앨프리드 머핸Alfred T. Mahan과 더불어 현대 지정학의 두 학문적 흐름을 만든 해퍼드 매킨더Halford Mackinder는 "동부 유럽을 지배하는 자가 유럽을 지배하고, 유럽을 지배하는 자가 세계를 지배한다"는 유명한 명제를 남겼다. 이런 어법을 동아시아로 옮겨 보면 "방콕 평야를 지배하는 자가 동남아를 지배하고, 만주를 지배하는 자가 동북아를 지배한다"고 할 수 있다.[5] 그러면 만주란 무엇인가? 만주는 통상 중국의 랴오닝遼寧, 지린吉林, 헤이룽장黑龍江성과 네이멍구內蒙古자치주의 동쪽을 아우르는 지역을 지칭하는 개념이다. 이 지역은 북한·러시아·몽골과 인접하고 있으며 동해와 황해를 사이에 두고 일본과 마주보고 있는 동북아의 핵심지대heartland이다.[6] 유라시아대륙의 동쪽에서 드넓은 복지腹地를 형성하고 있는 이 지역은 군사적 측면뿐 아니라 거대한 인구와 산업을 부양할 수 있는 잠재력을 가지고 있는, 매우 중요한 지정학적 공간이다. 이런 조건 때문에 만주는 인구와 영토 확장을 추진하던 제국주의 국가 간의 치열한 갈등과 경쟁 공간이기도 했다.

만주에서 일어난 이와 같은 혼란은 청조가 이 지역에 시행했던 봉금정책[7]과 무관하지 않다. 청조는 의욕적인 변강팽창정책을 통해 신강과 만주 등을 아우르며 중국 역사상 최대의 강역을 확보했다. 그러나 청의 국력이 기울기 시작하면서 청의 변경은 외국 세력의 경쟁 무대가 되었으며, 봉금으로 힘의 공백이 조성된 만주도 지켜 내기 어렵게 되었다.

러시아의 입장에서 만주는 태평양 부동항을 획득하기 위한 구심점이었

---

5 구라미에 모리미치, 『새로운 악의 논리』, 최현 역, 범우사, 1980, p. 174. 만주에 대한 일본의 인식은 "중국을 정복하려면 먼저 만몽을 정복해야 하고, 세계를 정복하려면 먼저 중국을 정복해야 한다" 라는, 이른바 1927년 다나카 상주문田中上奏文에 잘 나타나 있다. 다른 한편 러시아도 만주 지역을 지정학적 핵심지대로 생각하고 있었다. "로마가 세계의 모든 길은 로마로 통한다고 의기양양하게 말했듯이 나는 극동의 정치적 관계에서 우리의 이익은 만주에 집중되어 있다" 라고 말한 러시아 재상 세르게이 비테Sergei Witte의 언명이 좋은 예이다. 薛衔天, 『中東鐵路護路軍與北邊疆政局』, 北京 : 社會科學文獻出版社, 1993, p. 10 재인용.

6 홍면기, 앞의 책, p. 57.

7 청에게 만주는 왕조의 발상지라는 상징성과 세력 기반의 배후지라는 전략적 의의를 지닌 공간이었다. 때문에 청조는 입관 후 한족에 의한 만주 점거를 차단하고 비옥한 토지와 임산 자원을 보존하여 정권의 기반을 지키기 위해 이 지역을 봉금지대封禁地帶로 설정하고, 산해관 등지에 변문邊門을 설치하여 한인의 이주와 개발을 제한했다. 이 정책은 1867년경까지 계속되었다.

다. 19세기 후반 러시아의 야욕은 랴오둥반도와 청 해군의 거점이었던 뤼순旅順항에 집중되었다. 그리고 만주지역의 큰 강들 — 아무르강Amur River(헤이룽黑龍강)과 그 지류인 쑹화松花강, 우수리乌苏里강과 한반도와 만주를 가르는 압록강과 두만강 등은 러시아 동남 진출의 중요한 통로였다. 특히 아무르강 지배권은 러시아가 만주와 한반도 그리고 태평양, 동해로 진출하는 직접적 통로로서 전략적으로 매우 중요했다.[8] 청의 변강邊疆 위기가 가중되면서 부동항을 갈망하던 러시아는 물실호기 동방 진출을 본격화했다. 그러나 러시아의 진출은 한반도를 넘어 중국 대륙 진출을 노리던 일본을 비롯한 해양 세력의 견제를 받았다. 만주라는 지정학적 요지에 조성된 힘의 공백을 메우기 위한 치열한 경쟁의 막이 오른 것이다.

중국이 1840년 아편전쟁 이후 1949년까지 100년 이상 긴 혼란기에 빠지면서 동아시아의 패권국이었던 중화제국은 '동아시아의 병부病夫'로 전락하는 처지가 되었고, 이런 와중에 동아시아의 안정도 지켜지기 어렵게 되었다. 그리고 중국, 특히 만주지역에서 벌어진 힘의 진공과 역사적 격동은 무엇보다 한반도 역사에 비껴가기 어려운 지정학적 먹구름을 몰고 왔다. 이런 역사적 맥락에 유의하면서 아편전쟁 이후 만주의 지정학적 흐름을 몇 시기로 나누어 살펴보자.

(2) 만주에서의 지정학적 갈등과 충돌

① 청의 몰락과 러·일의 만주 격돌 그리고 미국의 진출

강희康熙, 건륭建隆, 옹정雍正 3대에 걸친 전성기를 구가하던 청은 산업혁명 후 세계의 중심으로 부상한 서구 세력의 동점과 신흥 일본의 도전이라는 거센 변화에 직면했다. 혼란의 서막은 1840년 아편전쟁이었다. 전쟁에 패한

8 리 나랑고아, 「만주의 지정학 : 정착과 과학기술」, 『만주 연구』 5, 2006, pp. 119~120 참조.

청은 영국과 난징南京조약(1842)을 맺고 홍콩 등의 영토 할양, 배상금 지불, 상하이上海·닝보寧波·푸저우福州 등 5개 항 개항, 영사재판권 인정 등을 주요 내용으로 하는 불평등조약을 강요당했다. 그 후 미국과 프랑스는 중국 내륙 시장 진출을 기도했다(1844년 미국과의 망하望厦조약, 프랑스와의 황푸黃浦조약). 청은 1856년 제2차 아편전쟁(애로호 사건)에서 영국에 다시 무릎을 꿇은 후 톈진조약(1858), 베이징조약(1860)을 체결했다. 이때 러시아는 청에 대한 열강의 개입에 참가하여 베이징조약에서 연해주를 확보했다.[9]

러시아의 동진은 조선을 자국의 세력권으로 편입한 후 대륙으로 관심을 확장하고자 했던 일본과 갈등을 야기했다. 일본은 조선에서 청을 축출하기 위해 1894년 청일전쟁을 도발하고, 시모노세키조약을 통해 조선이 '독립국'임을 확인하고 랴오둥반도와 타이완, 펑후섬澎湖島 등을 할양 받았다. 그러나 일본의 진출에 긴장한 러시아는 독일, 프랑스와 함께 1895년 이른바 삼국 간섭을 통해 일본의 진출을 저지하고, 이듬해 리훙장李鴻章과의 밀약

---

9 러시아는 크림전쟁(1853~1856)에서의 실패로 흑해 해협과 발칸반도 독점 기도가 좌절되자 중앙아시아와 중국 서부로 대외 확장의 방향을 돌리면서 중국의 영토를 점령했다. 최초에 청과 제정 러시아는 1689년 네르친스크Nerchinsk조약에서 와이싱안링外興安嶺(러시아 이름은 스타노보이 산맥Stanovoy Mts.)과 아르군강Argun River을 국경선으로 획정했다. 이후 러시아는 1858년 아이훈愛琿조약에서 헤이룽강(아무르강)을 경계로 국경으로 조정하여 와이싱안링 남쪽 땅을 차지했으며, 1860년 베이징조약으로 우수리강 동쪽 지역을 차지했다. 그리고 이어서 중앙아시아에서의 혼란을 틈타 청과 이리伊犁조약(1881)을 체결하여 호르고스강을 국경으로 하여 몽골, 신장新疆에서 러시아인의 통상 활동을 인정받았다. 이처럼 러시아는 중국의 서북 및 동북 지역을 잠식하면서 이리지역과 헤이룽강 이북, 우수리강 이동의 광대한 영토를 확보했다. 그러나 러시아의 야심은 인도를 거쳐 북상하여 중앙아시아를 점령하고 신장을 식민지화하려던 영국과 충돌하는 것이었다. 또한 이와 같은 러시아의 동진 과정에서 청·러 양국은 중앙아시아부터 극동에 이르기까지 복잡한 국경 문제를 가지게 되었다. 국경 문제와 관련하여 중국은 제국주의적 침략 과정에서 러시아가 불평등조약으로 강제로 빼앗은 150만 km^2의 영토를 되찾아야 한다고 보았지만, 구소련은 이들 국경이 역사적으로 체결된 조약들로 정해진 것이므로 합법적이라고 주장했다.

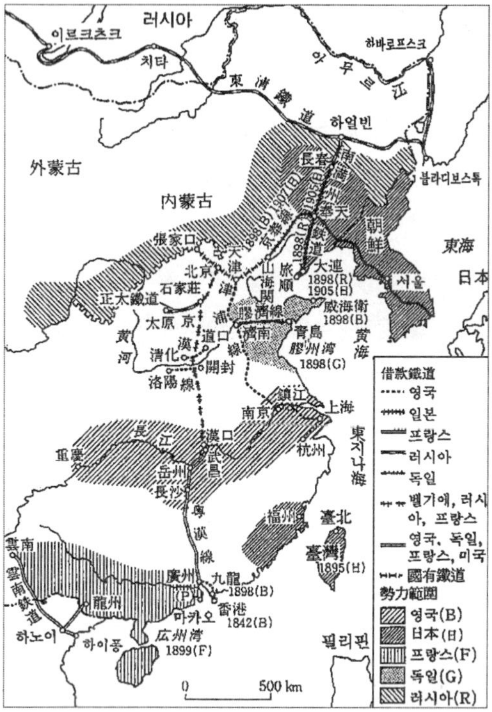

* 고지마 신지·마루야마 마쓰유키(2000, 51)

그림 1 열강의 중국 분할

을 통해 동청철도東淸鐵道, Chinese Eastern Railway, CER[10] 부설권을 획득하고,

---

10 동아시아에서의 부동항 확보에 지대한 관심을 가진 러시아는 1891년 시베리아철도 부설에 착공하는 한편, 만주를 가로지르는 동청철도 부설을 중요한 과제로 상정했다. 홍웅호, 「1858~1898년 러시아의 동아시아 팽창과 만주」, 『동북아역사논총』 14, 동북아역사재단, 2006, p. 134. 동청철도는 중국 동방철로의 약칭(원래 이름은 대청동성철로大淸東省鐵路)으로, 중 · 러 국경인 만저우리滿州里에서 하얼빈哈爾浜을 경유하여 쑤이펀허綏芬河를 잇는 노선이다. 이 철도는 시베리아횡단철도의 노선을 대폭 단축할 수 있다는 점과 만주를 경유한다는 전략적 의의를 가지고 있다. 2년 후 러시아는 이 철도를 하얼빈에서 뤼순, 다롄까지 연장한다는 합의를 얻어 냈다. 그러나 창춘長春 이남의 남만주철도 노선은 러일전쟁 패전 후 일본에 넘어갔다. 1903년 정식으로

1898년에는 다시 삼국 간섭의 대가로 군항 뤼순, 상업항 다롄大連을 조차했다. 그리고 1900년 의화단 사건을 기화로 신축조약(베이징의정서)을 통해 만주 주병권을 확보함으로써 이 지역에서 우월적 지위를 확보했다.[11]

그러나 만주지역에서 러시아가 세력을 확장하고, 특히 중국과의 철병 합의를 이행하지 않으면서 강경한 정책으로 입장을 선회하자 일본은 영일동맹(1902)을 업고 러일전쟁을 결행하여 한반도에서 러시아 세력을 축출[12]하고 남만주 지배권을 확보했다.

여기서 당시 만주의 지정학적 형세와 관련하여 만주를 둘러싸고 자웅을 겨루던 러시아와 일본의 행정, 군사기구를 짚어 둘 필요가 있다. 러시아는 1901년 중동철도와 남만지선支線을 관리하기 위해 변방독립군단을 승격시켜 외아무르外阿穆尔 군구軍區를 설치했는데, 러일전쟁 후 북만주와 몽골지역 지배를 공고히 하기 위해 이 군구의 군사력을 7만 수준까지 증강했다.[13] 당시 철도와 연선沿線의 지배가 만주에 대한 경제적 침략과 점령을 도모하는 제국주의의 주요 수단이었다는 점을 상기한다면,[14] 이런 조치가 궁극적으로 만주

운행을 개시했고, 1911년 중화민국이 성립한 뒤에는 중동철도中東鐵道로 불렸다. 만저우리에서 쑤이펀허, 하얼빈에서 다롄까지는 각각 1,480km, 980km이다.

11 의화단 사건과 관련한 국제 환경과 한국의 대응은 차경애, 「의화단운동 진압 전쟁으로 인한 한국의 국제적 환경의 변화와 대응」, 『명청사 연구』 24, 2005, pp. 289~328 참조.

12 러일전쟁은 조선의 죽음을 재촉했다. 전쟁이 일본의 승리로 끝나면서 한일의정서와 제1차 한일협약 체결 등이 진행되었던 것이다. 당시 영국과 미국은 러시아에 대항하기 위해 일본의 한반도와 남만주 지배를 허용하여 러 · 일 간의 균형을 추구했다. 그들은 러시아의 한반도 군사기지 확보 저지 외에 한반도에 어떤 중요한 전략적 이해도 갖고 있지 않았다. 성황용, 『근대 동양외교사』, 명지사, 1996, p. 250.

13 외아무르 군구에 대한 자세한 설명은 薛衔天, 앞의 책, pp.101~176 참조.

14 러시아와 일본은 만주 철도에 대한 권리를 획득하기 위해 경쟁했다. 이들은 철도부속지를 설정하고 군대 · 경찰 주둔권, 세금의 징수와 사법권 등을 행사했고, 부속지 행정 관리를 위해 각각

를 병탄하기 위한 러시아 전략의 중요한 수단이었음은 두말할 나위가 없다. 이런 군사적 조치와 병행하여 러시아는 대량의 이민을 만주에 부식했다.

일본의 경우 만주 침략의 선봉에 선 것은 관동군이었다. 러일전쟁 승리 후 일본은 뤼순, 다롄의 러시아 조차지와 남만주철도의 권익을 획득했는데, 이때 랴오둥반도를 인수하여 관동주關東州를 만들고 관동도독부(도독은 현역 육군 대장·중장)를 두었다. 1919년 도독부가 폐지되고 그 밑에 있던 육군부를 독립시켜 뤼순에 관동군사령부를 설치했다. 이 관동군사령관의 지휘하에 설치한 군대가 관동군으로, 장쭤린張作霖 폭살과 만주사변, 만주국 건국 등으로 이어지는 일본의 만몽 침략의 전위가 되었다.[15] 이와 같은 만주에서의 군사적 대치 구도 형성과 인구의 증가는 만주 지배를 둘러싼 국제관계의 긴장을 예비하는 것이었다.

특히 주목할 것은 만주로의 이민이다. 역사상 동아시아의 다양한 문명과 종족이 명멸했던, 그리고 고구려의 고지이기도 한 중국 동북지역이 중국의 영역으로 확실히 편입된 것은 1644년 명이 멸망한 후의 일이다. 청조는 입관 후 이 지역을 봉금했으나 1800년대 후반 산둥山東, 허난河南 등지의 기근이 심해지자 한족을 대량으로 만주로 이주시켰다. 19세기 말에서 20세기 초까지 화북華北과 산둥지역으로부터 약 2,000만 명에 달하는 한인이 만주지역으로 이주했다.[16]

중동철도공사와 남만주철도주식회사(만철)를 설립했다. 程維榮, 『近代東北鐵路附屬地』, 上海 : 上海社會科學出版社, 2008, p. 5.

15 1931년에 사령부를 펑톈奉天(지금의 선양沈陽)으로 옮겼다. 또 이듬해 신경新京(지금의 창춘)으로 옮기고 관동군사령관이 주만駐滿 특명전권대사 · 관동장관을 겸하여 군정을 장악하여 실질적으로 만주를 지배했다. 전선이 확대되면서 병력도 계속 증강되어 1933년 10만 명에서 1941년에는 70만 명으로 수준으로 늘어났다.

16 김영신, 「근대 중국인의 동북 이주와 동북 개발 — 농업경제 발전을 중심으로」, 유지원 외,

'좡관동闖關東'이라고 일컬어지는 만주로의 대량 이민은 행정구역 개편으로 이어져 1907년 청은 펑톈奉天, 지린吉林, 헤이룽장黑龍江 등 3개 행성行省을 설치했다. 결국 만주 개발과 러시아 견제를 위한 청의 적극적 이민정책으로 만주 인구가 크게 증가했다. 이는 이후 장쭤린, 장쉐량張學良 등 만주 세력의 인구학적 토대를 이루게 되었다.

이 시기 일본의 독주를 견제할 힘을 가진 국가는 미국이었다. 서부로의 팽창을 거쳐 진주만, 괌, 마닐라 등으로 서진하던 미국은 1899년 영국, 러시아, 일본 등 선발국에 문호개방정책open door policy을 요구하면서 동아시아, 특히 중국의 영토 보전과 이익 균점을 주장했다. 이런 입장에서 미국은 러일전쟁 전 러시아 편에 서서 일본의 독주를 견제했지만 전후 포츠머스조약[17]에서 러·일 간의 '적의의 균형'을 추진하면서[18] 자국의 이익 공간을 확보하고자 했다. 그러나 러일강화조약 이후 미국은 '달러외교Dollar Diplomacy'를 통한 적극적 개입으로 정책을 선회했다. 이 같은 미국의 정책은 만주에서 배타적 권리를 향유하고자 했던 일본의 이익과 상치되었고, 결국 만주에서 기득권을 지키고자 했던 일본은 경쟁국 러시아와 제휴하면서 미국의 공세에 맞섰다. 만주에서의 양국 영역 분할, 조선과 외몽골에서의 특수 이익을 교환한 제1차 러일협정(1907. 7.)은 이런 맥락에서 이해할 수 있다. 이렇게 미·일 관계가 악화되자 일본은 루트-다카히라高平협정Root-Takahira Agreement(1908. 11.)에서 하와이와 필리핀에서의 미국의 권익과 한국과 만

『이민과 개발 — 한 · 중 · 일 3국인의 만주 이주의 역사』, 동북아역사재단, 2011, p. 56, 67, 82.

17 이 조약은 "러시아 정부는 청국 정부의 승인을 얻어 랴오둥반도(뤼순, 다롄) 조차권, 창춘-뤼순 간의 철도와 지선 및 이와 관련된 모든 권리와 특권을 일본에 양도한다" 라고 규정하고 있다.

18 미와 기미타다, 「만주의 국제관계」, 나카미 다사오 외, 『만주란 무엇이었는가?』, 박선영 역, 소명출판, 2013, p. 425.

주에서의 특수 권익을 서로 인정하는 선에서 절충점을 찾았다. 그러나 그 후에도 미국은 1909년 11월 진저우錦州와 아이훈愛琿을 연결하는 진아이錦愛 철도 부설을 추진하는 등 달러외교를 지속적으로 추진했다. 이 계획이 러·일의 반대로 무산되자 미국은 다시 만주철도 중립화 안을 제기했다. 이와 같은 미국의 정책에 러·일 양국은 제2차 러일협정(1910. 7.)을 체결하여 미국 달러외교의 무력화를 위해 공조했고, 다른 한편에서 청은 윌리엄 하워드 태프트William Howard Taft 행정부의 차관을 만주로 유치하여 미국을 끌어들이고자 했다.[19]

1911년 신해혁명이 발발하고 이듬해 쑨원孫文이 영도하는 중화민국임시정부가 수립되었으나 중국은 여전히 혼미한 정정을 극복하지 못했고 공고한 영토 지배도 이루지 못했다. 이런 혼란 속에서 외몽골이 독립을 선언(1911. 11. 30.)하자 러·일 양국은 제3차 러일협상(1912. 7. 8.)을 통해 베이징을 지나는 경도선을 분계선으로 내몽골과 북중국에서의 특수 권익을 분할했다. 그리고 러시아는 다시 러몽협약(1911. 11. 3.)을 통해 외몽골을 사실상 그 영향권에 넣었다.

② 제1차 세계대전과 일본의 만주 침략

신해혁명 후 중국이 군벌의 할거 상태에 빠지면서 북방 변경은 위기가 더욱 가중되었다. 만주지역은 명목상 중국 영토이기는 했지만 장쭤린 군벌이 실권을 장악하고 군대와 경찰 체제를 정비하면서 막대한 이권을 농단하게 되었다. 1926년 7월 장제스蔣介石의 북벌이 시작되자 장쭤린은 우페이푸吳佩孚 등과 손잡고 장제스 군과 맞섰다. 그러나 장쭤린이 장제스 군에 밀리면서 사태가 불리하게 돌아가자 일본은 국민당 정부의 만주 진출을 저지하기 위해

19 진시원, 「동아시아 철도 네트워크의 기원과 역사」, 『국제정치논총』 44, 2004, pp. 134~135.

산둥 출병을 단행하고(1928. 4. 19.), 일본 거류민의 보호를 내세우며 지난濟南을 점령했다. 국민당군의 전 중국 통일이 임박한 것으로 판단한 일본은 만주에서 지위를 지키기 위해 장쭤린에게 만주지역의 철도 이권을 넘기면 북벌군을 격퇴하겠다는 카드를 제시했다. 그러나 교섭이 무산되자 1928년 6월 4일 장쭤린이 타고 있던 열차를 폭파하여 그를 제거했다. 당시 일본 내에서는 만주에 대한 강온 양론이 대립하고 있었으나 이 사건은 중국에 대한 적극 외교를 주도하던 다나카 기이치田中義一 퇴진의 계기가 되었다.

한편 일본은 제1차 세계대전이 발발하자 독일에 선전하고 중국에서 독일이 가지고 있던 이권을 탈취하여 중국 본토에까지 세력 범위를 확장함으로써 아시아를 제패를 기도했다. 1915년 중국에 제기한 21개조 요구[20]가 그 사례이다. 이 시기 일본의 공세적인 중국 정책에 대한 국제사회의 반응과 관련하여 두 가지 점을 지적해 둘 필요가 있다. 하나는 러일전쟁 패전과 국내 혼란으로 소련의 공세가 무뎌졌다는 점이고,[21] 다른 하나는 일본의 만주 독식에 대한 영미의 경각심이 높아지면서 미·일 관계가 악화되었다는 점이다.[22]

1917년 러시아혁명으로 제정 러시아가 붕괴되고(2월 혁명), 같은 해 10월

---

20 일본은 구미 국가가 아시아에 가진 관심이 소홀한 틈을 타 위안스카이袁世凱 정부에 ① 산둥성의 독일 권익 승계, ② 뤼순, 다롄 조차권 및 남만주철도 권익 기한의 99년 연장, ③ 남만주와 동부 네이멍구 광산권 획득, ④ 중국의 제철 · 탄광 회사인 한야평공사漢冶萍公司의 중일합병 사업화, ⑤ 중국 연안 불할양, ⑥ 일본인 정치 · 재정 · 고문 고빙 등을 주요 내용으로 하는 21개조를 요구했다. 이를 계기로 중국인의 반일 감정이 크게 고조되었다.

21 러시아는 1919년 7월 차르 정부의 중국에 대한 일체의 특권을 포기한다고 선언했다(카라한 선언Karakhan Manifesto). 이를 계기로 중국에서 마르크스주의에 대한 관심이 고조되었고, 쌍방은 1924년 5월 중소협정을 체결했다. 그러나 선언 이후 소련의 만주정책이 근본적으로 변화하지는 않았다. 이 선언이 실지失地에 대한 중국의 요구를 무마하기 위한 것이었다는 평가가 나오는 배경이다. W. A. Douglas Jackson, *The Russo-Chinese Borderlands*, New Jersey : D. Van Nostrand Company, Inc., 1962, pp. 118~120.

22 이와 관련된 설명은 성황용, 앞의 책, pp. 361~418 참조.

의 레닌이 주도한 볼셰비키혁명이 성공한 후 신생 소련은 독일과 강화(1918. 3. 3, 브레스트-리토프스크조약)하고 동부전선에서 이탈했다. 이에 영국과 프랑스는 독일이 소련 식량자원을 이용하는 것을 막고 시베리아철도를 장악하기 위해 연합국의 공동 출병을 제안했다. 일본은 처음 미국의 동의가 없는 상황에서 출병에 주저했으나 1918년 7월 미국이 파병을 결정하자 출병을 선언했다. 일본은 블라디보스토크와 연해주 일대에 대규모 군대를 전개하면서 동시베리아 지배라는 야심을 숨기지 않았다.

미국은 현상 파괴 세력 일본에 대한 경각심을 높이고 문호개방정책을 내세우며 영토 보전과 정치적 독립을 위해 중국의 참전을 추진하고 전후 회담에서 중국의 입장을 지지했다. 특히 동아시아 국제 질서를 정돈하기 위한 워싱턴회의(1921. 11.~1922. 2.)에서 일본 확장정책의 수단이던 영일동맹 폐기와 미·영·일 주력함 비율 5 : 5 : 3 결정을 주도하면서 태평양지역에서 해군력 우위를 달성했다. 이 회의 후 일본은 시베리아에서 병력을 철수했다. 다른 한편 미국은 이민제한법(1924)과 베이징관세회의(1925) 등을 통해 일본의 확장주의를 견제했다. 일본은 미국과 충돌을 피하고자 했지만 인구 배출의 압력 가중, 경제공황 등으로 국내적으로 군부가 문민 정치를 구현하던 다이쇼大正 데모크라시에 도전하는 기운이 점점 증가해 갔다. 이런 와중에서 1927년 쌀값 폭락과 농촌 인구 과잉 등 경제공황이 나타나자 다나카 내각은 7월 '동방회의'에서 '대화정책강령對華政策綱領'을 채택하고 중국 침략을 획책했다. 그러나 내외 정세의 악화와 장쭤린의 아들 장쉐량의 국민당 합류로 타격을 받은 일본은 불리한 국면을 반전시키기 위해 1931년 만주사변(9·18사변)을 도발하고, 이어서 만주와 내몽골 일부를 영역으로 하는 만주국을 수립했다(1932. 3. 9.).

③ 일본의 폭주 : 만주사변과 중일전쟁

만주사변은 집단 안보, 개방 외교 등을 표방한 국제연맹 창설(1920), 그리고 전쟁 포기와 분쟁의 평화적 해결을 약속한 부전조약(1928, 켈로그-브리앙조약)에 대한 도전이었다. 이와 같은 일본의 도발에 중국은 일본을 국제연맹에 제소하고 무력 행위의 중지를 요구했지만, 일본은 아랑곳하지 않은 채 군사 행동을 멈추지 않았다. 그러자 국제연맹은 현지 사정을 전할 조사위원회, 즉 리튼위원회Lytton Commisson 파견을 결정했다. 그리고 미국은 괴뢰 만주국에 대한 불승인을 선언(1932, 스팀슨독트린Stimson Doctrine)하고, 중국의 주권·독립·영토 보존 그리고 미국의 문호개방정책에 반하는 중국과 일본 간의 어떠한 조약이나 협정도 승인할 수 없다는 입장을 천명했다. 이런 상황에도 불구하고 일본은 1932년 만주국을 세우고 만주와 몽골을 대對중·소 국방의 제일선으로 삼고, 만몽에서 일본의 권익을 보호 확충한다는 '만몽문제처리방침요강'(1932. 3. 1.)을 결정했다. 이런 방침에 따라 일본은 만주를 일본 아시아대륙 진출의 산업기지, 군사기지로 변모시켜 나가기 위해 빈농 등을 주축으로 하는 개척단을 파견하여 이 지역의 옥토와 자원을 강점하는 한편, 이 지역의 금융과 산업을 장악해 나갔다.[23] 이 해 9월 리튼위원회는 만주국이 자발적 독립국가가 아니며 만주에서 일본의 특수 지위도 인정할 수 없다는 점을 확인했지만 일본은 이와 같은 국제사회의 결정에 반발하고 국제연맹을 탈퇴하는 강수로 맞섰다. 사태가 이렇게 전개되자 무력함을 극명히 드러낸 국제연맹은 붕괴의 길을 재촉하게 되었다. 일본도 정당

---

23 제2차 세계대전 말기 만주의 공업 총생산량은 전체 중국의 85%에 달했는데, 이는 일본 본토의 생산량을 능가했다. 다른 한편 일본은 1936년 선만척식회사鮮滿拓植會社를 설립하여 식민지 조선인의 만주 이민을 적극 추진했다. 조선인에 대한 통제를 강화하고, 일본 노동시장 등에서의 압력을 해소하기 위한 것이었다. 조정우, 「1930년대 제국일본의 식민지 인구 재배치와 선만척식회사」, 서울대학교 박사학위논문, 2014 참조.

내각에 종지부를 찍고 파시즘 체제로 전환했는데, 이는 곧 1937년 중일전쟁과 1941년 태평양전쟁의 전조가 되었다.

일본은 국제연맹의 결정을 무시하고 만리장성을 넘어 화북으로 진출, 중국을 집요하게 압박했다. 무력한 중국은 탕구塘沽협정(1933. 5. 31.)에서 일본과 휴전하고, 일본군을 만리장성 이북으로 퇴각시키는 선에서 타협에 나설 수밖에 없었다. 일본은 다시 1933년 8월 8일 '만주국지도방침요강'과 '만주국육군지도요강'에서 만주국 내정에 대한 일본 관동군사령관의 간섭과 지도를 관철하고, 만주국 육군을 일본 국방의 보조적 요소로 육성한다는 방침을 정했다. 이는 만주국을 일본이 관리하겠다는 점을 재확인하고 궁극적으로 일본과 만주국의 '일체화'를 추진하겠다는 의지를 천명한 것이었다.[24]

요컨대 중국의 만주지역에 대한 일본의 지정학적 구도는 허베이河北, 산둥, 산시山西, 차하르察哈爾, Chahar, 수이위엔綏遠 등 5개 성, 나아가 내몽골에 '자치정부'를 세워 완충지대로 삼고, 이를 중국에서 분리하여 광대한 일본 경제권을 형성하겠다는 것이었다.[25] 일본은 이에 그치지 않고 1937년 중일전쟁(7·7사변, 루거우차오蘆溝橋사건)을 발동하여 전 중국 석권의 야욕을 본격화하였다. 이즈음 일본 육군은 만주와 동몽골, 바이칼에서 연해주에 이르는 소련의 연해주 중앙시베리아로 세력 범위를 확대하려는 구상을 가지고 있었다. 이런 상황에서 소련과 일본은 1938년 만주 동부 국경의 장고봉張鼓峰에 이어 1939년 5월에서 9월까지 만몽 국경지대 노몬한Nomonhan에서 치열한 공방전을 벌였다. 이 같은 일본의 무모한 전쟁 행위는 영국에 이어 패권국으로 등장한 미국과의 충돌을 초대하는 것이나 다름없었다. 당초 미국

24 성황용, 앞의 책, pp. 441~442.

25 위의 책, p. 446. 일본의 침략정책은 우선 내부 안정을 꾀하고 외국 세력을 축출한다는 이른바 장제스의 '선안내 후양외先安內 後攘外' 방침으로 더욱 악화되었다.

이 중국에 요청한 문호개방 요구가 아시아 진출을 위한 수사에 지나지 않았다는 것은 권력정치의 논리상 당연한 것이었다. 일본의 21개조 요구에 당시 미국 국무장관 윌리엄 브라이언William J. Bryan이 일본의 중국 지배를 묵과할 수 없다고 하면서도 중국에 대한 일본의 특수 권익을 수긍했던 것은 이를 잘 보여 준다.[26]

만주사변 이후에도 미국의 대중국 정책은 장제스를 지원하여 중국공산당을 초멸하는 것이었다. 이런 상황에서 미국이 일본에 유화적 태도를 취하게 되는데, 이는 일본의 침략욕을 방조하는 결과를 낳았다.[27]

④ 제2차 세계대전과 소련의 만주 출병

1939년 9월 독일이 폴란드를 전격 침공하면서 제2차 세계대전이 발발했다. 유럽에서 전쟁이 확대되는 가운데 일본은 1940년 독일, 이탈리아와 '삼국동맹조약'을 체결했는데, 그 핵심은 유럽과 동아시아에서 각방의 입장을 존중하고, 제3국이 참전할 경우 상호 지원한다는 것이었다. 여기서 제3국은 물론 미국을 지칭한다.

그러나 동아시아보다 유럽에 관심을 가졌던 미국은 일본의 팽창에 적극적 대응을 유보했다. 기실 일본의 만주, 몽골과 동아시아 팽창은 중국, 러시아의 복잡한 내부 사정도 중요한 요인이 되었으나 서구제국주의 간의 충돌이 유럽지역을 중심으로 전개되면서 동아시아에 거대한 힘의 공백이 조성되었기 때문이기도 했다.[28]

---

26 위의 책, p. 370.

27 陳芳芝, 『東北史探討』, 北京 : 中國社會科學出版社, 1995, p. 29.

28 진시원, 앞의 논문, p. 142. 한편 미국과 영국은 스탈린의 집요한 요청에도 불구하고 서부전선 구축에 유보적 태도로 일관했고, 따라서 소련은 독일과의 전투에 국력을 집중할 수밖에 없는 상황

표 1 전시 회담에서의 만주와 한국 문제 논의

구분	참가국(자)	주요 내용	비고
카이로회담 (1차 : 1943. 11. 22.~11. 26, 2차 : 1943. 12. 2.~12. 7.)	루스벨트, 처칠, 장제스	△ 타이완과 만주의 반환 △ 제1차 세계대전 후 일본이 태평양에서 강탈한 영토 박탈 △ 한국의 독립	한국 독립 첫 확인
테헤란회담 (1943. 11. 28.~12. 1.)	루스벨트, 처칠, 스탈린	소련의 대일 참전 문제 중점 논의	
얄타회담 (1945. 2. 4.~2. 11.)	루스벨트, 처칠, 스탈린	대일 참전 대가로 만몽에서의 소련 이권 양해 △ 외몽골의 현상 유지 △ 사할린 남부와 인접 도서의 소련 반환 △ 다롄항에 대한 소련의 이익 보장 및 뤼순 해군기지 조차 △ 중동철도와 남만주철도의 공동 관리(소중합동회사 설립) 및 소련의 우선적 이익 지지 △ 만주에 대한 중국 주권 지지 등	장제스를 배제하고 중국 주권 관련 사항 협의
포츠담회담 (1945. 7. 26.)	트루먼, 처칠, 스탈린	카이로선언 재확인, 전범자의 처벌, 일본군의 무장 해제와 무조건 항복	일본은 원폭 투하 후 수락

일본은 이와 같은 틈새를 이용하여 중국을 석권하고 동남아시아로 빠르게 진출했다. 그리고 미국 등 연합국의 저지에 막히고 전쟁 능력의 한계에 부닥친 일본은 1941년 12월 8일 진주만을 기습했다. 그러나 독일과 이탈리아가 항복[29]하고 난 후 전세는 연합국 측으로 기울었고, 연합국은 일본에게 항복을 받기 위해 소련의 참전 문제를 논의하게 되었다. 종전 과정에서 만

이었다. 자국의 군사력을 보존하고 히틀러와 스탈린의 힘을 소진시키려는 전형적인 이이제이였다. 이에 관해서는 장순, 『미국의 한반도 개입에 대한 성찰』, 후마니타스, 2016, pp. 137~206 참조.

29 1943년 연합군이 시칠리아섬에 상륙한 후 무솔리니의 파시스트 정권이 무너졌고, 9월 8일 이탈리아는 연합국 측에 항복했다. 한편 1943년 스탈린그라드 전투 패배 이후 전세를 역전당한 독일은 1945년 5월 7일 연합군에 무조건 항복을 선언했다.

* 김성희(1981, 225)

그림 2 소련군의 만주 침공

주 및 한반도와 관련한 주요 회담과 내용은 표 1과 같다.

표에서 알 수 있듯이 전쟁이 막바지에 들어서면서 연합국의 전략적 관심은 소련의 대일전 참전이었으며, 소련은 이 기회를 이용하여 만주 등 동북아에서 지정학적 이익 확보에 적극적으로 나섰다. 소련이 대독 전쟁이 끝난 후 3개월 만에 전장에서 단련된 40개 사단을 극동으로 이동시킨 후 8월 9일 전격적으로 만주로 진공[30]하여 대도시와 전략 거점을 장악한 것은 이런 소련의 전략을 잘 보여 준다. 여기서 주목할 것은 당시 소련이 북한지역의 주요 거점을 만주 공략의 조공선助攻線으로 활용했다는 점이다. 소련은 남부 사할린과 쿠릴열도의 편입, 만주와 북한지역에서 영향력을 굳히기 위해 일본군이 항복(8. 17.)을 수락한 뒤에도 공중과 육로로 병력을 이동하여 이 지

30 소련의 만주 진공과 군사작전에 관해서는 김성희, 「만주 전역, 1945년 8월」, 『군사』, 국방부 군사편찬연구소, 1981. 8, pp. 222~245 참조.

역에 대한 통제권을 확보했다. 9월 2일 일본이 미국과의 항복 문서에 서명하면서 쌍방의 전투 행위는 종료되었지만, 다시 만주지역 지배권을 둘러싼 중국 국민당과 공산당, 소련과 미국의 치열한 줄다리기가 시작되었다. 핵심은 소련군의 철군 문제였다.[31]

당초 소련은 중국 국민당과 '중소우호동맹조약'(1945. 7. 14.)을 체결할 때 출병 후 3개월 이내에 철군을 완료하겠다고 했으나 소련군이 실제로 철군을 완료한 것은 1946년 4월에 이르러서였다.

일본 패망 후 만주 회복에 나선 국민당군은 소련과 협력을 통해 공산당의 진입을 막고자 했으나 전리품 배분과 이 시역에서의 경제적 이권[32]을 둘러싼 협상이 교착되면서 철군이 지연되었던 것이다. 이 틈에 중국공산당군이 만주로 진입하여 국민당군을 공격하게 되는데, 이렇게 되자 국민당은 소련이 국민당을 배신하고 중국공산당과 결탁하여 만주를 내주려는 것이 아닌가 하는 의심을 갖게 되었다. 진퇴양난의 지경에 빠진 국민당은 미국의

31 정형아, 「전후 소련의 만주지역 철군 문제와 미 · 중 · 소의 이해관계(1945~1946)」, 『역사와 실학』 61, 2016, pp. 403~446 참조.

32 당시 동북(열하성과 내몽골 동부 포함)은 130만 km^2의 토지와 3,500만에 달하는 인구를 보유하고 있었으며, 중국 유일의 현대화된 공업지역이었다. 통계에 따르면 동북의 공업 생산량은 전 중국의 80%를 점했고, 전 철도와 도로도 중국의 절반을 차지할 정도로 조밀하게 분포되어 있었다. 동북은 또한 가장 많은 잉여 농산물을 보유하고 있었을 뿐 아니라 석탄과 강철 생산량은 각각 전국 생산량의 49%, 90% 이상을 차지하고 있었다. 중공의 입장에서 볼 때 동북을 장악하게 되면 화북의 해방구들을 연결하여 분할, 포위된 형세를 반전시키면서 후방의 공급 기지를 확보할 수 있는 전략적 의의를 가지고 있는 지역이었다. 반대로 동북이 국민당의 손에 들어가면 중공은 소련, 몽골, 북한 등과의 연계 공간을 잃고 남북으로부터 국민당군의 협공을 받게 되어 있었다. 이처럼 동북이 누구의 손에 들어가느냐는 국민당과 중공의 명운을 좌우할 중요한 문제였다. 마오쩌둥이 "우리가 현재의 근거지를 모두 잃는다 해도 동북을 확보하기만 하면 중국 혁명은 공고한 기초를 갖게 될 것이다"라고 한 것도 지나친 것이 아니었다. 米大偉, 『東北歷史 : 黑, 吉, 遼及東蒙通覽』, 哈尔浜 : 黑龍江人民出版社, 2009, p. 272. 동북을 장악하려는 소련의 시도도 이런 동북지역의 지정학적, 지경학적 중요성 때문이었다.

개입을 유도하여 소련을 견제하고자 했으나 이 또한 미국의 만주 진출에 대한 소련의 견제로 성공할 수 없었다. 당시 미국은 장제스의 요청에 따라 탕구塘沽, 친황다오秦皇島, 칭다오青島 등 화북지역과 난징 등지에 6만여 병력을 주둔시키고 있었다.[33] 만주 문제에 직접 개입을 회피하던 미국은 1946년 들어 일본의 국외 자산과 동북에서의 경제적 교섭 참여를 요구하면서 국민당과 미국 선박을 이용한 병력 수송 문제를 협의했다. 그러나 만주에서 독점적 지위를 노리던 소련은 이를 거부하고 국민당에 통보도 없이 철군을 단행해 버렸다. 이와 같은 소련의 만주책략은 결국 국공내전의 향배를 결정지으면서 만주와 한반도 북부 공산화의 동인이 되었다.

⑤ 국공내전과 중국공산당의 승리

만주지역에서 자웅을 겨루던 각방의 물고 물리는 이이제이以夷制夷 게임에서 최대 수혜자가 된 것은 중국공산당이었다. 중국공산당이 소련군 철군 후 생긴 공백으로 진입하면서 빠르게 세를 확장할 수 있었기 때문이다. 국공 양당은 1945년 8월 30일부터 '중경회담'에서 내전 중지와 통일정권 수립에 합의하고, 조지 마셜George Marshall의 중재로 전화戰火를 멈추기로 했다. 그러나 장제스가 1946년 6월 26일 중공에 대한 공격을 지시함으로써 휴전 노력이 무산되고 전면적 내전이 재개되었다. 열세였던 중공은 게릴라전과 지구전으로 맞서는 한편, 토지혁명을 통해 농민을 대대적으로 끌어들였다. 이렇게 세를 불린 중공은 1947년 5월 하계 공세에서 창춘-선양 철도를 돌파하기 위해 스핑四平과 창춘 두 축으로 병력을 전개하여 78.3만 km^2의 토지와 2,600만의 인구를 확보함으로써 승기를 잡았다. 그 후 중공은 다시 1948년 10월 시작된 랴오선遼沈 전역에서 전세를 확실히 역전시키게 된다. 이어서

---

33 정형아, 앞의 논문, p. 429 재인용.

정치협상회의를 개최하여 임시 헌법인 '공동강령'을 채택하고 10월 1일 중화인민공화국의 수립을 선포했다. 12월 장제스는 50만 대군과 함께 타이완으로 패주했다.

1949년 들어 전세가 중공의 우세로 반전되자 장제스는 미·소·영·불 등에 중재를 요청했고, 소련은 한편으로 평화회담을 주선하면서 다른 한편으로 정세를 자국에 유리하게 이끌어 가기 위한 지정학적 모략에 골몰했다. 그러나 마오쩌둥毛澤東은 소련의 평화회담 중재 제의를 일축하고 군사적 공세를 계속했다. 상승세를 탄 마오로서는 국민당과의 회담에 시간을 허비할 필요가 없었다. 이런 과정에서 쟁점이 된 것이 중공군의 창강長江(양쯔강) 도하 문제였다.[34]

소련으로서는 중공군의 남하를 저지하여 창강 남북을 국민당과 중공이 각각 점령하도록 하고 미국의 양해하에 만주에서의 특수 권익을 확보하는 지정학적 구도를 그려봄 직했다. 자국의 코앞에 방대한 영토와 인구를 가진 국가가 출현하는 것은 소화하기 어렵다는 주중 소련대사 니콜라이 로스친Nikolai Roschin의 언급은 소련이 중공의 대륙제패를 원하지 않았음을 암시한다. 이 같은 스탈린의 책략은 마오쩌둥 등 중국공산당 수뇌로 하여금 소련이 중국을 분할하여 창강을 중심으로 '남북조南北朝' 국면을 기도하고 있다고 비난하게 하는 근거가 되었다.[35]

---

34 김동길, 「1949년 1월 국공國共평화회담 중재에 대한 소련의 태도 및 세계 안보전략」, 『역사학보』 202, 2009, pp. 217~251 참조.

35 위의 글, pp. 223~232. 마오쩌둥은 1956년 4월 25일 '논십대관계論十大關係'에서 "스탈린이 해방전쟁 시기 내전이 발발하면 중화민족은 멸망할 것이라고 주장하면서 중국혁명을 방해했다"라고 비난했는데, 스탈린은 국공내전을 통해 중공과 국민당, 미국과 중국을 서로 견제시키면서 경쟁 세력을 약화시키는 고전적인 책략을 구사했다고 볼 수 있다. 그러나 소련의 전략은 성공하지 못했다. 중공군이 4월 21일 양쯔강을 건넜고, 10월 1일에는 중화인민공화국의 수립을 선포했기 때문이다.

다른 한편, 동북지역 정세가 평화 국면으로 전환됨에 따라 중국공산당 동북국은 1848년 11월 23일 '동북 해방 후의 정세 및 임무에 대한 결의關于東北解放后的形勢與任務的決議'를 공포했다. 이 결의에서 중공은 동북의 경제 건설과 전국 해방전쟁 지원을 공산당의 두 가지 임무로 제시하는 한편, 농촌에서 도시로 공작의 중심을 옮기면서 창춘, 선양, 안산鞍山 등 도시 공업 경제의 복구를 본격화했다. 이런 노력의 결과 중국 동북지역은 사회주의 중국의 경제 발전을 견인하는 공업기지가 되었다.[36]

국공내전에서 특히 기억할 것은 국공 간의 사활을 건 승부가 벌어지는 동안 김일성이 위기의 마오쩌둥에게 가능한 모든 지원을 했다는 점이다. 국민당이 만주를 차지하는 상황을 좌시할 수 없었던 김일성의 선택이었지만 마오쩌둥은 이때의 고마움을 잊지 못했다고 하는데, 실제로 물심양면 김일성의 도움은 빈사의 마오쩌둥에게 결정적 도움이 되었다. 그리고 이때 양당 간에 형성된 혈맹 관계는 6·25전쟁뿐 아니라 그 이후 북한 국내 정치에서도 일정한 작용을 했다. 이른바 연안파의 존재가 그것이다.

⑥ 중국의 동북 지배와 경제 발전

가. 변강의 안정과 중·소 국경분쟁

마오쩌둥은 1949년 6월 30일 '논민주주의전정論民主主義專政'에서 소련으로의 일변도 정책을 천명했다. 당시 중국이 대소 일변도 정책을 취한 것은 △ 취약한 정통성 보완, △ 발전 모델 학습 및 국내 정치적 도전[37] 극복과 지배

36 米大偉, 앞의 책, pp. 290~291.

37 마오쩌둥이 1954년에 동북의 실력자 가오강高崗을 소련 스파이로, 1959년 대약진을 비판한 펑더화이彭德懷를 소련에 경도했다는 이유로 숙청한 것이 그 예이다. Andrew J. Nathan and Andrew Scobell, *China' s Search for Security*, New York : Columbia University, 2012, p. 45, 73.

기구 확립에 대한 소련의 도움, △ 소련의 경제적 원조 획득, △ 소련으로부터 위협 해소 등을 고려한 것이었다.[38]

국공내전에 승리하기는 했으나 건국 초기 중공의 권력 기반은 안팎으로부터 끊임없는 위협에 노출되어 있었다. 특히 중공은 동북지역에 대한 소련의 위협을 의식하지 않을 수 없었다. 1920~1930년대 소련은 중국공산당 창당과 일본과의 투쟁을 적극 지원했다. 한편 소련은 중국공산당 내부 문제에 간섭하거나 마오쩌둥의 정치적 경쟁자들을 지지/지원하기도 했다. 특히 국공내전기에 국민당이 승리할 것을 예상한 스탈린은 중국공산당 지원에 소극적 태도를 보이는 등 이중적인 자세를 보이기도 했다. 이런 상황에서 마오쩌둥은 1949년 12월 소련을 방문하여 소련과 국민당 간의 '중소우호동맹조약'을 폐기하고 30년 기한의 '중소우호동맹호조조약中蘇友好同盟互助條約'을 체결하여 소련과의 동맹 관계를 확인했다. 아울러 소련은 대일화약 후 창춘철도를 중국에 이관하고 뤼순 철군, 대중 경제원조와 일본으로부터 소련 정부 기관이 취한 재산의 무상 이관 등을 약속했다. 이와 같은 소련의 지지와 원조는 신생 중국의 정치·경제적 안정에 커다란 도움이 되었다. 이처럼 건국 초기 중국 외교정책의 기본 전략이 되었던 일변도정책은 중공정권의 안정에 기여했지만, 주지하는 바와 같이 1956년 소련공산당 제20차 전당대회 이후 양국 관계는 파경을 맞았다.[39]

중국의 일변도정책은 중국과 소련의 지정학적 안보 이익이 일치한 결과이

38 위의 책, pp. 67~72.

39 그러나 중국과 소련은 1957년 10월 국방신기술협정을 체결하기도 했다. 중국 건국 후 중·소 관계는 ① 우호 동맹기(1949~1958년), ② 분열과 갈등 · 적대기(1958~1982년), ③ 조정, 개선기(1982~1992년), ④ 전략적협력동반자관계 시기(1992년 이후) 등으로 크게 구분할 수 있다. 王登登 · 侯永亮, 「建國六十年中蘇(俄)關係的歷史演變」, 『探索爭鳴』, 河南, 2009, pp. 17~18 참조. 여기서는 중국 동북지방에 대한 지배가 서술의 중점이므로 관련 내용을 중심으로 논급하기로 한다.

기도 하다. 당시 중국은 소련으로부터의 위협뿐 아니라 티베트, 타이완 그리고 6·25전쟁 이후 구축된 미국과 아시아 국가 간의 동맹 등 주변국으로부터 포위망에 둘러싸인 형국에 처해 있었고, 소련 또한 얄타회담에서 얻은 외몽골과 사할린 등지의 완충지대를 지킬 안보상의 이익을 가지고 있었다. 소련이 중공의 동북 진출을 지원하면서도 장제스를 끌어들여 이 두 세력 사이에서 동북지역에서의 완충지대를 탐색했던 것은 이런 맥락으로 이해할 수 있다.[40]

중·소 양국의 우호동맹호조조약에도 불구하고 외몽골 문제를 제외한 양국의 변계 문제는 해결을 보지 못했다. 갈등하던 양국 관계는 1969년 3월 전바오섬珍寶島(다만스키섬Damanskii Island)에서의 대규모 무력 충돌로 비화했다. 이 사건 이후 중국과 소련이 4,380km에 이르는 국경선에 대규모 병력을 배치하면서 양국 간에는 극도의 긴장이 고조되었고, 국경 문제 해결을 위한 교섭도 진전을 보지 못했다. 전기가 마련된 것은 미하일 고르바초프Mikhail Gorbachev가 등장한 후로, 양국은 극동과 동부, 서부지역의 국경 문제를 잇달아 타결하고 2004년에 최종적인 '중러국경협정'을 체결했다. 이와 같이 일련의 국경 문제가 타결되면서 중국은 만주에 대한 군사적 위협을 경감하고 변강의 안정을 확보할 수 있게 되었다. 베이징대 총장, 장쉐량의 비서 등을 거치면서 동북지역에 깊은 이해를 가지고 있던 저우징원周鯨文은 동북의 지정학적 중요성을 강조하면서 "압록강변에서 소련과의 경계를 따라 새로운 만리장성을 설치하여 동북의 공업과 비옥한 토지를 지키고 동방으로부터 위협을 없애야 한다"라고 주장하였는데,[41] 소련과의 국경 문제 타결과

40 趙海龍, 「論建國初對蘇一邊倒外交政策演變的原因」, 『아시아문화연구』 10, 2006, pp. 296~299.

41 徐勇, 「20世紀中國地緣戰略與抗美援朝戰爭關係」, 『만주연구』 6, 2007, p. 97 재인용.

관계 개선을 통해 중국은 비로소 동북 변강의 안전을 확보하게 된 것이다.

나. 개혁·개방 이후 중국의 '동북진흥'

1978년 중국의 개혁·개방이 본격화하면서 만주지역은 또다시 중요한 지정학적 공간으로 탈바꿈했다. 이와 같은 변화는 주로 중국이 추진하고 있는 일련의 지경학적 노력을 통해 구체화되고 있다. 중국은 동남부 연해를 중심으로 개혁·개방 정책을 시동한 이래 1999년 서부대개발을 추진하고, 이를 전후해 동북지구와 중부지역의 개발 전략을 본격화함으로써 4대 구역에 대한 발전 계획을 수립했다. 특히 중국은 중국의 변방이며 북·중·러가 접경한 중국 동북지방을 대대적으로 개발하겠다는 계획을 구체화했다. 2003년 10월 중공 중앙과 국무원은 '동북지역 노후기지 진흥전략 실시에 관한 약간의 의견國務院關于實施東北地區等老工業地振興戰略的若干意見'을 통해 유라시아 대륙과 환동해를 연결하는 지역을 중국 경제의 성장과 동북아 경제협력의 전략 거점으로 자리매김했다. 이를 위해 국무원 판공실은 2007년 '동북지역진흥계획'을 발표했고, 이어서 2009년 랴오닝성의 연해경제벨트계획, 지린성의 창지투長吉圖개발계획 등 성 단위의 프로젝트를 승인했다.

시진핑 정부도 후진타오胡錦濤의 동북진흥 기조를 이어 2016년 4월 '신동북진흥계획'을 발표하면서 2020년까지 동북지역 산업을 첨단 수준으로 끌어올리고 2030년까지 전면적 진흥을 실현한다는 청사진을 제시하였다. 특히 여기서 주목할 것은 중국이 동북지역을 동북아 경제협력의 핵심 지역으로 강조하고 있다는 점이다.[42]

---

42 이홍규, 「중국 동북진흥과 연변굴기」(중국학연구회 학술발표회 발표 논문), 2015. 시진핑은 2015년 3월 9일 제12기 전인대 제3차 회의에서 지린성 대표단을 접견하면서 동북 노후 공업기지의 진흥을 깊이 있게 추진해야 할 것이라고 지적했다. 아울러 그는 주변국 및 지역과의 교류 협력을 강화하고 대외 개방 수준을 전면적으로 높여야 함을 강조했다. 「시진핑, '동북3성-주변국 교류

아직 동북진흥의 성패를 예단하기는 이르지만 낙후한 동북지방의 사회경제적 수준을 높이겠다는 추동력이 지속적으로 확보되고, 러시아, 일본 등과 협력이 제도화되어 간다면 중국의 동북지역은 동아시아 역내 국가 간 협력과 평화를 촉진해 나가는 전략 공간으로 발전해 나갈 수 있을 것이다.

최근 미국, 일본과 러시아 등은 중국의 경제성장에 편승하여 자국의 이익을 관철하면서도 현상 타파 세력으로서 등장하고 있는 중국을 견제하기 위한 지정학적 압력을 강화하는 전략을 병행하고 있다. 중국 동북과 러시아 극동 등지에서의 지경학적 협력도 이와 같은 국제 환경의 영향을 받을 수밖에 없을 것이다. 여기에 최근 역내 국가 간의 역사지정학적 갈등을 어떻게 해소할 것인지, 북한을 어떻게 새로운 협력의 장으로 유인할 것인지가 하나의 난제로 남아 있다. 또 하나 주목할 것이 동북지역 옌볜조선족자치주의 위상과 역할이다. 조선족 사회야말로 남북한을 매개하고 밀려드는 다문화적인 환경을 주체적으로 소화해 나가면서 환동해권 협력의 핵심 역할을 할 수 있을 것으로 기대되기 때문이다.[43]

3. 만주와 한반도의 지정학적 연동

19세기 중엽 이후 세계사적 변동에 능동적으로 대응하지 못한 한국과 중국

협력 강화' 지시」,『통일 뉴스』, 2015. 3. 10.

43 홍면기,「동해평화론 서설 : 소통 · 협력공간으로서의 동해와 한반도의 역할」(고구려 · 발해학회 발표논문), 2010 ; 藤間丈夫,「動き始めた環日本海經濟圈—21世紀の巨大市場』, 東京 : 創知社, 1991, pp. 115~117 ; 동북아역사재단 편,『동아시아 평화와 초국경 협력』, 동북아역사재단, 2013 등 참조.

은 '실패국가failed state'[44]로 전락했다. 특히 일본의 중국 침략에서 교두보가 되었던 한국은 제국주의 국가들의 분할 지배 대상으로 그 운명이 농단되었다. 1945년 한국은 국권을 회복했지만 만주를 둘러싼 '그레이트 게임'은 다시 동아시아에 갈등과 충돌의 지정학적 단층선을 생성했고, 이는 곧이어 한반도의 분단과 격렬한 충돌을 예고하는 것이기도 했다.

(1) 강대국에 의해 거래된 한국의 국가이익

만주를 둘러싼 '충돌'의 시대에 만주와 육속한 한반도는 강대국 정치에 철저히 종속되었다. 이처럼 불행한 시기에 한반도에는 조차, 분할·교환, 중립화, 공동점령 등 이른바 지정학적 완충지대에서 있어 왔던 갖가지 형태의 음험한 권력정치적 논리들이 배회했다.[45] 청·일 간의 간도협약, 일본의 독도 점취占取도 만주에서의 혼란과 떼놓고 생각할 수 없다. 한국의 지정학적 위상과 이익이 당사자를 배제한 채 자의적으로 재단되었으며, 이와 같은 만주와 한반도의 지정학적 연동은 결국 해방 후 분단으로 이어지게 되었다.

한국은 한반도를 중심으로 벌어지는 열강의 쟁투 속에 이이제이, 중립 선

---

44 Robert I. Rotberg, "Failed States, Collapsed States, Weak States : Causes and Indicators," *State Failure and State Weakness in a Time of Terror*, Washington, D.C : Brookings Institute, 2003, pp. 1~25.

45 만주와 순치의 관계에 있던 한반도의 국제정치는 기본적으로 세력균형balance of power의 논리 속에 작동되어 왔다. 세력균형론은 현실주의 국제정치학의 고전적 이론으로 국제정치 행위자들은 방어적 · 공격적 개입intervention, 보상compensation, 완충지대buffer zone, 분할 통치divide and rule, 군비 증강armaments, 동맹alliances 등의 방법으로 균형을 유지한다고 본다. 극단적 방법으로 전쟁을 통한 균형을 추구하기도 한다. 김계동, 「한반도 분단 · 전쟁에 대한 주변국의 정책」, 『한국정치학회보』 35(1), 2001, pp. 348~349. 한반도의 지정학적 위상에 대한 열강의 논의는 홍순호, 「한반도 분단 문제 및 중립화론의 역사적 과정」, 『한국 정치외교사 논총』 7, 1990, pp. 235~260 ; 이완범, 『한반도 분할의 역사 — 임진왜란에서 6 · 25전쟁까지』, 한국학중앙연구원 출판원, 2013 참조.

언 등으로 맞섰으나 힘으로 뒷받침되지 않은 정책은 성공할 수 없었다. 현대 현실주의 국제정치학의 시조로 일컬어지는 한스 모겐소Hans J. Morgenthau의 언명대로 '힘으로 정의된 국가이익'이야말로 국제정치의 최후의 언어가 되었던 것이다.

앞서 만주를 둘러싼 러시아와 일본 등의 각축을 살펴보았지만 여기서는 한국이 일본의 식민지라는 나락으로 떨어지기 전 만주와 한반도에서 러시아와 일본이 한반도를 어떻게 '거래'했는지 일별하고자 한다. 일본은 청일전쟁의 승리로 조선에서 청을 배제했으나 러·불·독 삼국의 간섭으로 만주 진출을 저지당했다. 만주에서 우월적 지위를 확보한 러시아는 김홍집의 친러 내각을 배경으로 만주에 이어 한반도에서 영향력을 확대해 나갔다. 그러나 일본은 한반도에서 러시아 세력을 축출하기 위해 명성황후 시해라는 극약 처방으로 대항했다(1895. 10. 8.). 이에 러시아는 고종을 러시아 공사관으로 받아들이고(아관파천, 1896. 2. 11.) 사태의 반전을 시도했다. 그러나 이런 조선 정국의 대혼란 속에서도 군사 대결이 시기상조라고 판단한 일본과 시베리아철도가 완성될 때까지 시간이 필요했던 러시아 간에 협상 분위기가 조성되었다. 한국병합 후 만주로 진출하겠다는 정책을 집요하게 추구하던 일본은 러시아와 협상을 통해 다시 한반도에 대한 강력한 영향력을 복구[46]하는 한편, 의화단 사건을 기화로 대륙으로의 욕망을 재개했다. 즉 일

46 청일전쟁 후 러 · 일 양국이 조선 문제와 관련하여 벌인 주요 협상(정)은 다음과 같다. ① 베베르Weber · 고무라小村 각서(1896. 5. 14, 서울)에서 환궁을 고종의 의사에 따르기로 하고, 전신선 보호를 위해 양국이 800명 규모의 군대를 파견할 수 있다고 규정했다. ② 곧이어 러시아 니콜라이 II세 대관식에 참석한 야마가타山縣와 러시아 외상 로바노프Lobanov 간의 로바노프-야마가타협정(1896. 6. 9, 모스크바)이 이루어져 조선 문제에 대한 공동 간섭에 합의했다. 야마가타는 비밀회담에서 39도선을 중심으로 조선의 남북을 분할하여 공동 점령할 것을 제안했으나 고종을 자국 공사관에서 보호하고 있던 유리한 입장에서 조선 전체를 노리던 러시아는 이에 반대했다. ③ 1896년 2월 11일 고종의 환궁 후 러 · 일은 조선의 자주권을 확인하고, 조선에서 일본의 상업 활동의 자유

본은 영국과 군사동맹을 맺고 러일전쟁을 벌여[47] 한국에 대한 완전한 지배권을 획득하는 한편, 이 전쟁을 전후하여 가쓰라-태프트밀약(1904), 포츠머스조약(1905), 제2차 한일협약(1905, 을사늑약) 등에서 이를 확인했다.

삼국 간섭 후 남방의 경영에 관심을 기울이던 일본은[48] 의화단 사건 이후 다시 만주와 한반도에 관심을 집중하게 되는데, 이 과정에서 제기된 것이 간도 문제였다. 러·일 양국은 1907년 제1차 러일협약을 통해 외몽골과 조선에 대한 특수 이익을 교환하고 하얼빈-지린을 경계로 남·북만주를 각자의 세력 범위로 획정했다(1907. 7. 30.).[49] 그러나 이 협상에도 불구하고 러시아의 복수전에 대한 경계심을 해소하지 못한 일본은 만주 진출과 러시아 견제의 거점으로서 간도 문제 해결을 시도했다. 우선 일본은 한국 군대를 해산하고 청에 간도임시파출소 설치를 통보했다. 청은 당시 독·미·청 삼국 간의 공조가 논의되고 있는 상황을 배경으로 일본에 강력히 항의했다. 이후 청·일 양국은 약 2년간에 걸친 협상을 거쳐 1909년 일본이 청으로부터 남만주 철도부설권과 푸순撫順탄광 채굴권 등을 얻는 대가로 간도영유권을 청에 넘기는 것을 골자로 하는 간도협약을 체결했다.[50] 이후 일본은 만주 진출의 전

를 보장한 로젠Rosen-니시西협정(1898. 4. 25.)을 체결했다. 로젠-니시협정은 뤼순, 다롄 조차에 대한 영국 등의 반발에 러시아가 한반도에 대한 관심을 철회하고 만주 진출에 전념하기 위해 일본 세력에게 한반도를 넘겨준 정치적 흥정의 결과였다고 할 수 있다.

47 영일동맹을 맺는 과정에서 한국 문제는 또다시 양국 간에 첨예한 논쟁 거리가 되었다. 여기서도 일본은 자신들이 원하는 한국의 독점적 지배권을 얻어 내지 못했다. 하지만 영일동맹은 러시아를 압박하는 강력한 지렛대로 활용되어 일본은 러시아와 한반도와 만주를 놓고 무력 대결을 벌일 수 있는 강력한 동맹을 구축했다.

48 조명철, 「청일전쟁, 러일전쟁의 전후 처리와 한국 문제」, 『한일관계사연구』 36, 2010, pp. 263~289.

49 1907년 제1차 러일협약에 이어 동서분계를 획정함으로써 러 · 일 양국은 만주와 몽골에서 양국 간 분쟁 요인을 해소했고, 협조의 분위기가 고조되었다.

진기지를 북으로 확장하고, 1910년 한국을 강제 병합하면서 만주에 대한 일본의 공세에 가속도를 붙였다. 이 점에서 간도 문제는 만주와 한반도의 지정학적 연동을 극명하게 보여 주는 접속점[51]이었다. 그리고 그것은 1712년 백두산정계비 건비 이후 1904년까지 계속되었던 조·청 간의 변계 담판을 무실화하는 것이기도 했다.

(2) 만주 지정학의 현재성 : 분단과 전쟁 그리고 재분단

만주의 지정학과 관련하여 유념할 것은 만주 100년의 격동이 분단과 6·25 전쟁과 직접 관련성을 가지고 있다는 점이다. 앞에서 보았듯이 전시 회담에서 승전국 수뇌들이 한국의 해방과 독립을 약속했지만 당시 한국 문제 처리의 구체적 방침이 정해진 것은 아니었다. 그러나 종전 직전 소련이 만주와 북한에 전격 상륙한 후(그림 2 참조) 다급해진 미국은 일반명령 제1호(1945. 9. 2.)를 발하여 미국과 소련이 각각 38선 남북에서 일본의 항복을

---

50 간도협약은 전문 7조로 되어 있다. 그 내용은 ① 한 · 청 양국의 국경은 두만강으로서 경계를 이루되, 일본 정부는 간도를 청나라 영토로 인정하는 동시에 청나라는 두만강 이북의 간지墾地를 한국민의 잡거雜居 구역으로 인정하며, ② 잡거 구역 내에 거주하는 한국민은 청나라 법률에 복종하고, 생명 · 재산의 보호와 납세, 기타 일체의 행정상의 처우는 청국민과 같은 대우를 받으며, ③ 청나라는 간도 내에 외국인의 거주 또는 무역지 4개 처를 개방하며, ④ 장래 지린 · 창춘철도를 연길 남쪽까지 연장하여 한국의 회령會寧철도와 연결한다는 것 등이었다. 이와 관련하여 러시아는 간도를 어떻게 인식했을까? 한반도에서 소극적 현상유지 정책을 전개하고 있었던 청일전쟁 이전의 러시아는 한국의 입장을 지지하는 듯했지만, 청일전쟁 이후 한반도 중립화를 일본에 제안하면서 두만강과 압록강을 한국의 국경선으로 간주했다. 그리고 의화단 사건으로 만주를 점령한 뒤 러시아는 간도지역을 중국 영토로 간주하고 간도 문제를 청국으로 이주한 한국 이주민 문제로 취급했다. 유럽에서와 마찬가지로 약소국의 입장은 철저하게 배제된 상태에서 강대국의 이익에 맞춰 국경 문제가 정리되었던 것이다. 김종헌, 「러시아의 대외정책과 간도」, 『동북아 국제관계와 변경문제』(학술회의 자료집), 동북아역사재단, 2009 참조.

51 김원수, 「간도 문제와 간도협약의 글로벌 히스토리 1907~1908」, 『사회과 교육』 49, 2010, p. 75.

접수할 것을 공식화했다. 군사적 편의에 의한 분단의 불씨가 심어진 것이다. 이후 남북에서 미·소 군정이 실시되고 미소공동위원회에서 신탁통치에 대한 이견을 좁히지 못함으로써 분단은 기정사실화되었다. 이삼성은 전후 미국과 중국이 평화적으로 공존할 수 있는 관계 양식의 구성에 실패함으로써 미국과 일본을 한 축으로 하고 대륙을 또 다른 축으로 하는 '동아시아 대분단 체제'의 원형이 형성되었고, 소련이 6·25전쟁을 승인함으로써 이 체제가 공고화되었다고 설명한다. 나아가 한반도, 타이완해협, 인도차이나의 '동아시아 소분단 체제'가 동아시아 대분단 체제와 중층적으로 연계되었다고 본다.[52] 분단의 기원을 역사적으로 소급하면 구한말 이래 거론된 열강의 한반도 분할·지배가 현실화되었다는 측면이 있지만, 전후 한반도 분단은 이처럼 만주의 지정학적 지형과 직접 관련이 있는 것이었다.

소련은 국공내전 말기 미국을 중국에 붙잡아 둠으로써 동유럽 공산화에 대한 미국의 강력한 압력을 분산시키고자 기도했다. 그러나 미국이 전후 유럽에서 소련의 팽창을 저지하기 위해 봉쇄정책containment policy을 강력히 추진하자 소련이 미국을 다시 동아시아로 유인하여 이와 같은 유럽에서의 압력을 분산하기 위해 6·25전쟁을 사주했다는 주장이 설득력 있게 받아들여져 왔다. 6·25전쟁에 관한 또 하나의 지정학적 가설은 소련이 미국과 중국의 대결을 유도하는 고전적 이이제이 책략을 썼다는 것이다. 어쨌든 6·25전쟁을 거치면서 러일전쟁 패배 후 한반도에서 퇴각했던 소련은 한반도 북부에 다시 군사력을 진입시킴으로써 한반도에 대한 지정학적 영향력을 되살리게 되었다. 이렇게 보면 한반도 분단과 6·25전쟁은 세계사적 변동, 직접적

52 이삼성, 「동아시아 대분단 체제에서 '역사 문제'의 구조와 출구의 모색」, 『냉전과 동아시아 : 사상, 지식, 질서』(동북아역사재단 동아시아 이론 연구와 서술 국제학술회의 논문집), 2015, pp. 10~11.

으로는 소련의 만주와 한반도에 대한 지정학적 전략의 한 산물이라고 볼 수 있는 것이다.

중국의 입장에서 보자면 6·25전쟁은 만주 문제와 좀 더 직접 관련이 있다. 우선 중국내전에 참가했던 5만여 조선인이 남침의 주력으로 참전했다는 점이 그렇고, 중공군이 미국의 만주 공격 위협을 빌미로 압록강을 건넜다는 점도 만주와 한반도를 순치脣齒 관계로 보는 중국의 뿌리 깊은 지정학적 인식을 보여 주는 것이다.[53]

요컨대 한국의 입장에서 6·25전쟁은 만주 지정학의 현재성을 보여 주는 것일 뿐 아니라 지정학적 전략의 '대실패great failure'를 의미한다.[54] 460만이 넘는 인명이 희생된 재앙적 피해에도 불구하고 한반도의 통일과 평화가 무산된 채 38선이 군사분계선으로 대치되는 것으로 전쟁이 종결되었고, 남북한 간에는 씻기 어려운 적대감이 생성되었기 때문이다. 더욱 심각한 것은 강대국의 지정학적 싸움터였던 분단 한반도에서 아직도 이와 같은 강대국의 전략적 이해가 철저히 관철되고 있고, 이를 우리가 극복하지 못하고 있다는 점이다. 우리가 이 역사적 구조를 벗어나지 않는 한 대륙 세력, 특히 중국은 외국군(세력)이 동북지역을 직접 위협하는 것을 용인할 수 없을 것

---

53 6·25전쟁이 터지자 중국은 압록강을 동북을 지키기 위한 '생명선'으로, 평양-원산선을 압록강을 지키기 위한 전략적 '보조선'으로 인식했다. 마오쩌둥, 저우언라이 등 중국 수뇌부는 미국의 지원을 받는 장제스의 도전과 한반도에서 미국의 군사행동이 중국 동북을 직접 위협한다고 보고 참전을 결정했다. 徐勇, 「東北地緣戰略因素與抗美援朝戰爭再探討」, 『中共黨史研究』 6, 2007, pp. 33~41.

54 장순은 프랭클린 루스벨트가 일본이 진주만을 선제공격하도록 조종한 것과 마찬가지로, 미국이 북한의 남침을 유도했다는 입장을 피력하고 있다. 즉 미국이 전쟁 발발 후 압록강까지 진격하여 한반도 전체를 지배하려는 책략의 일환으로 6·25전쟁을 유도했다는 것이다. 장순, 앞의 책, pp. 310~311. 이는 곧 미국이 한반도를 만주를 차지한 중국을 견제하기 위한 전진기지 내지 전쟁터로 생각하고 있었다는 입장을 보여 준다.

이고, 반대로 해양 세력은 대륙 세력의 남하를 묵과할 수 없을 것이다. 그리고 그것이 작금의 한반도를 중심으로 벌어지고 있는 양상이기도 하다. 한반도가 다시 강대국의 대결장이 되고 있는 엄혹한 현실에서 남북 관계의 실질적 개선과 평화의 제도화 없이 한국이 지역협력을 주도해 나가는 것은 지난한 과제가 될 것이다.

(3) 동해의 지정학과 독도

한반도뿐 아니라 동해 또한 일본의 만주, 대륙 진출의 통로로서 중시되었다. 20세기 초 일본은 동해를 내해화하면서 자국의 식민주의를 정당화했다.[55] 1905년 도쿄대학교 교수 마쓰나미 이치로松渡仁一郎는 "(일본해) 주변의 땅은 연해주를 제외하고 일반적으로 제국의 영지이거나 보호국이다. 우리가 이곳을 일본의 영해라고 부르는 것도 그다지 이치에 어긋나는 것은 아니다"라고 주장했고, 1932년 『도쿄일일신문東京日日新聞』(『마이니치신문』의 전신)은 "오늘날 일본해는 … 조선을 병합하고 가라후토樺太(사할린) 남부를 회복함으로써 일본 영토 안에서 하나의 호수로 자리 잡았다"라고 하고 있다.[56] 이와 같은 일본의 인식은 한반도 북부를 경유하여 만주로 진출하려는 전략과 연계되었다. 일본은 간도협약에서 나진을 경유해 만주로 진출하기 위해 길회선(연길-회령 간) 철도부설권을 획득하여 만주 침략을 위한 병참선 확보에 노력하는 한편, 1930년대에 포화 상태에 이른 다롄항의 물동량을 분산하기 위해 나진항 개발을 서두르게 되는데,[57] 이는 병참기지화한 한반도 내부

---

55 오모토 케이이치 외, 『바다의 아시아 5 : 국경을 넘은 네트워크』, 김정환 역, 다리미디어, 2003, pp. 64~65.

56 위의 책, p. 65.

57 이 노선의 종착역을 두고 나진, 청진, 웅기 등이 치열하게 경합했다. 그러나 1937년 중일전쟁

와 대륙의 통합적 철도망을 구축하고 항만의 물류네트워크 능력을 강화하면서 만주 침략과 소련을 견제하기 위한 군사전략적 조치의 일환이었다.

다른 한편, 일본은 러일전쟁이 한창이던 1905년 전시 내각 의결로 독도를 자국 영토로 편입했다. 청일전쟁에 승리하고도 삼국 간섭으로 랴오둥반도를 포기할 수밖에 없었던 일본은 한국에 대한 자국의 우월적 지위를 속단할 수 없게 된 상황에서 전쟁을 유리하게 이끌고 러시아의 동해 진출을 저지하기 위해 독도를 강탈했던 것이다.[58]

독도에 대한 일본의 영유권 주장으로 한·일 간 갈등이 높아지는 가운데 최근 중국의 동북지방 개발과 러시아의 적극적 극동정책 등으로 동해의 지정학이 다시 주목 받고 있다. 동북지역 발전을 위해 동해로의 출구가 절실한 중국과 북한지역에서의 거점을 노리는 러시아 사이에 나진·선봉지역은 이미 치열한 경합 대상이 되어 있다. 미·일과 중·러 간의 동해 제해권 경쟁이 본격화되면 일본이 미국과 제휴하거나 미국의 비호하에 동해의 패권을 기도할 개연성도 배제할 수 없다. 지정학적으로 아시아 대륙의 주변지 rimland에 자리한 한국의 입장에서 동해가 강대국의 각축장이 되면 국가의 안위에 직접적인 위협을 받게 될 것이다. 역사적·국제법적으로 명백한 우리 영토인 독도에 일본이 집요하게 시비를 거는 것은 이 같은 역사적 맥락, 군사전략과 무관할 수 없다. 이것이 중국 동북지역과 환동해지역 국가 간의 협력

발발 후 1938년 일본이 하산호 부근 전투에서 소련군에 패하면서 이 같은 논의는 지지부진해졌고, 해방 후 북한은 나진을 러시아와의 교역항으로 이용했다. 「'동북아 물류 신거점' 두만강 하구지역을 가다 ①」, 『내일신문』, 2014. 9. 23. 일본의 북한 경유 만주 진출에 대한 자세한 논의는 손춘일, 「두만강 개발계획과 북 · 중 변경에서의 국제협력 문제」, 『중국 변강 문제와 초국경협력 자료집』(내부자료), 동북아역사재단, pp. 87~129 참조.

58 동북아역사재단 편, 『한 · 일 역사 속의 우리 땅 독도』, 동북아역사재단, 2017, pp. 8~10. 일본은 1905년 2월 22일 이른바 '시마네현島根縣 고시 40호' 에서 독도를 오키도사隱岐島司 소관으로 고시했다.

을 통해 한반도에 몰려들고 있는 정치·군사적 갈등을 지경학적 협력의 패러다임으로 풀어내야 하는 긴박한 배경이기도 하다.

4. 만주, 충돌의 공간에서 협력의 장으로 거듭날 것인가?

1949년 이후 중국(중화인민공화국)은 한 세기 이상에 걸친 치욕의 역사를 마감하고 만주지역에 대한 배타적 지배권을 행사하고 있다. 개혁·개방 이후 이 지역은 면모를 일신하고 동아시아 국제정치의 전략적 공간으로 거듭나고 있다. 그러면 중국의 부상과 이에 대한 미·일의 견제라는 해륙 간 대치가 선명해지고 있는 정세 속에서 중국 동북지역과 환동해 해역은 갈등과 충돌이 아닌 협력의 질서를 창출하는 공간이 될 수 있을 것인가? 이 지역을 협력의 공간으로 만들어 나가기 위해 무엇을 어떻게 할 것인가? 무엇보다 각론적으로 제기되고 추진되고 있는 실천 프로그램 간의 정합성을 확보하고, 그것을 국가 전략으로 수렴해 나가야 될 것이다. 그리고 이를 위해서는 사상事象에 대한 분절적 이해보다 이를 관류하는 주요 행위자의 세계관과 핵심 개념에 대한 이해가 전제되어야 한다. 협력 의제와 전략은 이 책의 다른 부분에서 다룰 것이므로 여기서는 만주(중국 동북지역)에 대한 각국의 지정학적 인식, 국가 전략과 협력을 위한 전환의 논리를 정리해 두기로 한다.

(1) 팽창의 국가 이데올로기

오랜 지적 전통을 가진 지정학은 19세기 들어 다시 큰 관심을 받게 되는데, 이는 당시 영·불 등 유럽 국가 간의 경제적 연계 관계가 증가하면서 경제적 민족주의와 보호무역주의가 대두된 점과 관련이 깊다. 특히 무역 강국 미국의 등장은 당시의 국제관계에 새로운 긴장을 불러일으키는 요인이 되었다.

이와 더불어 제국주의 국가들의 공격적인 해외 영토확장 경쟁 또한 지정학에 대한 관심을 크게 진작했다. 이와 같은 시대적 분위기 속에서 성장한 지정학은 서구 제국주의 국가의 침략정책을 정당화하는 근거로 원용되었고,[59] 이렇게 이데올로기화된 팽창주의는 중국을 비롯한 동아시아 국가의 전통적인 영토(강역) 개념, 국가이익과 충돌할 수밖에 없었다.[60]

① 열강의 만주 인식과 지정학적 실천

지정학은 지리적 위치, 크기와 형태, 자원, 기후, 문화적 특징 등을 포함하는 한 국가의 지리적 특징들이 국가의 정책과 행위에 대한 미치는 충격과 영향을 연구하는 학문이다.[61]

청이 산해관을 넘은 후 거대한 '힘의 공백 지대'가 된 만주로 질주했던 열강들도 팽창을 정당화하기 위해 만주에 대한 지정학적 논리를 구성하고 실천하고자 했음은 물론이다.[62]

일본은 이른바 주권선, 이익선의 개념을 내세우면서 한반도를 병탄하고 만주를 침략했다. 이 개념은 1890년 12월 당시 수상 야마가타 아리토모山縣

---

59 Klaus Dodds, *Geopolitics — A Very Short Introduction*, New York : Oxford University Press, 2007, pp. 25~26.

60 연구가 심화되어야 할 영역이지만 한국에도 만주의 지정학에 대한 독특한 지적 전통이 이어져 왔음은 물론이다. 특히 18세기 경세가 성해응成海應(1760~1839)은 라오둥과 동해, 독도에 대해 독자적인 지정학적 견해를 펼치고 있다. 이원택, 「상해응의 지정학과 울릉도 · 우산도 인식」, 『한국사상사학』 41, 2012 참조.

61 Phil Kelly, *Classical Geopolitics : A New Analytical Model*, Stanford, California : Stanford University, 2016, p. iv.

62 반면 일본의 식민지로 전락한 한국은 한반도와 만주 등 주변 공간에 대한 지정학적 인식과 전략을 제대로 구상하지 못했고 이전의 것들을 계승 · 발전시키지 못했으며, 이러한 지적 빈곤은 지금도 해소되지 못하고 있다.

有朋가 시정방침 연설에서 주장한 것이다. 국가 대외정책의 전제로 영토, 즉 '주권선'과 이를 확보하기 위한 지역으로 '이익선'을 설정하겠다는 일본의 팽창정책을 공공연히 드러낸 것이다.[63] 이와 같은 지정학적 주장은 일본판 '생존권Lebensraum'[64]으로 이후 일본 대외팽창 논리의 근간을 이루게 되었다. 이런 지정학적 이데올로기에 근거하여 일본은 한반도와 타이완을 주권선의 범위에 넣고 만주 침략으로 나아갔던 것이다. 이후 일본은 침략 범위를 넓히며 점령지역이 일본의 이익선 범위에 해당한다고 강변했고, 대동아공영권이라는 또 하나의 침략 이데올로기를 지어내기도 했지만, 이는 국제사회에서 수용될 수 없는 권력정치의 장식물에 지나지 않았다. 일본의 무모한 지정학적 팽창 논리가 결국 일본 패망으로 귀결되었음은 역사가 보여 주는 대로이다.

만주에서 일본과 경합했던 러시아의 만주에 대한 지정학적 인식은, 만주를 보다 인구가 많고 부유한 중국 남부로 진출하기 위한 출발역이라고 했던 재무상 세르게이 비테Sergei Witte의 발언에 잘 나타나 있다.[65] 1892년 본격화된 시베리아철도 부설로 신속한 병력 수송과 시장 접근 능력을 갖게 된 러시아는 만주를 궁극적으로 자국에 병합되어야 할 지역으로 판단했고, 삼국간섭 후 일본을 만주에서 축출하고 선제적으로 만주에 진출하여 타국의 접근을 배제하고자 노력했다. 1898년 니콜라이 2세는 동아시아 문제 특별회의를 주재하고, 뤼순과 다롄을 포함한 랴오둥반도를 25년간 조차하고 이를

63 최덕수, 「야마가타 아리토모의 제국주의론과 조선」, 이근욱 외, 『제국주의 유산과 동아시아』, 동북아역사재단, 2014, pp. 257~290.

64 일본의 지정학은 독일 지정학의 영향을 강하게 받았는데, 이에 대해서는 이진일, 「'생존공간Lebensraum' 과 '대동아공영권' 담론의 상호 전이 : 카를 하우스호퍼의 지정학적 일본관을 중심으로」, 『독일 연구』 29, 2015, pp. 199~240가 도움이 된다.

65 최덕규, 「만주에서의 러시아」, 한석정 · 노기식 편, 『만주 : 동아시아 융합의 공간』, 소명출판, 2008, p. 104.

시베리아철도와 연결하기로 결정했다.[66] 동청철도로 만주 내지에 시베리아철도의 단축 노선이 개설되었음은 설명한 대로이다. 러시아의 이 같은 결정은 만주에 대한 러시아의 독점적 지배 전략을 보여 주는 것이었다. 그러나 러시아의 이 같은 지정학적 기도는 러일전쟁의 패배로 좌절되었다.

후발 제국주의 국가 미국은 문호개방을 내세우면서 동아시아에 개입했다. 문호개방은 당초 영국이 미국에 제의한 것으로 알려져 있다. 즉 삼국간섭 후 러·독·불의 중국 분할 경쟁이 가열되고, 특히 러시아가 화북과 만주를 자국 세력으로 범위화하자 당시 중국 대외무역의 65%를 점하던 영국으로서는 이를 심각한 위협으로 인식하지 않을 수 없었다. 이에 미국과 손을 잡고 문호개방을 추진했던 것이다. 당시 러시아와 우호 관계를 유지하고, 불·독과도 결정적 대립점을 가지고 있지 않았던 미국은 이를 거부했다. 이들과 정면 대치할 실익이 크지 않다는 것이 미국의 입장이었다. 하지만 1898년 미국의 마닐라 점령은 극동 문제에 대한 기업들의 관심이 증가하는 계기가 되었다. 이런 상황에서 미국은 다음 해 8월 러시아가 다롄항을 자유항으로 선언하자 현상 타파와 상업적 기회 확보를 위해 정책을 전환하고, 9월 6일 문호개방정책을 공식화했다. 이와 함께 미국은 그동안 정부의 적극적 대중정책을 꾸준히 주문해 왔던 경제계와 타협점을 찾으면서 중국과 만주에 대한 개입에 나섰는데, 이는 제국주의와 확장적 성격을 갖는 자본의 속성상 당연한 논리의 귀결이기도 했다.

중화적 세계관을 이어 온 중국에게 만주는 변경이라는 구조 속에서 인식되었다. 중원을 중심으로 소장消長한 중국의 역대 왕조는 변강에 대한 외부 세력의 간섭과 소수민족의 원심력을 제어하면서 권력 통합을 이루는 것을 주요한 과제로 삼았다. 특히 청조 말기 변강 위기가 고조되면서 중국은 공

---

66 위의 글, pp. 107~109.

간적으로 명확한 변계邊界 의식을 필요로 하게 되었다. 이와 현실적 필요가 증가하면서 지역과 민족의 사정을 존중한다는 '인속이치因俗而治'에서 중앙에서 해강과 변강 지역을 관리하는 방향으로, 즉 내치의 대상으로만 여겨지던 변경을 내치와 외부로부터 변강을 방어한다는 방향으로 변강 관념이 변화하게 되었다.[67] 이와 관련하여 민감하게 부각된 문제가 주변국과의 변경지역에 거주하는 인구의 귀속 문제로, 간도 문제도 그 하나의 예이다. 전통적인 중국의 변강 개념이 변용을 계속하면서 강고한 변강을 건설해야 한다는 정책적 관심도 환기되었다. 주목할 것은 개혁·개방 이후 중국의 변강 개념이 '이익변강'의 개념[68] 등으로 진화를 거듭하고 있으며, '변강학'을 하나의 분과 학문으로 정립하려는 노력도 나타나고 있다는 점이다. 이는 변강을 국제협력의 공간으로 자리매김하려는 개념의 진화를 의미한다는 점에서 주목할 일이지만, 그 이면에서는 변강에 대한 중국의 역사지리적 관점을 변경하고자 한다는 점에서 학문적 비판 대상이 되기도 한다.[69]

② '만들어진 역사', 왜곡된 기억의 전승

여기서 위와 같은 각국의 지정학적 이해와 전략이 만주지역에 대한 독특한 역사 해석과 짝하는 것임을 유념할 필요가 있다. 국가주의적 역사 해석을

67 郭麗萍, 「清末邊疆危機應對與邊疆觀念變化」, 『聊城大學學報(社會科學版)』 1, 山東, 2015, p. 50~57.

68 최근 중국에서 변경 개념을 확장하여 핵심이익변강 · 경제이익변강 · 가치이익변강 · 시간변강이라는 개념을 제기하는 등 변강에 대한 다양한 논의가 진척되고 있다. 김태국, 「중국의 변강정책에서 본 연길과 동북」, 『동북아 국제관계와 변경 문제』(동북아역사재단 학술회의 자료집), 2009 참조.

69 역사지리적 관점에서 중국의 변강 연구를 주도해 온 마다정의 논의가 대표적이다. 馬大正, 『中國東北邊疆研究』, 北京 : 社會科學出版社, 2003(번역본으로 마다정, 『중국의 동북변강 연구』, 이영옥 역, 동북아역사재단, 2004가 있음).

통해 국가정책과 체제의 이익을 지지하는 '국민'을 길러 내기 위한 역사학과 역사 교육이 장려되었던 것이다.

메이지유신 이래 일본 역사가들은 중국사에서 일본사를 분리하여 독자적인 일본 역사관을 수립하기 위해 노력했다. 즉 동아시아에서 일본사의 독자성을 내세우는 한편 일본의 팽창 논리를 정당화하기 위해 부심했던 것이다.[70] 그리고 러일전쟁 후에는 중국과 만주를 대립적으로 파악하는 한편 한반도와 만주의 역사를 하나의 역사로 보는 이른바 만선사관滿鮮史觀을 발전시키면서 그들의 만주 침략을 학문적으로 호도하려고 노력했다.[71]

이렇게 '만들어진 역사'가 그들의 지정학적 논리에 복무하는 '신민'을 주조하고, 대륙 침략의 도구로 이용되었다는 점을 상기한다면 역사 해석과 그 기억의 전승, 유포 구조는 권력 지정학의 또 다른 얼굴이 되는 것이다. 일제가 한국을 침략 병탄하면서 신공황후神功皇后의 전설이나 도요토미 히데요시豊臣秀吉의 '조선 정벌' 기억을 재현하고자 했던 것은 그 분명한 예증이다.

중국에서도 변강, 특히 만주를 자국의 역사 강역으로 포섭하기 위한 노력이 진행되었다. 푸스녠傅斯年의 『동북사강』(1932)과 김육불金毓黻의 『동북통사』(1941) 등이 대표적이다. 푸스녠은 중국사에서 만주를 분리하려는 일본의 만선사관을 반박하면서 만주의 역사·영토가 중국의 것임을 최초로 주장했고, 김육불은 압록강, 두만강 이북의 땅을 중국의 역사 강역으로 편입

---

70 스테판 다나카는 시라토리 구라키치白鳥庫吉, 나이토 고난內藤湖南 등의 학문적 이력을 치밀하게 검토하면서 일본의 동양사학이 객관성 · 실증성을 내세우지만, 실제로는 아시아를 상대화함으로써 일본의 아시아 지배를 뒷받침하는 것이었다고 비판한다. 스테판 다나카, 『일본 동양학의 구조』, 박영재 · 함동주 역, 문학과 지성사, 2004 참조.

71 미국과 일본 학계 또한 자국의 관점에서 중국 또는 만주의 역사를 해석하고자 하는 움직임을 보여 주고 있다. 미국 학계에서 제기되고 있는 신청사와 일본의 동부유라시아론 등이 그것이다. 우리 학계 일각에서 요동지역을 한국사와 중국사가 교접하는 공간으로 인식하는 등 새로운 해석을 제기하고 있는 점도 주목할 필요가 있다.

하고자 했다는 점에서 주목할 필요가 있다. 이 같은 주장은 만주 침략을 정당화하려는 일본의 논리를 반박하기 위한 것이었지만 다른 한편 만주지역을 중국의 불가분리한 역사 영역으로 규정하고 한국사와 분리해 내려는 중국 동북공정의 사상적 연원이 되고 있기 때문이다.

여기서 특히 유념할 것은 중국과 일본의 팽창적 역사관이 '병진竝進'하면서 한국사를 훼손하고 있다는 점이다.[72] 유용태가 중일의 병진竝進을 경고한 것은 지정학적으로도 의미심장하다.

이처럼 만주의 지정학을 검토하면서 역사 해석의 문제를 제기하는 것은 역사 해석이 정책 결정자뿐 아니라 국민들의 자아와 타자에 대한 지정학적 이미지를 규정하고, 이것이 여론과 정책 형성에 영향을 미치고 있기 때문이다.

(2) 지경학적 협력의 논리 : 비판 지정학의 문제의식과 글로벌 히스토리의 시각

① 비판 지정학의 문제의식

1990년대 이후 등장한 비판적 지정학critical geopolitics은 고전적 지정학이 '객관적' 지식이 아니며, 사회 내 특정한 집단권력/지식에 뿌리를 두고 이들의 관점과 해석을 지지하고 정당화할 뿐이라고 비판한다. "(고전적) 지정학은 권력정치에 대한 것이 아니라 권력정치"(강조점은 필자)라는 것이다. 이런 시선에서 보면 해퍼드 매킨더Halford Mackinder의 이론을 이해하는 것보다 그의 주장이 제국주의적이고 인종주의적 배경에서 출발한 것임을 들춰 내는 것이 더욱 중요하게 된다. 그의 이론이 타국 정복이라는 정치적 목적을 가지고 있다고 보기 때문이다.[73]

72 김정현, 「20세기 중국의 한국사 서술과 일본의 식민사관」, 『중국학보』 61, 2010, pp. 343~370 ; 유용태, 「중화민족론과 동북지정학 : 동북공정의 논리」, 『환호 속의 경종 : 동아시아 역사 인식과 역사 교육의 성찰』, 휴머니스트, 2006 참조.

역사의 거대한 전환은 늘 기술 혁신에 의해 주도되어 왔다. 최근 제4차 산업혁명으로 표상되는 눈부신 기술 진보가 세계사적 전환을 추동하면서 지정학의 의미와 공간도 변용을 거듭하고 있다.[74] 이와 같은 문명의 전환 속에 태동한 비판적 지정학은 전통 권력정치적 지정학이 협력과 긴장의 완화 대신 갈등과 경쟁을 지나치게 강조한다고 비판한다. 비판적 지정학은 지정학을 △ 매스미디어를 통해 공유되는 '대중지정학popular geopolitics',[75] △ 외교정책에서 실제로 이루어지는 실천지정학practical geopolitics, △ 국가의 공식 입장이나 싱크탱크에서 내놓는 문건 등에 나타나는 공식적 지정학formal geopolitics 등 세 가지 갈래로 설명하고 있다. 대중과 국가는 이런 경로를 통해 경계boundaries와 위험을 공간화하고 자아와 타자에 대한 지정학적 표상을 만들어 내게 된다는 것이다.[76]

고전적 지정학에 비해 특히 유의할 대목은 바로 대중지정학이다. 그중에서도 역사는 국민들의 심상지리 범역과 기억을 '지배'한다는 점에서 가장 중요한 요소가 된다. 폭발적으로 증가하는 미디어와 대중 커뮤니케이션의 빈도는 대중들에게 정제되지 않은 지정학적 표상(선입견)을 각인하게 되는데, 여기에 왜곡된 역사상이 틈입할 여지가 그만큼 커지기 때문이다. 국가주의적 역사 해석이 만연할 때 역사의 오용, 남용 개연성이 높아질 수밖에 없다. 만주를 둘러싼 각축 과정에서 각국이 '만들어진' 역사를 정략적으로 이용했

---

73 Phil Kelly, 앞의 책, p. 58 참조.

74 Alain Joxe, "Geopolitics and Civilization in the Empire of Disorder," Tuomo Melasuo (ed.), *National Movements and World Peace*, Aldershot, U.K. : Avebury, 1990의 논의가 도움이 된다(번역문으로 알랭 족스, 「무질서의 제국에서의 지정학과 문명들」, 『이론』, 진보평론, 1994. 12, pp. 161~175가 있음).

75 Klaus Dodds, 앞의 책, pp. 145~172 참조.

76 위의 책, p. 42, pp. 45~46.

던 사실은 이 점을 잘 보여 준다.

고전적 지정학이 안과 밖으로부터 지정학적 위험과 위협에 고도의 경각심을 갖는 반면, 비판적 지정학은 물리적 공간뿐 아니라 관계의 네트워크와 비군사적 문화, 지식, 정보 등 복합 중층적인 관계망을 중시하면서 협력과 화해, 성과 인권, 이민 등 새로운 시각을 강조한다. 이는 국제정치적으로 국제 관계가 행위자들에 의해 주관적으로 구성되고 변화한다는 구성주의constructvism 이론이나 일국주의적 시각을 넘고자 하는 글로벌 히스토리와 문제의식을 공유하는 것이기도 하다.

② 글로벌 히스토리의 시각

냉전의 종식과 더불어 본격화된 지구화globalization는 국가와 민족 단위의 분절적이고 배타적인 내셔널 히스토리national history의 관점을 뛰어넘는 새로운 역사상을 요구했다. 이것은 제국주의 시대에 활성화되었던 글로벌 정치와 경제 인식의 부활[77]이라고 할 수 있다. 하지만 역사경관historical landscape의 개편을 배경으로 자신과 접속된 세계에서 상호 의존을 강조하고, 역사 속에서 소외된 기억들을 글로벌 차원으로 소환한다는 측면에서 제국주의적 역사 인식과 차별성을 갖는다. 예컨대 만주와 한반도 경계인 압록강지역에서 있었던 용암포 사건을 단순한 낱개의 사건이 아닌 러일전쟁이라는 세계사적 사건과 연결하여 이해함으로써 이것이 만한滿韓지역의 문호개방과 연계된 트랜스내셔널한 사건이었음을 알 수 있다는 것이다.

좀 더 폭넓게 보면 이런 시각은 동북지역에서 지경학적 협력의 단서를 포착하고 활용해 나갈 수 있는 시각을 열어 준다는 점에서 현실적 유용성을 갖는다. 한국의 입장에서 기존에 '만들어진' 역사가 주입한 역사관을 전복顚

77 최덕규, 『근대 한국과 동아시아 변경 연구』, 경인문화사, 2017, p. 230.

覆하고 열강의 충돌 공간이었던 만주를 역내 국가 간 협력의 공간으로 자리매김할 수 있는 시각을 확보하는 것을 의미하기도 한다. 이 같은 지정학적 민감성geopolitical sensitivity이 발휘되지 못하면 중국 동북에서의 변화 – 인프라의 확장과 국제적 협력 네트워크 등 – 의 맥락을 제대로 포착하기 어렵고, 중국 동북에서 지경학적 협력의 가장 큰 애로로 지적되고 있는 북한을 유인해 내는 정책적 상상력도 기대하기 어렵게 될 것이다.[78]

요컨대 지정학에 대한 새로운 문제의식과 역사 인식이 전제될 때 우리는 비로소 중국 동북지역을 동아시아 협력의 공간으로 견인하면서 북한의 변화를 유도하는 장원한 정책을 구상해 나갈 수 있다는 것이다. 그리고 그것이야말로 제국주의 시대에 기각되었던 한국의 지정학적 역할과 지역 전략을 복구하는 길임은 두말할 필요가 없다. 이 지점에서 개별 사건과 국가정책을 다층적이고 통시적인 상호 작동의 연계성 속에서 파악하려는 글로벌 히스토리의 복안적 시각이 필요하게 되는 것이다.

5. 맺음말 : 역사·이론·정책의 변증

동북아의 지정학적 핵심지대인 만주는 19세기 말부터 20세기 전반을 풍미하던 제국주의 시기에 열강의 갈등과 경쟁의 무대가 되었다. 특히 중국의 정치적 무능과 혼란이 변경 위기를 부추기면서 만주의 땅과 자원은 러시아, 일본 등의 침탈 대상으로 추락했다. 국공내전 승리 이후 중국은 동북지역에 대한 주권적 권리를 회복하고 동북진흥 등 경제사회적 발전에 힘을 쏟고 있

78 홍면기, 「통일 논의에서 신지정학적 담론의 유용성과 확장의 문제」, 서울대학교-연세대학교 통일대비국가전략연구팀, 『통일의 신지정학』, 박영사, 2017, pp. 90~118.

다. 이런 과정 속에 이 공간과 그 주변지역은 국제적 협력의 장으로 진화하고 있다.

만주에서의 정치 변동이 한반도 정세와 긴밀하게 연계되어 왔음은 오랜 역사적 경험이다. 특히 이 글에서 다루는 시기에 제국주의의 먹잇감으로 전락했던 한국은 동북아에서 지정학적 역할을 다할 수 없었고, 거대한 지정학적 갈등 구조 속에서 분단과 전쟁이라는 비극에 휘말리게 되었다. 위와 같은 역사적 경험은 한반도의 미래 설계에서 여전히 이 지역의 지정학적 동향에 민감한 관심을 경주해야 됨을 말해 준다. 무엇보다 남북한 간 대치를 청산하고 통일을 이룩하기 위해서는 중국 동북지역과 그 배후 및 환동해 지역 협력에 대한 담대한 상상력을 발휘하지 않으면 안 된다는 사실을 극명히 보여 준다. 그러나 아직도 우리의 의식과 정책에는 냉전의 시간과 미래의 시간이, 해양의 시각과 대륙의 시각이 뒤섞여 있다. 이와 같은 인식론의 지체는 지정학의 귀환이 제기하는 위험에 적절히 대응하지 못하도록 하며, 지경학적 협력에 대한 전략적 이해와 실천에 심각한 장애를 조성하고 있다.

헤겔은 미네르바의 부엉이는 황혼이 되어서야 날갯짓을 시작한다고 하면서 철학이 미래를 예측하고 대비하기 어렵다는 명제를 남겼지만, "인간은 환경으로 환원되지 않는 존재이며, 존재와 의식을 역사적으로 점령할 수 있는 힘을 가지고 있다"는 카를 슈미트Carl Schmitt의 명제[79] 또한 여전히 유효하다. 역사를 성찰하며 거기에서 교훈을 얻을 수 있느냐의 문제가 지성의 몫으로 남아 있을 뿐이다. 비판적 지정학의 문제의식과 글로벌 히스토리의 시선은 카를 슈미트가 말한 바와 같이 환경결정론을 불식하고, 한국인의 의식 속에 깊이 틈입한 지정학적 주술呪術을 극복하기 위한 인식론의 가능성을 보여 준다.

---

79 카를 슈미트, 『땅과 바다 : 카를 슈미트의 세계사적 고찰』, 김남시 역, 꾸리에, 2016, p. 15.

그동안 적지 않은 논자들이 한반도의 안정과 평화가 동아시아 평화의 관건적 요소임을 강조해 왔다. 그러나 한국은 6·25라는 민족상잔의 비극을 겪고도 제국주의 지정학이 남긴, 전후 미·소의 분할 점령에서 비롯된 분단의 굴레를 청산하지 못하고 있다. 한때 데탕트와 냉전적 질서 종식의 틈새에서 남북 화해와 교류협력, 통일을 향한 대화가 이루어지기도 했지만 제도적 수준으로 이어지지 못한 채 남과 북은 여전히 정치·군사적 대치를 계속하고 있다. 더욱 심각한 것은 한반도가 대륙과 해양 세력 간 대치의 전초기지 내지 해럴드 라스웰Harold Lasswell이 말한 '요새국가garrison state'의 역할을 집요하게 요구 받고 있다는 점이다.

여기서 역사적 경험을 기반으로 이론을 정립하고 실사구시적 정책을 개발할 수 있는 한국의 독자적 지정학 이론 구성이 절실하게 된다.[80] 무엇보다 이 지역에서 동아시아 협력의 추동력을 확보함으로써 남북한 갈등과 분단, 해륙 세력의 협공지세에 처한 지정학적 압력을 완충할 수 있는 한국의 전략을 시급히 개발해 나가지 않으면 안 된다. 이를 위해서는 역사와 이론 그리고 정책 간의 유기적 관계에 대한 이해가 필요하다. 역사적 사실과 이론적 진화를 미시와 거시의 변증적 차원에서 적확히 이해하면서 실사구시적 정책 능력을 확보해야 한다. 국가 지도자들이 역사적 경험을 통해 정책을 구상하고 설계[81]하는 것은 전략 사상이 역사와 동떨어질 수없는 것임을 말해준다. 이런 의미에서 한반도의 역사지정학적 경험에 대한 이해의 폭과 깊이는 우리가 국가정책을 얼마나 창신해 나갈 수 있느냐를 가늠하는 잣대가

80 지정학적 민감성geopolitical sensitivity에 대해서는 홍면기, 앞의 글 참조.

81 Hal Brands and Jeremi Suri (eds.), *The Power of the Past : History and Statecraft*, Washington, D.C. : Brookings Institute Press, 2015; Richard E. Neustadt and Ernest Ray, *Thinking in Time : The Use of History for Decision Makers*, New York : The Free Press, 1986 등 참조.

된다. 한반도 지정학에 대한 지식의 집적이야말로 새로운 전략문화strategic culture의 원천이며, 이런 토대 위에 한국의 미래와 지역정책에 대한 기반도 확장될 수 있을 것이다. 동아시아 한가운데를 횡단하고 있는 분단이라는 지정학적 모순을 극복하고 이 지역에서 지경학적 협력에 주도적으로 참여해 나가야 하는 시대적 과제를 전향적으로 수용할 수 있게 되는 것이다.

제2장

근대 시기 '환동해권'의 경제적 관계 : 일제강점기 조선의 대對'북방권' 무역을 중심으로*

송규진

1. 머리말

'환동해권'은 동해를 중심으로 한 주변 지역, 즉 한반도 동해안, 일본 서해지역, 중국 동북3성, 러시아 극동을 포괄하는 지역 개념이다. 최근 '환동해권'을 단순히 동북아시아의 주변이 아닌 하나의 경제협력권으로 묶는 가능성이 타진되고 있다.[1] 그런데 '환동해권'이라는 지역 개념을 확립하기 위해서는 역사적 이해가 선행되어야 한다. 탈냉전과 더불어 탈근대적 지구화에 동참하면서 경제적으로 초국가적 협력을 구상하지만 민족주의와 국가주의가 작동하는 것은 지역 개념 구상이 지닌 역사적 경험 때문이다.

일제강점기에 지역 개념의 출현은 일본의 대륙 침략과 밀접한 관련이 있다. 중일전쟁을 도발한 뒤 일본 정부는 고노에 후미마로近衛文麿 내각 명의로 1938년 11월 3일 '동아신질서' 성명을 발표했다. 1940년 8월 1일 외무상인 마쓰오카 요스케松岡洋右는 신문기자 회견에서 '대동아공영권大東亞共榮圈'을 언급했다.[2]

* 이 글은 필자의 기존 논문들을 통폐합하여 총서에 맞추어 수정한 것이다.

1 신진숙 외, 『환동해지역의 이해』, 경희대학교출판문화원, 2014 참조.

'대동아공영권'은 '북방권'과 '남방권'을 양 날개로 설정하고 일본 본국이 두 경제권의 지도적 입장을 견지하는 형태로 구상되었다. '북방권'을 대륙경제권, '남방권'을 해양경제권이라고 지칭했다. 대륙경제권은 동아시아에서 육상 세력에 완벽을 기한다는 목적으로 이른바 대륙에서 경제상 요새 기능을 하는 것이었으며, 해양경제권은 해상 기동 세력을 근간으로 서남태평양 및 인도양을 제압하기 위한 경제적 기초를 확립하는 것을 특색으로 한다. 전진기지를 중심으로 한 일련의 경제구조를 국방에 필요한 역할로 결정하려고 했던 일제의 입장에서 대륙경제권은 '생활권'이고, 해양경제권은 '보급권'이었다. 요컨대 일본 본국은 양 경제 단위의 지도적 위치에 있고, '북방권'은 '남방권'보다 '대동아공영권'에서 우위성이 있으며, '남방권'은 보완적 위치에 있었다고 평가할 수 있다.[3]

일제는 중일전쟁 이후 전쟁 수행을 원활하게 지원할 수 있도록 조선 사회를 재편했으며 물자공급을 위해 '북방권' 무역을 강조했다.[4] 그런데 일제강점기에 조선 무역은 대일 무역을 제외하면 대對'북방권' 무역이 가장 큰 비중을 차지했다. '북방권' 지역 개념이 등장하기 이전부터 '북방권' 무역은 일본이 중국 대륙을 침략하는 데 일조했다.[5]

---

2 '대동아공영권'론은 1940년 8월 이후 등장한 것이지만 일본에서 근대화를 추진하던 초기부터 제기된 아시아연대론과 그 사상적 맥락이 닿아 있다. 김경일, 『제국의 시대와 동아시아 연대』, 창비, 2011 참조.

3 당시 '북방권'은 조선과 만주국, 관동주, 중국을 의미했고 '남방권' 은 태국, 불령인도佛領印度(현재 인도차이나지역), 말레이시아, 필리핀, 난령인도蘭領印度(현재 인도네시아지역) 등 일본과 정치·경제적으로 밀접한 관계에 있던 동남아시아지역을 의미했다. 全國經濟調査機關聯合會朝鮮支部編, 『朝鮮經濟年報』, 改造社, 1941/1942, pp. 308~309.

4 송규진, 「조선의 '북방권' 무역을 통한 경제협력 네트워크 강화 과정」, 『史叢』 76, 2012, p. 76.

5 송규진, 「일제하 동북아 관세 문제와 조선의 대'중국' 무역」, 『한국사 연구』 160, 2013 참조.

필자는 일제강점기 조선무역사를 네 시기로 나눈 바 있다.[6] 이 글은 기존 연구에 입각하여 조선의 대'북방권' 무역을 1910년에서 1919년까지, 1920년에서 1931년까지, 1932년에서 1936년까지, 1937년에서 1945년까지 네 시기로 구분하여 각 시기의 무역정책과 내용을 분석하고자 한다.

2. 1910~1919년 시기 조선의 대'북방권' 무역

(1) '한국병합'과 특별관세정책

을사늑약 이후 동북아의 변화하는 국제정세 속에서 조약을 통해 성립한 한국 관세를 어떻게 할 것인지가 새로운 쟁점으로 부각되었다.[7] 개항기에 일본 상품과 경쟁하면서 한국 무역에서 커다란 비중을 차지하던 영국은 일본이 한국 관세를 일본 관세에 통합할 것인지를 예의 주시했다.[8] 일본인들이 관세 통합 문제를 논의하자 영국은 일본에 대한 의구심을 품었다.[9] 한·일 양국에서 발매되던 일본 신문과 한국에 거주하는 일본 상인들은 한국과 일본 사이의 관세를 통합할 것을 계속 요구했다.[10]

---

6 송규진, 『일제하의 조선 무역 연구』, 고려대 민족문화연구원, 2001 참조.

7 대한제국 수립 이후 '한국병합' 까지는 한국으로, 일제강점기는 조선으로 명기하겠다.

8 Jordan to Landsdowne, December 2, 1904, FO17/1660. 영국의 조선 관세 문제에 대한 관심은 영국 외무성 Foreign Office 자료 FO371, FO405 가운데 한국 관계 자료에 수록되어 있다.

9 영국은 일본이 영일동맹에서 한국에서 일본 상품만 관세 없이 통과하는 것은 문호개방 원칙을 파괴하는 것이라 비판했고, 일본 외무성에서는 이 문제를 공식적으로 부인했다. Cockburn to Grey, July 27, 1906, FO 371/45.

10 Lay to Cockburn, January 12, 1907, FO 371/5310.

하지만 열강의 입장은 보호국이라 해서 한국과 일본이 관세 연합을 하는 것을 허락하지 않았다. 특히 한국과의 교역에 종사하던 영국 상인들과 영국 상무성은 한국병합에 부정적 견해를 가지고 있었으며 일본과 한국의 관세 통합 문제에 영국 외무성이 개입해 줄 것을 요망했다.[11] 영국총영사 헨리 보너Henry Bonar는 한국에서 일본관세법을 적용할 경우 "영국 무역은 교살될 것"으로 예견했다. 따라서 그는 병합 시기가 늦을수록 영국에 좋다는 의견을 제시했다.[12] 영국의 에드워드 그레이Edward Grey 외상은 1910년 7월 14일 일본 대사와 회담을 갖고 일본이 어떠한 방법으로 조선에서 지위를 강화하거나 공고화하는 것을 반대하지 않을 것이나, 일본이 한국을 병합하더라도 한국 관세를 "상당 기간 동안 유지할 것"을 보장하도록 요구했다.[13]

당시 일본 정부는 관세자주권의 일부를 회복하기는 했으나 일본의 관세 제도는 여러 가지 불리한 편무적 규정에 속박되어 있었다. 예를 들면 영국, 독일, 프랑스, 오스트리아 4개국에서 수입한 주요 상품에 협정 세율이 잔존하고 있었을 뿐 아니라 최혜국조관을 각국이 균점하고 있었다.[14] 한국병합을 전후한 시기에 일본 정부는 1899년의 조약 개정이 1911년 7월 16일 만기가 되는 것을 계기로 관세자주권의 완전한 회복을 위해 구미 제국과 다각

11 Tony Michell, "British Companies and British Commerce with Korea 1609-1984 ; Potential Unfulfilled," Chongwha Chung and J. E. Hoare (eds.), *Korea-British Relations ; Yesterday, Today and Tomorrow*, Vol. 15, No. 4, 1984, p. 92.

12 Bonar to Grey, June 20, 1910, FO 371/877.

13 이때 일본은 요구한 것을 보장하면 영국이 병합에 동의할지 문의했는데, 그레이는 이에 대해 확실한 언질을 주지 않으면서 일단 영국의 요구를 수용하는 것이 바람직하다고 충고했다. Grey to MacDonald, July 14, FO 371/877.

14 小林行昌, 『關稅經濟論』, 東京 : 巖松堂書店, 1937, p. 158.

적 관세 교섭을 전개하고 있었다.[15]

결국 일본 정부는 한국병합에 앞서 한국과 다른 나라 사이에 현존하는 관세율을 상당 기간 동안 유지할 것을 영국에 통고하고,[16] 1910년 8월 「韓國倂合에 관한 條約」[17]에서 종래 조선과 통상조약을 맺을 당시 저율관세를 강요했던 각국에 대하여 한국병합 이후에도 10년간 대한제국의 관세를 그대로 유지하겠다고 했다. 또한 조선과 일본의 무역에서도 종전의 대한제국 관세를 10년간 그대로 유지하겠다고 천명했다. 이러한 일본의 관세 유지 선언에 서양 열강의 각 신문에서는 열렬히 환영하는 기사를 게재했다.[18]

조선총독부는 서구 열강을 의식하여 독자적 법률을 제정할 수는 없었다. 하지만 관세 법규의 정비가 필요했기 때문에 "조선의 관세제도는 원래 한국 정부가 각국의 조약에 기초하여 취급했을 뿐 아니라 관례에 따르고 문서화되지 않은 것이 많아 그 운용상 불편한 점이 많을뿐더러, 번잡하고 부과의 공평을 기하기 어려우며 산업 발달을 저해하는 일이 적지 않다"[19]라는 등의 이유를 들어 「한국병합에 관한 조약」에 "위배되지 않는 범위" 내에서 "식민지관세법"을 만들기 시작했다.[20]

---

15 川島信太郎, 『本邦通商政策條約史概論』, 東京 : 巖松堂書店, 1940 참조.

16 MacDonald to Grey, July 21 1910, FO 371/877.

17 朝鮮總督府, 「韓國倂合에 관한 條約」, 『朝鮮總督府官報』, 1910. 8. 29(호외).

18 「合倂과 關稅問題」, 『每日申報』, 1910. 9. 9.

19 朝鮮貿易協會, 『朝鮮貿易史』, 1943, p. 154.

20 1912년 3월 28일 조선총독부는 제령制令 제17호 「朝鮮關稅令」, 제18호 「朝鮮噸稅令」, 제19호 「朝鮮保稅倉庫令」, 제20호 「朝鮮關稅定率令」 등을 공포함과 동시에 부령府令 제48호 「朝鮮關稅令施行規則」, 제49호 「朝鮮噸稅令施行規則」, 제50호 「朝鮮保稅倉庫令施行規則」 등을 공포하고 이를 같은 해 4월 1일부터 실시했다. 『朝鮮總督府官報』, 1912. 3. 28.

조선의 관세 법규를 어떤 형태로 설정하느냐의 문제는 일제가 조선에서 어떠한 식민지 경제정책을 펼칠 것인가를 가늠하는 중요한 척도였다. 한국병합 이후 식민지관세법을 만들고 이것을 일제 정책의 필요에 따라 수시로 개정하긴 했지만, 조선의 관세 법규가 일본의 관세 법규와는 다른 것이어서 조선을 식민지로 경영하는 일제의 입장에서는 일정한 한계가 있었다.

(2) 한국병합과 조선의 대'북방권' 무역

한국병합 이후 '북방권' 무역은 엄청나게 팽창했는데 당시 식민모국이었던 대일 무역의 증가보다도 컸다. 조선 무역은 한국병합 이전부터 있어 온 일반적 경향과 맥을 같이한다는 점을 주목해야 한다. 일본이 한국병합을 단행했지만 관세정책에는 큰 변화가 없었고, 이전 시기부터 있었던 무역성장은 1910년대에도 그대로 이어졌다.[21] 조선총독부는 수출 증가의 원인으로 전체 산업생산액의 비약적 발전을 강조했다. 하지만 수출 증가를 주도했던 것은 농산물, 그중에서도 미곡, 홍삼 등의 농산물이었다. 특히 미곡은 품질을 개선하여 당시 만주지역에서 좋은 평가를 받았고 1912년 4월 이후에는 대부분의 수출세가 폐지됨으로써 수출 호황의 한 요인이 되었다. 미곡을 대신한 보조 식량은 수입 증가를 주도했다. 따라서 이 시기에 대'북방권' 무역액이 비약적으로 팽창한 것을 조선 산업의 구조적 발전에 따른 것으로 평가할 수 없다.[22]

'북방권' 무역이 급증한 가운데 만주지역과의 무역은 다른 지역과 비교할 때 더 크게 증가했다. 1914년의 경우 만주지역은 '북방권' 무역 가운데 수

21 송규진, 앞의 책, pp. 39~45.

22 송규진, 「일제하 관세정책의 변화가 조선의 대중국 무역에 끼친 영향」, 『아세아연구』 47(2), 2004, p. 255.

표 1 1914~1919년 대'북방권' 지역별 무역 추이

(단위 : 1,000엔)

	수출				수입				총합계
	중국 관내[23]	관동주[24]	만주	합계	중국 관내	관동주	만주	합계	
1914	959 (21.6%)	1,675 (37.7%)	1,813 (40.8%)	4,447 (100.0%)	4,406 (56.8%)	613 (7.9%)	2,742 (35.3%)	7,761 (100.0%)	12,208
1915	2,008 (36.6%)	1,491 (27.2%)	1,992 (36.3%)	5,491 (100.0%)	4,534 (56.5%)	380 (4.7%)	3,109 (38.8%)	8,022 (100.0%)	13,513
1916	2,297 (29.4%)	2,218 (28.4%)	3,287 (42.1%)	7,801 (100.0%)	6,146 (64.3%)	856 (8.9%)	2,563 (26.8%)	9,565 (100.0%)	17,366
1917	3,325 (28.6%)	3,295 (28.4%)	5,002 (43.0%)	11,622 (100.0%)	6,931 (54.7%)	485 (3.8%)	5,253 (41.5%)	12,669 (100.0%)	24,290
1918	3,746 (25.4%)	4,455 (30.2%)	6,542 (44.4%)	14,744 (100.0%)	9,953 (43.8%)	652 (2.9%)	12,120 (53.3%)	22,725 (100.0%)	37,469
1919	3,279 (20.1%)	3,952 (24.3%)	9,044 (55.6%)	16,275 (100.0%)	25,494 (42.1%)	2,343 (3.9%)	32,764 (54.1%)	60,600 (100.0%)	76,875

* 朝鮮總督府(각 연도별)

출액의 40.8%, 수입액의 35.3%의 비중을 차지했는데 1919년에는 수출액의 55.6%, 수입액의 54.1%를 차지하여 중국 관내 지역을 압도했다. 일제는 조선철도와 만주철도의 궤간 통일, 압록강철교 가설, 안봉선 개축, 연락운수

---

23 이 당시 형식적으로는 중국의 일부였으나 통치권이 거의 미치지 않았던 만주지역과 일본의 조차지였던 관동주를 제외한 중국 본토지역을 의미한다.

24 일본의 조차지로 그 명칭은 관동주민정서관제關東州民政署官制로부터 생겼다. 러일전쟁 중 일본은 점령지 행정기구로 1904년 진저우, 다롄, 뤼순에 차례로 군정서軍政署를 두었는데 전쟁이 끝나자 이를 민정서民政署로 바꾸었다. 1906년 뤼순에 설치된 관동도독부關東都督府가 민정서를 통괄했는데 1919년 관동청關東廳, 1934년 관동국關東局으로 이름을 바꾸었다.

의 편리 도모, 경성京城-창춘 간 직통급행열차 운행, 삼선연락운임제도 도입 등을 통해 조선과 만주의 국경선을 사실상 허물어트리고 조선과 만주 간의 물자교류를 원활하게 했다.[25] 일제는 철도 부설이 쉽지 않은 지역에서는 도로 개수와 확장 사업을 시행하여 교역에 편의를 도모했으며, 1917년 12월에 청진-회령 간 철도를 완성하여 물류비용을 절감했다. 이를 통해 청진은 만주지역에서 가장 비중이 컸던 간도 무역의 8할 정도를 차지하게 되었다.[26]

이와 같이 만주지역과의 무역이 크게 증가한 것은 일제가 관동주 및 만철 부속지의 권리 확장을 추진하는 동시에 조선인이 다수 거주하던 만주지역에서 일본 상품과 만주 원료를 교환하도록 이 지역에 집중 투자한 것과 밀접한 관련이 있다.[27] 일제는 조선과 만주뿐 아니라 일본까지도 포함시킨 '일선만통일日鮮滿統一'의 필요성을 강변하기도 했다.[28] 정치·군사적 통일보다는 경제적으로 긴밀히 연결되는 것을 우선시했다. 중국과 일본 양국은 특별한 이해관계를 가지고 있기 때문에 정치적 진보를 위해 통일적으로 대응하고 산업 발전을 위해서도 통일적으로 행동하여 서양문명에 맞서 동아문명을 키우는 것이 세계 평화에 공헌하는 것이라는 논리를 내세웠다.

제1차 세계대전의 발발이라는 국제정세의 큰 변화는 '북방권' 무역 팽창에 중요한 계기가 되었다. 세계 각국의 선박이 부족하게 되자 운임이 폭등했을 뿐 아니라 해상 운송이 곤란해지면서 보험료가 올라 물가가 등귀했

---

25 정재정, 『일제 침략과 한국철도 : 1892~1945』, 서울대학교출판부, 1999, p. 112.

26 일제는 청진을 나남의 군영 공사에 필요한 물자를 공급할 수 있는 항구로 기능을 부여했으며 간도지역과 북만주로 진출하는 데 필요한 거점으로 인식했다. 김주용, 『일제의 간도 경제 침략과 한인 사회』, 선인, 2008, pp. 159~160.

27 위의 책, p. 92.

28 「日鮮滿統一論」, 『每日申報』, 1917. 5. 18~5. 26.

다.[29] 제1차 세계대전으로 미가가 폭등하자 중국 수출에 큰 지장을 주어 수량은 감소했지만 가격 폭등으로 수출액은 증가했다. 또한 제1차 세계대전으로 중국과 러시아와의 교역이 일시적으로 두절되었기 때문에 만주지역에서 필요한 물품을 대부분 청진에서 수입하게 된 것도 무역 증대의 중요한 요인이 되었다.[30]

'북방권' 중요 수출품은 미곡, 홍삼, 지권연초, 목재, 우피, 엽연초, 선어, 한지, 해삼, 숙피, 콩, 소, 건어, 고치, 건하, 석탄 등이었다. '북방권' 중요 수입품은 좁쌀, 중국마포, 석탄, 소금, 목재, 지권연초, 미곡, 엽연초, 시멘트, 철도차, 철솥, 설탕, 도자기 등이었다.[31]

2. 1920~1931년 시기의 대'북방권' 무역

(1) 문화정치와 관세동화정책의 실시

일제는 3·1운동으로 폭압적인 무단통치가 더 이상 불가능하다고 판단하여 기만적인 문화정치를 표방했다. 당시 일본 수상 하라 다카시原敬는 조선을 일본에 동화시키는 방침을 세웠는데 일본의 관세법을 조선에 적용함으로써 이를 실행했다. 서양 열강의 간섭으로 대한제국 관세제도를 유지하기로 약속한 기간이 만료된 이후에 조선의 관세제도를 어떤 형태로 설정하느냐의 문제는 일제가 조선에서 어떠한 식민지 경제정책을 펼칠 것인가를 가늠하는 중요한 척도였다. 결국 조선을 일본의 식료품과 원료품 공급지이자 완제

29 荒井賢太郎, 「歐洲戰亂の朝鮮貿易に及ぼせる影響」, 『朝鮮彙報』, 朝鮮總督府, 1917. 4 참조.

30 東洋拓殖株式會社京城支店, 『間島事情』, 同会社, 1918, p. 731.

31 朝鮮總督府, 『朝鮮貿易年表』, 1914~1919.

품 판매지로 보다 확고하게 하기 위해 일제는 대한제국 관세제도를 철폐하고 관세동화정책을 실시한 것이다.

관세동화정책 실시에 관한 논의가 진행될 때 조선인들은 반대 의사를 표명했다. 당시 조선 언론은 조선 문제에 대해 이해관계가 없고 또 조선 사정을 잘 알지 못하는 일본인들이 조선을 위해 그 정성을 다할 리가 없다고 주장하면서 조선과 일본 간의 관세 철폐를 강력히 반대했다.[32] 조선인들이 거세게 반발했음에도 조선총독부는 1920년 8월 28일에 칙령 제306호로「關稅法等을 朝鮮에 施行하는 件」[33]을 공포하여 조선과 일본을 동일한 관세 영역하에 두는 조치를 취했다.

조선에 진출한 외국 상품은 상대적으로 불리한 여건에서 일본 상품과 경쟁해야 했으며 당시 외국 상품을 취급하던 조선인 무역상들도 커다란 타격을 입게 되었다. 조선인 무역상의 피해가 속출하면서 조선인들은 관세동화정책을 비판했다. 공익사 사장이었던 박승직은 관세동화정책 이후 외국 제품에 대한 관세가 인상되어 주단 가격이 3배나 오르고 포목, 면사의 가격도 많이 올라 판로가 막히게 되었다며 당시 상황을 비판했다.[34]

일제는 대외무역을 위한 별도의 법률이 필요하다고 판단하여 1920년 8월 법률 제53호「관세법, 관세정률법, 보세창고법 및 가치장법 등 조선에 있어서의 특례에 관한 건」(이하 '특례법'이라 약칭)[35]을 공포하고 이를 8월 29일부터 시행함으로써 외국에 대한 관세특례 규정을 실시하도록 했다. 먼저 특

32 송규진, 앞의 책, pp. 75~83.

33 朝鮮總督府,「關稅法等을 朝鮮에 施行하는 件」,『朝鮮總督府官報』, 1920. 8. 28.

34 「新關稅와 日常生活」,『東亞日報』, 1920. 9. 4.

35 朝鮮總督府,「關稅法, 關稅定率法, 保稅倉庫法 및 假置場法 등 조선에 있어 특례에 관한 건」,『朝鮮總督府官報』, 1920. 8. 11.

정 수입품에 대한 감면 또는 고율의 관세 부과 등을 규정한 면세특례의 대상품을 보면 국가나 지방자치단체 및 기타 공공단체 등이 파종용으로 수입하는 종자를 비롯하여 금, 은, 동, 석탄, 철의 채굴 및 채취 또는 제련 사업 등에 필요한 기구, 기계, 폭발약, 용해제로 사용하는 알칼리성 광물 또는 화학 약료, 연간 3만 5,000톤 이상의 제철 및 제강 능력을 가지는 제철업자가 설비 투자 또는 부산물 제조용 설비 투자를 위해 수입하는 기구와 기계 및 기타의 재료, 말, 면양, 코크스, 목재, 광유와 아울러 흉작 또는 기타 부득이한 사유로 수입되는 미곡, 벼, 보리, 밀, 밀가루, 좁쌀, 수수, 콩, 팥, 옥수수, 피 등이었다.

국경관세특례는 육접국경지역의 감시와 규제를 효율화하고 국경지역 주민의 교통 및 경제활동을 원활하게 하기 위해 수출입 지점을 지정하고 특정 물품의 무역에 대한 관세법의 부적용 내지 면세 등을 규정한 것이다. 그 내용은 육접국경지대의 감시와 규제를 원활하게 하기 위해 평안북도 신의주지역에서 함경북도 두만강에 이르는 지역과 만주지역에서는 조선총독이 지정한 지점에서만 화물의 수출입을 허용했다. 이런 내용을 보다 구체화하기 위해 조선총독부는 1920년 8월 28일 부령府令 제121호로 「육접국경에서 화물의 수출입에 관한 건」[36]을 제정하고 29일부터 시행하도록 했다.

한편 특례법에는 철도 여객 이외의 여객용품 및 직업상 필요한 기구, 국경지대의 주민이 그 지역 내에서 수확하거나 또는 생산하는 물품, 동同 지역 내에서 행하는 작업에 필요한 물품 등은 자유로이 수출입할 수 있을 뿐 아니라 같은 물품에 대하여는 관세법을 적용하지 않는다는 규정이 있었다. 이 규정에 대해 조선총독부는 육접국경지역 주민의 자유로운 경제활동을 보장하는 것처럼 부각시켜 설명했다. 물론 조선총독부가 주장하는 바와 같은 측

36 朝鮮總督府, 「陸接國境에서 화물의 수출입에 관한 건」, 『朝鮮總督府官報』, 1920. 8. 28.

면도 일부 있었지만 조선에서도 일본과 동일한 관세를 부과한다면 만주지역에서 조선으로 수입되는 농산물에 과중한 관세를 부과해야 해야 한다는 문제가 발생했기 때문이다.[37]

이 시기에 조선은 일본에 미곡을 대량으로 이출함으로써 부족한 식량을 보충할 보조 식량으로 값이 싼 만주좁쌀을 수입해야 하는 상황이었다. 그러한 상황에서 관세율을 높게 책정하여 만주좁쌀의 가격이 오를 경우, 조선인들의 거센 저항에 직면할 우려가 있었다. 식민지 경영의 입장에서 그러한 상황을 미리 방지하고자 한 의도를 여기에서 파악할 수 있다.

(2) 문화통치와 조선의 대'북방권' 무역

1920년에 들어 조선에 '일본관세법'이 적용되자 외국 상품은 상대적으로 불리한 여건에서 일본 상품과 경쟁하게 되었다. 이른바 '중국국민혁명'으로 조선 상품에 불리하게 작용하면서 대'북방권' 무역은 이전 시기의 급증과 비교하면 상대적으로 정체 내지 감소했다. 특히 1929년 세계 경제공황으로 조선 상품의 대'북방권' 수출도 급감했다. 이런 현상은 중국 관내지역에서 더욱 두드러져, '북방권' 무역에서 중국 관내지역의 비중은 줄어들고 만주지역이 차지하는 비중은 크게 늘어나 수출의 69.6%, 수입의 79.3%를 차지했다.

1920년대 초까지 중국의 수출 견직물 가운데 25% 정도가 조선에서 판매될 정도로 조선은 전통적인 중국 견직물의 소비시장이었다.[38] 1920년대 초만 하더라도 조선에서 견직물 판매를 둘러싸고 일본 제품과 중국 제품이 치열하게 경쟁했다. 조선총독부는 일본관세법의 적용으로 중국 견직물의 수입세율이 30~40% 정도 인상되어 중국 견직물 가격이 상당히 오를 것으로

---

37 朝鮮總督府關稅調査會, 『關稅調査事業の經過』, 1921, p. 44.

38 강진아, 「식민지 대만과 조선의 對中貿易 구조 비교」, 『大邱史學』 81, 2005, p. 138.

표 2 1920~1931년 대 '북방권' 지역별 무역 추이

(단위 : 1,000엔)

	수출				수입				총합계
	중국 관내	관동주	만주	합계	중국 관내	관동주	만주	합계	
1920	4,670 (26.5%)	4,155 (23.6%)	8,811 (50.0%)	17,637 (100.0%)	24,243 (35.7%)	2,169 (3.2%)	41,413 (61.1%)	67,824 (100.0%)	85,461
1921	4,014 (21.6%)	3,085 (16.6%)	11,486 (61.8%)	18,585 (100.0%)	16,180 (32.2%)	989 (2.0%)	33,022 (65.8%)	50,191 (100.0%)	68,775
1922	4,661 (29.0%)	1,711 (10.6%)	9,723 (60.4%)	16,095 (100.0%)	17,210 (27.4%)	1,296 (2.1%)	44,282 (70.5%)	62,788 (100.0%)	78,882
1923	4,447 (23.2%)	1,252 (6.5%)	13,511 (70.3%)	19,211 (100.0%)	13,815 (18.5%)	1,892 (2.5%)	58,852 (78.9%)	74,560 (100.0%)	93,771
1924	5,314 (25.6%)	2,180 (10.5%)	13,297 (64.0%)	20,791 (100.0%)	13,749 (18.8%)	1,446 (2.0%)	57,815 (79.2%)	73,010 (100.0%)	93,802
1925	5,752 (25.2%)	3,120 (13.7%)	13,971 (61.2%)	22,843 (100.0%)	9,927 (11.9%)	1,812 (2.2%)	71,623 (85.9%)	83,362 (100.0%)	106,204
1926	4,953 (21.6%)	3,058 (13.3%)	14,900 (65.0%)	22,911 (100.0%)	11,058 (12.0%)	2,146 (2.3%)	79,098 (85.7%)	92,302 (100.0%)	115,214
1927	6,642 (24.9%)	3,189 (11.9%)	16,881 (63.2%)	26,712 (100.0%)	11,204 (12.5%)	2,266 (2.5%)	76,483 (85.0%)	89,954 (100.0%)	116,666
1928	6,225 (20.3%)	3,783 (12.3%)	20,656 (67.4%)	30,664 (100.0%)	11,087 (13.7%)	2,119 (2.6%)	67,881 (83.7%)	81,086 (100.0%)	111,751
1929	7,225 (21.1%)	4,115 (12.0%)	22,823 (66.8%)	34,163 (100.0%)	10,194 (14.0%)	2,400 (3.3%)	60,469 (82.8%)	73,064 (100.0%)	107,227
1930	6,207 (25.5%)	2,929 (12.0%)	15,176 (62.4%)	24,312 (100.0%)	8,695 (14.3%)	2,335 (3.8%)	49,915 (81.9%)	60,945 (100.0%)	85,257
1931	1,238 (10.4%)	2,378 (20.0%)	8,265 (69.6%)	11,881 (100.0%)	6,198 (15.7%)	1,980 (5.0%)	31,32 (79.3%)9	39,507 (100.0%)	51,388

* 朝鮮總督府(각 연도별)

기대했다.[39] 하지만 1920년대 초에 발생한 공황으로 금융경색과 상거래 침체, 물가하락과 함께 은가마저 하락하자 일본의 기대와 달리 중국 견직물 가격이 떨어졌다. 중국 견직물이 조선에 진출하기에 유리한 조건이 만들어진 것이다. 결국 일본 견직물을 판매하는 상인에게는 상당히 불리한 상황이 되었다. 조선총독부는 관세율 인상으로 중국 견직물 수입 촉진을 그나마 저지한 것을 위안으로 삼았다.[40]

조선에서 중국 상인은 1920년대 초까지만 해도 주도권을 잡고 있었다. 해산물은 주로 중국 상인이 취급한 수출품이었다. 중국마포, 중국견포, 좁쌀, 땅콩, 참깨, 천일염은 대부분 중국 상인이 취급한 수입품이었다. 중국 상인은 중국 본국에 본점 또는 지점을 두거나 유력한 자본가가 풍부한 자본을 바탕으로 조선 상업에 영향력을 발휘했다. 또 일본 상품인 면포 및 잡화 등은 일본인 상점에서 구입했지만 점차 한신阪神지방에 있는 중국 상인에게 위탁하여 직접 일본에서 이입하는 경향이 있었다.[41]

그런데 조선에서 관세율이 인상되자 중국 상인은 타격을 받았다.[42] 당시 중국 언론은 "우리나라의 대외무역에서 제조 완성품을 수출하는 곳은 현재 오로지 조선 한 곳"뿐인데 "이번 과세의 명목은 사치품의 단속이나, 실제는 외국 상품(중국 상품) 배척"이라고 비난했다. 일본 상품 보이콧운동과 만주 이주 조선인의 차별대우를 계기로 조선 각지에서 중국인과 중국인 상점에

---

39 朝鮮總督府, 「支那絹布輸入稅率引上の影響」, 『朝鮮』 78, 1921, p. 150.

40 위의 글, p. 154.

41 朝鮮總督府, 『朝鮮に於ける支那人』, 1924, pp. 31~32. 이는 지역 사례를 분석한 김태웅의 연구와 일치한다. 김태웅, 「日帝下 群山府 華僑의 存在形態와 活動樣相」, 『지방사와 지방 문화』 13(2), 2010, p. 414.

42 「中國商人大恐慌」, 『東亞日報』, 1924. 9. 9.

대한 구타, 방화, 살인 사건이 발생하자 중국 상인은 심각한 타격을 받았다. 특히 1931년 만보산 사건에 대한 오보로 발생한 '배화폭동'의 영향으로 중국 상인이 잡고 있던 수입 무역 주도권을 일본 상인이 장악하게 되었다.[43]

중국의 관세 인상도 조선의 중국 수출에 악영향을 끼쳤다. 처음에 조선총독부는 증세에 대한 부담이 대부분 소비자에게 전가될 것으로 판단하고 관세장벽이 높아져도 무역이 감소될 정도는 아니라며 낙관했다. 수출 상품의 대부분은 생필품이었고 중국 토산품의 공급이 부족했으며 외국 경쟁품의 종류가 적어서 실제 무역량에 큰 영향을 끼치지 않을 것이라고 예상했다. 일본은 중국관세 인상에 동의하면 일본 상품 보이콧운동이 잠잠해지는 효과를 거둘 것으로 전망했다.[44] 그러나 1929년 이후 세계적 불황이 더 심화되어 일반 물가가 상당히 떨어졌으며 무역 역시 불황에 허덕이는 상황이어서 관세율 인상과 은가 폭락 등으로 '북방권' 수출이 격감했다. 만주좁쌀, 기타 보조 식량의 수입이 격감한 데다 각종 사업이 부진하고 소비가 위축되어 '북방권' 수입도 급감했다.[45]

이 시기 '북방권' 중요 수출품은 설탕, 목재, 인삼, 홍삼, 미곡, 우피, 선어, 과일, 철, 해삼, 엽연초, 염어, 건어, 고치, 지권연초, 콩 등이었다. '북방권' 중요 수입품은 좁쌀, 석탄, 비료, 중국마포, 목재, 소금, 콩, 미곡, 팥, 기장, 엽연초, 솜 등이었다.[46]

---

43 강진아, 앞의 논문, pp. 159~171.

44 朝鮮總督府, 「支那輸入稅改正の朝鮮貿易上に及ぼす影響」, 『朝鮮』 167, 1929, pp. 33~36.

45 朝鮮總督府, 『朝鮮總督府施政年報』, 1931/1932, p. 138.

46 朝鮮總督府, 『朝鮮貿易年表』, 1920~1931.

3. 1932~1936년 시기 조선의 대'북방권' 무역

(1) 무역진흥정책의 실시

1930년대 초 세계공황 이후 세계 각국이 공황 타개책으로 관세장벽을 더욱 높이고 외국 무역의 관리 또는 특정 상품의 수입 금지를 단행하여 자국 생산품을 강제적으로 사용하는 조치를 취하게 되자 일본도 관세 문제에 대한 많은 조사와 연구를 실시하게 되었다.[47] 그 결과 일본은 1932년에 관세 개정을 통해 보호주의 무역정책을 강화하기로 했다. 특히 일본은 자국의 보호주의 무역정책을 영국의 오타와협정에 대한 불가피한 방어적 수단으로 인식했고, 영국의 블록경제는 영국이 식민지에 착취주의를 견지한 결과 식민지가 반발하여 붕괴될 것이라고 전망했다.[48]

이 시기에는 관세정책의 운용을 통한 수입 억제 등 주로 간접적인 무역정책이 채용되었으나 수출진흥정책에서는 수출세 그 자체가 무세無稅였던 관계로 관세 이외의 다른 수단을 강구하지 않을 수 없었다. 그리하여 일제는 수출진흥책으로 '수출조합법輸出組合法' 제정, '중요수출품검사제도重要輸出品檢査制度' 실시, 일본 제품의 해외 선전 및 무역통신원 설치, '수출보상법輸出補償法' 제정 등을 통해 무역진흥정책을 강구했다.[49]

만주사변 이후 만주국이 설립되자 조선총독부는 조선이 만주국과 수요공급상 지리적으로 유리한 조건에 있었음에도 그동안 무역이 부진했다고 평가하며 조선과 만주국의 무역을 강화하기 위해 만주국과의 무역을 전담할

---

47 新田直藏, 『關稅戰上の日本』, 東京 : 大同書院, 1930 ; 東亞經濟調査局, 『最近の關稅問題』, 1930 ; 日本經濟聯盟會調査課, 『關稅問題調査資料』, 1932 참조.

48 川合彰武, 「ブロック經濟崩壞の兆-國際貿易主流の一變化」, 『朝鮮貿易協會通報』 1, 1936 참조.

49 朝鮮貿易協會, 『朝鮮貿易史』, 1943, p. 180.

기구를 조직할 필요가 있다고 생각했다. 조선총독부는 1932년 경성에서 각 도各道 산업과장 및 관계자 협의회를 개최하여 조선무역협회朝鮮貿易協會를 설립할 것을 결정했다. 조선무역협회는 1933년 4월부터 본부를 경성에 두고 지부를 펑톈奉天에 두어 집무를 개시했다. 그해 7월 1일 조선무역협회는 사단법인으로 발전했는데 조선 상품의 소개, 선전 또는 견본시 개최 등 출하 장려상의 각종 시설을 도모함은 물론 거래의 중개 및 알선을 행하고 기타 무역을 촉진하는 데 필요한 사항을 조사 연구하여 만주국과의 무역 진흥을 도모하고자 했다.[50]

이후 조선무역협회는 조선총독부의 원조하에 조선의 주요 도시 및 만주국, 관동주, 중국의 각 주요 도시에 지부를 설치하면서 조선 상품의 소개·선전·거래 중개 알선 및 만주국과의 무역을 촉진하는 데 필요한 시황 및 각 지역의 경제 사정을 통보通報하여 '북방권' 무역 진흥에 전력했다. 그런데 조선무역협회에는 임원은 물론 일반 회원에 이르기까지 대부분 일본인이 참여하였기 때문에 결국 만주국과의 무역 주도권도 일본인이 장악했음을 알 수 있다. 한편 1933년 10월 경성상공회의소는 조선무역촉진전람회를 개최하고 조선무역협회, 경성상공회의소, 경성부의 연합 주최로 일만무역간담회를 개최하여 무역 진흥을 위한 방책에 노력했다. 또한 1936년 경성에서 무역진흥전람회, 하얼빈에서 조선물산선전전시회를 개최하는 등 무역 진흥을 위해 노력했다.[51]

1933년 개최된 국제경제회의는 주요 국가 사이에 의견이 일치되지 않음으로써 결렬되었다. 이에 따라 각국이 안으로는 국민경제의 자급자족을 강화

---

50 「社團法人朝鮮貿易協會設立趣意書」, 『朝鮮貿易協會通報』 1, 朝鮮貿易協會, 1936 참조.

51 1933년 설립한 조선무역협회는 1936년 4월에 창간한 『朝鮮貿易協會通報』를 통해 무역 진흥을 위해 어떻게 활동했는지 여러 호에 걸쳐 자세히 소개했다.

하고 밖으로는 관세율 인상은 물론, 수입할당제도, 수입허가제도, 환관리 등 국가가 경제를 직접 관리하면서 통상 장벽을 높이자 일본의 국제무역은 더욱 어려운 상황이 되었다.[52]

일본 정부는 1934년 4월 법률 제45호 「貿易調節 및 通商擁護에 관한 法律」[53]을 공포하여 이를 5월부터 일본에서 시행하고 조선에서도 칙령 제118호 「貿易調節 및 通商擁護에 관한 法律을 朝鮮, 臺灣 및 사할린에 施行하는 件」[54]을 확대하여 적용했다. 외국이 일본에 대해 채택 또는 채택하려고 하는 조치에 대응하여 무역 조절 또는 통상 옹호를 위해 상품을 지정하여 수입금지 및 제한 또는 관세의 증감을 탄력적으로 운용할 수 있는 권한을 정부에 부여한 것이었다. 이 법의 운용에 의해 한편으로는 보복 수단을 강구하고, 상대국의 일본 상품 수입 방지에 대처하는 것과 함께 협정주의에 기초하여 각국 간 무역 확대를 도모하려고 했던 것이다.

이 법은 종래와 같이 관세정책을 통해 대외무역을 조절하려 했던 간접적 무역정책과 달리 직접 수입을 금지하거나 또는 제한하려 한 것으로 당시 무역 법규로서는 획기적이고 무역통제정책의 선구를 이룬다. 이 법령의 시행은 이 시기에 들어와서 조선총독부의 무역정책이 간접적인 관세정책 수단과 직접적인 통제 수단을 병용하는 방향으로 변화되었음을 의미한다.

(2) 만주사변과 조선의 대 '북방권' 무역

세계 경제가 블록화 경향을 보이고 블록 간의 경쟁이 심화되는 상황에서 일제는 만주사변을 일으켰다. 만주사변 직후에는 중국은 말할 것도 없고 만주

---

52 朝鮮總督府, 「稅關長會議」, 『朝鮮』 230, 1934, p. 156.

53 菱沼勇, 『戰時經濟と貿易國策』, 東亞政經社, 1941, pp. 428~429.

54 朝鮮總督府, 『朝鮮總督府官報』, 1934. 5. 3.

표 3 1932~1936년 대 '북방권' 지역별 무역 추이

(단위 : 1,000엔)

	수출				수입				총합계
	중국	관동주	만주	합계	중국	관동주	만주	합계	
1932	925 (3.3%)	4,338 (15.6%)	22,467 (81.0%)	27,730 (100.0%)	3,773 (8.2%)	2,479 (5.4%)	39,724 (86.4%)	45,976 (100.0%)	73,706
1933	1,599 (3.4%)	4,975 (10.5%)	40,588 (86.1%)	47,162 (100.0%)	5,858 (11.6%)	3,690 (7.3%)	40,765 (81.0%)	50,313 (100.0%)	97,475
1934	2,008 (3.6%)	5,104 (9.2%)	48,358 (87.2%)	55,470 (100.0%)	7,796 (13.3%)	4,129 (7.0%)	46,682 (79.7%)	58,607 (100.0%)	114,077
1935	3,313 (5.4%)	8,010 (13.1%)	50,034 (81.5%)	61,357 (100.0%)	16,448 (23.4%)	4,933 (7.0%)	49,016 (69.6%)	70,397 (100.0%)	131,754
1936	3,702 (5.4%)	9,902 (14.3%)	55,533 (80.3%)	69,137 (100.0%)	15,148 (18.7%)	6,643 (8.2%)	59,403 (73.2%)	81,194 (100.0%)	150,332

* 朝鮮總督府(각 연도별)

지역의 무역도 일시적으로 크게 감소했지만 이후 다시 급증하는 추세를 보였다. 이런 현상은 만주국이 수립된 이후 더욱 두드러져 '북방권' 무역에서 만주국은 수출이 계속 80% 이상을 유지했고 수입에서도 69~86%를 차지하는 등 만주지역이 '북방권' 무역에서 절대적 위치를 점하게 되었다.

만주국과의 수출이 급증한 이유는 앞서 지적한 바와 같이 조선총독부가 조선무역협회를 창립하고 수출 무역 활성을 위한 여러 가지 정책을 전개한 측면을 무시할 수는 없으나 주로 다음과 같은 원인이 크게 작용했다.

만주국이 중국으로부터 분리된 결과 중국은 만주국의 입장에서 외국이 되었다. 그로 인해 조선 상품은 중국 상품과 같은 조건을 갖게 되었다. 만주국은 중국 상품에 대하여도 외국 상품에 적용하는 관세를 부과했다. 이러한 관세 부과는 중국 상품의 만주국 진출에 장벽으로 작용했다. 또한 종

전에는 중국 상인이나 군벌과 결탁함으로써 우월한 위치에 있었던 외국 상인들이 몰락하는 결과를 초래했다. 결국 조선 상품은 이전에 비해 유리한 조건에서 중국 상품과 경쟁할 수 있었다. 또한 만주국 수립 이전에 만주를 지배했던 중국의 동북군벌은 일본에 적대적 자세를 취했기 때문에 일본의 상공업자가 만주에 진출하는 것을 막았을 뿐 아니라 조선 상품의 만주국 수출에도 방해 요인으로 작용했다. 그러나 만주국 수립으로 이제 그러한 장애가 사라졌고 만주국과의 교역 조건이 보다 유리해진 것이다.[55]

만주사변 이후 군대의 출동과 아울러 만주 거주 일본인과 조선인이 증가함에 따라 미곡을 중심으로 조선 상품에 대한 수요가 증가했다. 또한 만주 거주 일본인과 조선인 농업 경영자를 위한 소의 수출이 증가했으며 주요 연료인 무연탄, 연탄도 수출량이 증가했다.[56]

이밖에도 만주국 수립으로 일화배척운동日貨排斥運動 같은 불리한 조건이 작용하지 않게 되었다. 일화배척운동은 1919년 5월 산둥 문제로 인해 처음 발생했다. 초기의 일화배척운동은 톈진天津 등 일부 지역에서만 발생해 조선의 수출에는 큰 문제를 야기하지 않았다.[57] 하지만 일본의 침략이 노골화되면서 일화배척운동은 전 중국으로 확산되었고 이는 만주지역을 비롯한 중국 무역이 1930년과 1931년에 급격하게 감소하는 요인이 되었다.[58] 따라서 일제는 만주국을 수립함으로써 이 지역에 확산되던 일화배척운동을 철저히

---

55 澁谷禮治,「朝鮮對滿洲竝に對支那貿易の消長と其の將來」,『朝鮮』217, 朝鮮總督府, 1933, p. 19.

56 山澤和三郎,「最近に於ける鮮滿貿易について」,『朝鮮』216, 朝鮮總督府, 1933 참조.

57 「支那に於ける日貨排斥運動の朝鮮輸移出貿易に及ぼせる影響」,『朝鮮彙報』, 朝鮮總督府, 1920. 5 참조.

58 朝鮮總督府,『朝鮮總督府施政年報』, 1931/1932, p. 138.

막을 수 있었고, 이런 상황이 만주국 수출을 활성화시키는 조건으로 작용했다.

종래 만주지역에서는 미곡이 남아돌아 잉여분의 미곡을 다롄지역으로 반출하기도 했지만 1932년 이후 인구가 급격히 증가하고 군대 이동으로 인한 수요 증가로 미곡이 부족하게 되었다. 그리하여 미곡조합은 그 대책을 협의하여 부족한 것을 전부 조선미곡으로 충당할 방침이었다. 또한 만주국은 '만주국 경제 건설에 관한 성명서'를 통해 농사의 개량 증식 항목을 설정했는데, 여기에서 미곡을 제외함으로써 부족한 미곡을 조선미곡으로 충당하려는 의도를 드러냈다.[59] 이는 일본이 만주국을 지배하는 데 조선미곡이 중요한 역할을 담당했음을 의미한다. 아울러 이 시기 대만주국 수출이 갖는 정치·군사적 목적과 의미를 분명히 이해할 수 있는 한 측면을 드러낸다.

'북방권' 중요 수출품은 목재, 철, 설탕, 미곡, 선어, 시멘트, 인삼, 염어, 과일, 건어, 양지, 석탄, 우피, 비료, 해삼, 흑연, 해태 등이었으며, 중요 수입품은 좁쌀, 작잠생사, 비료, 석탄, 콩, 소금, 목재, 중국마포, 팥, 기장, 솜, 면직사 등이었다.[60]

4. 1937~1945년 시기 조선의 대'북방권' 무역

(1) 중일전쟁과 무역통제정책의 실시

중일전쟁 이후 1937년 10월에 조선총독부는 '임시수출입허가규칙'[61]을 공포

59 山澤和三郎, 앞의 글, p. 24.

60 朝鮮總督府, 『朝鮮貿易年表』, 1930~1936.

61 1937년 10월 조선총독부가 부령府令 제153호로 발포한 「輸出入品 등에 관한 臨時措置에 관

하여 무역을 강력히 통제하면서 외화 획득을 위해 '북방권' 수출을 제한했다. 그러자 조선무역협회 부회장이었던 히부야 레이지澁谷禮治는 이를 비판했다. 그는 '북방권' 수출 제한이 점차 발흥하는 조선공업을 좌절시키고, 특히 '북방권' 내의 소비를 대상으로 하는 경공업에 상당한 악영향을 미칠 것이라고 전제하고, 기업 투자가 화북華北을 비롯해 기타 외국으로 유치될 것이므로 '북방권' 수출 제한을 완화해야 한다고 주장했다. '북방권' 내에서 자원과 가공품 모두 유무상통有無相通을 기본으로 무역 증진을 도모하면 각 지역의 장점을 활용할 수 있고 각각의 기능을 발휘할 수 있다고 제안했다.[62]

중일전쟁이 장기화되면서 '블록 내의 자급자족'과 '원활한 물자교류'라는 이상은 서로 충돌했다. 특히 태평양전쟁 이후에는 연합국과 경제 교류 단절과 미군의 폭격으로 해상 수송이 어려워지면서 조선 무역은 '북방권' 무역으로만 국한되었다. 일제는 '북방권' 무역을 자신들의 목적에 맞게 운영하기 위해 수출 제한보다는 품목 통제 등의 법으로 무역통제기구를 정비하면서 상품별 유통조합을 설립했다.[63] 조선과 '북방권' 무역을 원활하게 할 수 있도록 만주국, 관동주와 중국에서도 무역통제기관이 지정되었다.[64]

히부야 레이지는 지역별로 무역회사가 우후죽순 생겨난다면 무역회사 사이에 마찰이 일어나 결국 만주국, 화북, 화중華中 지역을 경영하려는 일제의 계획에 차질이 생길 것이라고 우려했다. 이러한 사태를 방지하고 경영상의 수익을 고려하여 개별적인 무역회사들을 통합한 거대 무역회사를 설립해야

한 법률 제1조에 의한 명령의 건」을 의미한다. 이후 부령 제153호는 무역통제가 강화되는 상황에서 여러 차례 개정되었고 다른 통제법령과 연계되었다. 송규진, 앞의 책, pp. 180~188.

62 澁谷禮治, 「朝鮮貿易と近狀と其の助長發展策」, 『朝鮮貿易協會通報』 34, 1939, p. 6.

63 朝鮮貿易協會, 앞의 책, p. 194.

64 朝鮮東亞貿易柱式會社總務課, 『朝鮮貿易』 2, 1943, pp. 36~50.

된다고 주장했다.[65] 조선총독부는 히부야 레이지의 주장을 받아들여 대규모 무역회사를 설립할 것을 결정했다. 그리하여 일단 '북방권' 무역에 대해서는 조선·만주국·중국 상호 간 무역 물자를 계획하여 수량 및 가격 조정에 중점을 두어 통제하는 것을 원칙으로 하고 과도적으로 조선무역협회를 대행 기관으로 삼았다.[66] 1941년 4월에 조선동아무역주식회사를 설립하고 7월에 '임시수출입허가규칙'을 개정한 뒤 조선동아무역주식회사를 '북방권' 무역의 조정 기관으로 선정했다.[67]

일본에서 교역영단交易營團을 설립하고 일원적이고 통제적인 운영을 하게 되자 조선에서도 교역 기구를 일원화하자는 주장이 제기되었다. '내외지행정일원화內外地行政一元化'가 진행되던 상황에서 교역도 일원적이고 종합적인 계획에 의해 이루어져야 한다며 조선의 교역 기구를 일본에 맞춰 통일해야 한다고 주장한 것이다. 일본제국의회에서는 교역영단법이 심의될 때 정부위원으로부터 "장래 포괄할 것"이라는 답변이 있었다. 그런데 조선 경제는 일본 경제에 종속되어 있었지만 완전히 일체화한 단계까지는 이르지 못했다. 조선 무역은 일본 본국 상공성의 지휘 감독을 직접 받지 않는, 조선총독부의 행정 관할이었으며 조선과 일본 양 당국 간 절충에 의해 이루어지고 있었기 때문이다. 조선에서는 조선총독부 식산국 상공과의 감독하에 '북방권' 무역은 조선동아무역주식회사가, '남방권'을 포함한 제3국 무역은 조선무역진흥주식회사가 관장했다. 교역을 일원적으로 운영할 필요성이 계속 제기되면서 두 회사를 합병하여 하나의 기구로 일원화하여 통제적 운영을 함으로

---

65 澁谷禮治, 「朝鮮貿易の新政勢と發展對策」, 『朝鮮貿易協會通報』 46, 1940, p. 9.

66 朝鮮貿易協會, 「對關 · 滿 · 支輸出入物資の價格調整に就いて」, 『朝鮮貿易協會通報』 55, 1940, pp. 2~3.

67 송규진, 앞의 책, pp. 86~87.

써 일본의 교역영단과 같은 기능을 해야 한다는 요구가 있었다.[68]

이런 요구를 받아들여 조선총독부는 1944년 2월 고시告示 제146호「무역통제령시행규칙에 의한 조정 기관 지정」[69]을 발포하여 조선동아무역주식회사가 조선무역진흥주식회사를 흡수, 합병하는 형식으로 조선교역주식회사를 설립했다. 그런데 이는 실질적으로 큰 의미가 있는 것은 아니었다. 왜냐하면 이 시기 대외무역은 '북방권' 무역으로 한정되었기 때문에 실질적으로 조선동아무역주식회사가 전체 무역을 관리하는 상황이었기 때문이다.

(2) 중일전쟁과 조선의 대 '북방권' 무역

중일전쟁이 발발한 뒤 조선의 대 '북방권' 무역은 1939년까지 급증하다 이후 급증세가 멈추었지만 1937년과 비교할 때 1944년에는 2배 정도 증가했다. 중일전쟁 이후 각종 수출제한령과 전쟁으로 인한 수송력 문제로 '북방권'을 제외한 나머지 지역과의 무역이 크게 감소한 것과 비교하면 상당한 실적을 거둔 것이라고 평가할 수 있다.[70] 물론 이 시기에도 '북방권' 지역별 무역 비율에서 만주국이 압도적이었지만 중국의 비율도 크게 증가했고, 특히 수출에서 더욱 증가했다는 점을 주목할 수 있다.

중일전쟁 이전 시기에는 중국의 고율관세로 무역상에 약간의 어려움이 있었다. 고율관세 때문에 발생한 문제 중 하나가 밀수였다.[71] 중국 정부는 밀수품을 단속한다는 명분하에 일본 상품을 배척하는 정책을 펴기도 했는

68 朝鮮東亞貿易株式會社總務課,『朝鮮貿易』4, 1943, p. 19.

69 朝鮮總督府,『朝鮮總督府官報』, 1944. 2. 15.

70 송규진,「중일전쟁 시기 조선의 대對제삼국 무역정책과 무역실상」,『민족문화연구』43, 2005 참조.

71 朝鮮貿易協會,「北支に於ける密輸入」,『朝鮮貿易協會通報』1, 1936, p. 46.

표 4 1932~1944년 대'북방권' 지역별 무역 추이

(단위 : 1,000엔)

	수출				수입				총합계
	중국	관동주	만주	합계	중국	관동주	만주	합계	
1937	4,842 (5.0%)	20,616 (21.3%)	71,527 (73.8%)	96,986 (100.0%)	10,368 (13.0%)	6,929 (8.7%)	62,228 (78.3%)	79,524 (100.0%)	176,510
1938	22,155 (13.6%)	18,738 (11.5%)	122,004 (74.9%)	162,897 (100.0%)	12,217 (15.2%)	10,158 (12.6%)	58,051 (72.2%)	80,426 (100.0%)	243,322
1939	33,566 (12.8%)	22,953 (8.8%)	205,149 (78.4%)	261,668 (100.0%)	10,334 (10.4%)	8,182 (8.3%)	80,459 (81.3%)	98,975 (100.0%)	360,643
1940	39,160 (21.0%)	20,141 (10.8%)	126,892 (68.2%)	186,193 (100.0%)	17,454 (15.6%)	10,385 (9.3%)	84,284 (75.2%)	112,123 (100.0%)	298,316
1941	42,145 (24.3%)	27,272 (15.7%)	103,829 (59.9%)	173,246 (100.0%)	38,833 (34.4%)	10,343 (9.2%)	63,602 (56.4%)	112,778 (100.0%)	286,024
1942	42,405 (22.7%)	27,791 (14.8%)	117,002 (62.5%)	187,198 (100.0%)	29,257 (26.0%)	9,638 (8.6%)	73,777 (65.5%)	112,672 (100.0%)	299,870
1943	47,646 (26.0%)	19,911 (10.9%)	115,374 (63.1%)	182,931 (100.0%)	37,800 (20.5%)	12,345 (6.7%)	134,577 (72.9%)	184,722 (100.0%)	367,653
1944	35,020 (18.8%)		151,027 (81.2%)	186,047 (100.0%)	26,555 (14.3%)		158,894 (85.7%)	185,449 (100.0%)	371,496

* 朝鮮總督府(각 연도별) ; 朝鮮銀行調査課(1948)

데, 이것이 조선 상품의 진출에도 일정 정도 견제 역할을 했다. 당시 난징南京의 국민정부는 중국 사회에서 큰 문제였던 밀수가 일본의 사주에 의해 이루어진 것으로 인식하고 국산품 애용 운동을 전개했다. 이에 대해 조선무역협회에서는 상당한 우려를 표명하기도 했다.[72]

72 朝鮮貿易協會, 「密輸取締り問題 日貨排斥に進展」, 『朝鮮貿易協會通報』 3, 1936, p. 61.

중일전쟁 이후에도 미쓰이물산三井物産 지점장인 오쓰카 도시오大塚俊雄는 중국 무역을 비관적으로 평가했다. 당시 화북과 비교하여 조선의 1인당 수입액이 4배에 이르고, 공업화가 진행되고 있지만 기본적으로 조선은 농업국이라고 평가하면서 농업국과 농업국 무역을 증진시키는 것에는 많은 한계가 있다고 보았다. 그는 당시 조선무역협회가 화북과의 무역을 강조했지만 실제로 대단치 않으며, 조선 상품은 군軍과 관계된 품목에 한정되어 소량만 수출되고 있을 뿐이라고 평가절하했다. 또한 조선에서 수출하는 물품 가운데 중계무역품이 차지하는 비중이 상당히 크고, 조선 상품이라도 순수한 조선산이 많지 않다고 지적했다. 예를 들어, 레이온은 70~80%가 일본 산물로 조선에서는 단순히 염색만 한 것에 지나지 않은 경우가 많았다.[73]

그런데 중일전쟁 이후 일본군이 중국의 남·북해관을 접수하자 일본인 이주자가 증가했고, 군수품과 일본인 이주자의 수요가 증가함으로써 조선은 중국 무역에서 유리한 조건을 갖추게 되었다. 특히 중국을 지방별로 보면 중일전쟁이 발발한 직후 일본의 점령지역에 포함되지 않았던 산둥성 및 후난湖南성에 대한 수출은 줄어들었지만 점령지역인 화북지방에 대한 수출은 군용물자의 공급으로 인해 급격히 증가했다.[74] 또한 중일전쟁으로 화중과 화북의 생산력이 파괴되어 필수품 및 건설 부흥을 위한 수요가 급증하는 상황에서 일본군에 대한 물자공급이 필요했다.

특히 조선미곡의 중국 수출은 다른 상품과는 비교할 수 없을 만큼 급증했다. 중국 현지에서 조선미곡을 수입하는 것이 중요한 문제였기 때문에 무역업자들끼리 자주 회합하여 협의했다.[75] 1939년 4월 톈진의 조선미곡 수입

---

73 朝鮮貿易協會, 「貿易調査研究座談會」, 『朝鮮貿易協會通報』 25, 1938, p. 21.

74 西本計三, 「時局と朝鮮の商工業」, 『朝鮮』 274, 1938, p. 23.

75 朝鮮貿易協會, 「北京鮮米取扱業者會合」, 『朝鮮貿易協會通報』 37, 1939, p. 23 ; 朝鮮貿易協

업자의 희망에 따라 조선무역협회 톈진 지부의 알선에 의해 무역업자는 물론 일본총영사관, 육군특무기관, 조선은행, 톈진은행의 관계자들이 협의를 했다.[76] 이와 같이 조선미곡의 수입 문제를 협의하면서 일제의 정치·경제 기관은 말할 것도 없고 군 기관까지 참여한 것으로 보아 조선미곡이 군 작전과도 밀접한 관련이 있었음을 알 수 있다. 1939년 9월에는 베이징영사관, 조선총독부, 민단, 조선무역협회 관계자가 회합하여 조선미곡 1만 5,000석을 어떻게 배급할지를 협의했다. 조선미곡을 배급하는 것은 이후에도 계속 관심의 대상이 되었다.[77] 1937년과 비교하면 1939년에는 수출액이 무려 90배 이상 폭증했다.[78]

이렇게 볼 때 '북방권' 무역이 호전될 수 있었던 근거는 산업 발전과 같은 내적 요인보다는 대륙전진병참기지로서 물자공급을 담당해야 했던 조선의 역할에 기인한다. 결국 이 시기의 경제협력 네트워크는 경제적 요인보다는 정치·군사적 요인에 의해 작동되고 강화되었다.

1943년의 경우 '북방권' 중요 수출품은 수산품, 폭약, 견직물, 연초, 가마니, 광석, 소, 미곡, 면직물, 기계류, 석탄, 인견섬유, 밀감, 철 등이었고, 중요 수입품은 콩, 철, 석탄, 천일염, 좁쌀, 광석, 옥수수, 목재, 유안, 콩깻묵, 기타 콩류, 메일, 면직물, 수수 등이었다.[79]

會, 「北京鮮米取扱業者の會合報告」, 『朝鮮貿易協會通報』 37, 1939, pp. 30~31.

76 朝鮮貿易協會 天津支部, 「朝鮮米輸入業者協議會概要に就いて」, 『朝鮮貿易協會通報』 38, 1939, p. 17.

77 朝鮮貿易協會, 「北京鮮米配給統制」, 『朝鮮貿易協會通報』 42, 1939, pp. 37~38.

78 송규진, 앞의 책, p. 221.

79 1940년 이후 조선의 대외무역은 대외비로 분류하여 자세한 내역을 알 수 없다. 필자는 조선총독부제국의회 설명 자료에서 1943년 '북방권' 무역에 관한 자료를 찾았다. 이전 시기까지는 합계를 낸 뒤 평균 금액에서 중요 수출입품 순위별로 표기한 것이고, 이 시기는 1943년의 금액에서

4. 맺음말을 대신하여

앞서 평화와 협력의 경제 관계로 발전하는 데 기초가 되길 희망하면서 과거 침략과 수탈의 경제관계를 되풀이하지 않기 위해 먼저 근대 시기 '환동해권'의 경제적 관계를 일제강점기 조선의 대'북방권' 무역을 중심으로 살펴보았다.

한국병합 이전 한국 무역은 불평등한 성격을 지녔다는 한계가 있었지만 근대적 조약에 의해 이루어졌으며, 내용에서도 전근대의 무역과는 다른 변화가 있었다. 정치적 영향을 받았지만 경제적 목적으로 무역이 이루어졌으며 다양한 품목의 상품 교류가 이루어졌다. 또한 무역의 양적 성장도 두드러졌는데, 이러한 양적 성장은 식민지로 전락한 이후에도 계속되었다. 일제강점기 조선의 대'북방권' 무역도 통계상으로 보면 발전을 이루었지만 그 이면의 실상은 참혹한 것이었다. 부를 축적하려는 조선인 자본가들은 새로운 시장을 개척하겠다는 기대감을 가지고 있었지만 실제 조선 무역은 대부분 일본인이 장악했다.

일제강점기 조선의 무역구조는 기본적으로 미곡을 일본으로 이출하고 부족해진 식량을 보충하는 보조 식량으로 좁쌀을 수입하는 것이었다. 그런데 만주사변 이후 만주국에서 급격한 인구 증가와 군대 이동으로 미곡이 부족해지자 미곡조합이 대책을 협의하여 부족한 양을 조선미곡으로 충당한다는 방침을 세웠고, 중일전쟁 이후에는 일본군의 군수식량으로 조선미곡을 충당하기 위해 관계 기관이 대책을 세우는 등 '북방권'에서 조선미곡의 수요가 늘어나면서 '북방권' 무역에서 조선미곡이 차지하는 비중이 커졌다.

일본으로 이출되는 미곡으로 인해 조선 내 식량 사정이 악화되었던 상황

중요 수출입품 순위별로 표기한 것임을 밝혀 둔다. 朝鮮總督府編, 『朝鮮總督府 帝國議會說明資料』 9, 不二出版, 1994, pp. 52~56.

에서 '북방권' 무역 역시 일본의 대륙 침략을 위해 미곡과 좁쌀의 교환 구조가 확립된 것이다. 그런데 '북방권' 무역에서 수출 미곡의 수량은 증가한 반면 수입 좁쌀의 수량이 감소하면서 식량 수급에 차질이 생겨 대다수 조선인들은 배고픔의 고통 속에 신음했던 것이 역사적 실상이다.

'환동해권'이라는 개념이 초국적이고 탈근대적인 기획임에도 역사학계에서 의구심을 품고 지켜보는 것도 사실이다. 근대적 질서가 제국주의 질서로 탈바꿈하며 한국인이 겪었던 역사적 경험 때문이다. 따라서 '환동해권'은 여전히 불안정한 개념일 수밖에 없다. 그러나 자민족중심주의나 자국 중심의 세계관을 극복하는 것이 절실히 필요한 시점에서 '부負'의 역사적 경험 때문에 교류와 협력을 확대할 수 있는 지역 개념을 거부할 필요는 없다. 환동해 지역은 한국, 일본, 중국, 러시아, 몽골 등 다양한 주체들이 중층적으로 결합하고 복수의 관계로 구성된 복합 관계망이므로 과거사를 극복하고 상호 간 상생을 위해 노력해야 할 것이다.

제II부

중국 동북지역의 경제회랑과 한반도

제3장

중국의 '일대일로' 전략과 동북아경제회랑의 정치경제*

원동욱

1. 서론

최근 몇 년간 유럽과 아시아를 하나의 경제권으로 통합하고자 하는 강대국의 경쟁과 각축이 치열하게 전개되어 왔다. 특히 유라시아 실크로드 구상을 통해 지정학적 우위를 점하기 위해 노력하는 한편 그들 간 이해관계에 따른 합종연횡이 이루어지는 등 유라시아 지각이 요동치고 있다. 러시아가 추진하고 있는 유라시아경제연합EAEU과 신동방정책을 통한 유라시아대륙교Eurasia Landbridge 구축, 육상실크로드경제벨트와 해상실크로드를 두 축으로 하는 중국의 '일대일로One Belt, One Road' 그리고 아프가니스탄을 핵심으로 중앙아시아와 남아시아를 관통하는 미국판 '신실크로드New Silkroad Initiative' 전략에 이르기까지 각각의 구상이 서로 경쟁과 각축의 양상을 보이고 있다.

유라시아의 주도권을 둘러싼 강대국 간 경쟁과 각축은 주로 대륙을 관통하는 국제운송회랑을 매개로 진행되고 있다. 국제운송회랑은 단지 화물과

---

* 이 연구는 원동욱 외, 『국제운송회랑의 새로운 지정학 : 유라시아 실크로드 구축을 위한 협력방안 연구』, 대외경제정책연구원, 2015의 3장 내용을 기초로 하여 작성되었다.

여객을 수송하는 교통로의 그물망 구조가 아니라 공간을 지배하고 세력권을 확대하려는 '국제정치경제의 횡단선'으로, 현재 유라시아 공간은 국제운송회랑을 둘러싼 강대국의 각축장이 된 지 오래다. 특히 운송로의 국제적 연계에 따라 발생할 수 있는 지정학적·지경학적 위상 변화에 기초한 각국의 독자적 대응과 접근이 이루어진다는 점에서 유라시아 실크로드는 국가 간 경쟁과 협력이 교차할 수밖에 없는 복잡한 지정학적 '게임의 공간'임에 주목할 필요가 있다. 특히 유라시아 실크로드를 둘러싸고 전개되는 중·러·미 강대국 간 각축과 경쟁 구도는 태평양과 유라시아대륙이 교차하는 반도에 위치하여 해양 세력과 대륙 세력 간 판도와 그 변화에 민감한 우리에게 매우 중요한 의미를 던진다.

이러한 가운데 한반도를 둘러싼 안보 환경이 매우 유동적 국면으로 전개되고 있다. 동아시아 질서는 미국의 대對중국 견제가 지속되는 가운데 중국의 시진핑 정권이 적극적인 외교정책을 투사하고 블라디미르 푸틴Vladimir Putin의 재집권 이후 중·러 간에는 전략적 밀월기가 나타나고 있다. 강화된 미일동맹 속에서 도널드 트럼프Donald Trump의 미국이 '미국우선America First'의 국익 외교를 펼치는 가운데 일본도 보통국가화를 본격화하고 있다. 한편 김정은 정권의 불안정성과 불확실성은 한반도는 물론이고 동북아 안보질서에도 영향을 주는 새로운 변수로 등장하고 있다. 특히 북한의 연이은 핵 실험 및 미사일 발사와 한반도 사드THAAD 배치와 관련한 국가 간 대립 구도에 따라 한반도 및 동북아의 평화와 안정이 심각한 손상을 입고 있다.

한반도 및 동북아의 안보 정세가 그리 낙관적이지 않고 경제협력의 기제 또한 결여된 상황에서 어떻게 협력의 구도를 이끌어 낼 것이냐는 문제는 여전히 중요하다. 이 문제를 해결하는 방안으로는 충돌의 발화성이 높은 '지정학적 접근'이 아닌 '지경학적 접근'을 통해 경제협력을 우선 영역으로 설정하는 것이 바람직하며, 무엇보다 협력 가능성이 높은 국제운송회랑과 관련한 동북아 각국 구상의 정합성을 제고함으로써 '동북아경제회랑'을 구축하는 것이 바람직하다. 이는 중국의 '일대일로' 전략에 따른 6대 경제회랑 건설 추진과 러시아의 EAEU와 '신동방정책'에 따른 극동지역개발, 몽골의 '트랜짓몽골리아'와 '초원길이니셔티브', 여기에 한국의 '신북방정책'[1]이 함께 결합될 수 있는 최적의 협력 프로그램이라 할 수 있다.

이 글에서는 시진핑 정부가 역점을 두고 추진하고 있는 '일대일로' 전략과 한국의 '신북방정책' 또는 '신북방뉴딜'의 연계협력을 계기로 한반도 평화를 추진하는 지경학적 접근법으로서 '동북아경제회랑'의 구축 필요성과 의미 그리고 경로와 방식에 대해 논하고자 한다.

2. 중국의 '일대일로' 전략과 그 한계

(1) '일대일로' 전략의 추진 배경과 의미

중국의 신실크로드 전략이라 할 수 있는 '일대일로一帶一路, OBOR'는 실크로드경제벨트丝绸之路经济带와 해상실크로드海上丝绸之路를 통칭하는 용어로서, 시진핑 국가주석이 2013년 9~10월 중앙아시아와 동남아시아 순방 기간에 제기한 중대 전략 구상이다. 이 전략 구상은 발표 직후 관련 국가들로부터 크게 호응을 얻었고 광범한 반향을 불러일으켰으며, 향후 시진핑 시대 중국 국가 전략의 핵심축으로서 '중화민족의 위대한 부흥'이라는 '중국의 꿈中國夢'을 달성하는 주요 수단이 될 것이라는 의견이 지배적이다.[2]

---

1 '신북방정책' 은 과거 동서냉전 시대의 북방정책과 차별화하여 사전적 의미 그대로의 북방, 즉 한반도의 북쪽지역을 대상으로 하는 정책을 말한다. 정여천, 『신북방 경제협력의 필요성과 추진방향』, 대외경제정책연구원, 2014, p. 28.

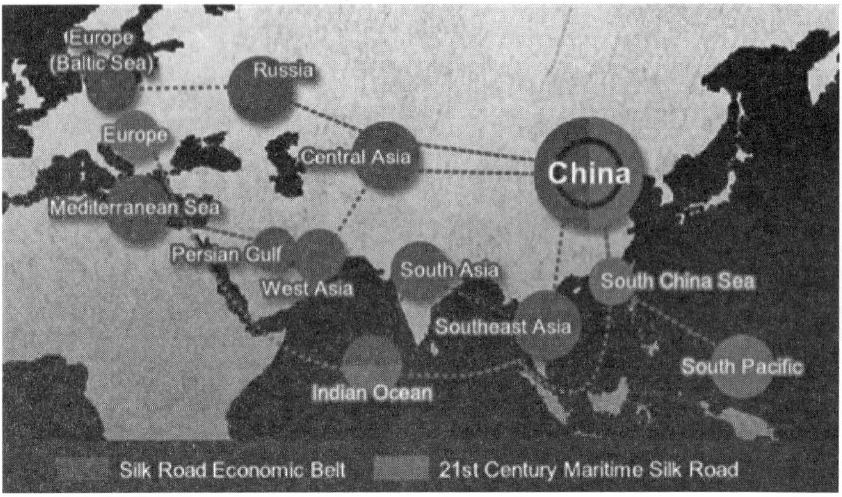

그림 1 '일대일로' 구상도

시진핑 정부는 '일대일로' 전략 구상의 발표 직후인 2013년 10월 건국 이후 처음으로 정치국 상무위원 7인이 모두 참석하는 주변외교업무좌담회周邊外交工作座談會를 개최하여 향후 5~10년간 중국 주변외교의 전략 목표, 기본 방침 및 총체적 구조를 확립했다. '중국 주변외교의 최고위급 설계'라고 불린 이번 회의에서 시진핑 국가주석은 중국 주변외교의 기본 방침으로 '친성혜용親誠惠容'(친근하게 성의를 가지고 호혜와 관용으로 공동 발전하자) 개념을 제시했고, 중국과 주변국은 이익 공동체를 넘어서 운명 공동체임을 강조했다. 그리고 이 회의를 전후하여 시진핑 국가주석은 중앙아시아에서 동남아, 동북아에서 남아시아에 이르는 주변국들을 방문하여 파상적 경제외교를 진행했다. 이는 복합적 차원의 고려에 따른 것이지만 무엇보다 그간 동

---

2 王敬文,「习近平提战略构想：'一带一路' 打开 '筑梦空间'」, http://www.ce.cn/xwzx/gnsz/szyw/201408/11/t20140811_3324310.shtml(2014년 12월 11일 검색).

아시아에서 주변국과의 영토(영해)분쟁으로 주변국의 대중국 인식이 악화되었고, 이를 기화로 중국의 부상을 견제·압박하려는 미국의 '아시아재균형' 전략이 동맹 강화와 환태평양동반자협정TPP 등으로 본격화됨에 따른 전략적 대응 조치로 해석된다.[3]

이렇듯 미국의 '아시아재균형' 전략에 맞서 고안된 중국의 '일대일로' 전략 구상은 양자 협력 외에도 상하이협력기구SCO, 유라시아경제연합EEU, 아시아유럽정상회의ASEM, 아시아교류 및 신뢰구축회의CICA, ASEAN+1 등 기존의 지역협력 기제를 적극 활용하여 전개되고 있을 뿐 아니라 RCEP과 APEC 등과의 결합을 통해 공간적 영역을 확대해 가고 있다. 2014년 11월 4일 중국은 중앙재정영도소조(조장 : 시진핑) 제8차 회의에서 '일대일로' 전략구상을 구체화하기 위한 유력한 조치로서 기존에 제기된 아시아인프라투자은행AIIB 설립과 함께 실크로드기금Silk Road Fund 개설을 결정하였고, 공간적으로도 동쪽으로 아시아·태평양 경제권과 서쪽으로 유럽 및 아프리카 경제권을 포함하는 범위로 더욱 확대되었다.[4] '일대일로'는 시진핑의 '친親·성誠·혜惠·용容'이라는 주변국 외교 이념을 구체화하는 전략으로, 2015년 2월 1일 장가오리張高麗를 조장으로 하는 '일대일로 영도소조'가 출범했으며, 2015

3 미국 외교 전문지인 *Foreign Policy*(2014. 11.)에서는 미국이 추진하는 TPP에 대한 중국의 실제적 대응은 이번 APEC 정상회담에서 중국이 주창한 FTAAP라기보다 신실크로드 전략인 '일대일로' 라고 분석하고 있다. Min Ye, "China' s Silk Road Strategy : Xi Jinping' s real answer to the Trans-Pacific Partnership," http://foreignpolicy.com/2014/11/10/chinas-silk-road-strategy(2015년 12월 3일 검색).

4 '일대일로' 전략의 공간적 범위는 초기에는 중앙아시아, 동남아시아에 초점을 두고 전개되었으나 진행 과정 속에서 점차 그 외연이 확장되는 추세를 보이고 있다. 특히 2014년 11월에 베이징에서 개최된 APEC정상회담에서 중국은 미국 주도의 TPP에 대응하여 아시아태평양자유무역지대 FTAAP와 '일대일로'를 주창함으로써 아 · 태지역의 경제적 주도권을 확보하려는 적극적 공세를 보였다.

년 3월 28일 보아오포럼Boao Forum에서 시진핑 주석의 연설에 맞추어 '일대일로 공동 건설 추진을 위한 비전과 행동' 문건이 공식 발표되었다.[5] 하지만 '일대일로' 전략 구상은 이미 중국과 주변국 간 교통, 에너지, 전력, 통신 등 연계 프로젝트가 추동되어 조기에 적지 않은 성과를 거두고 있다.

'일대일로' 전략의 추진 배경과 관련하여 중국 내부에서는 해외투자 및 산업이전 등을 통한 과잉 생산능력의 해소, 지속 가능한 발전을 위한 해외 에너지·자원의 안정적 확보, 서부지역 등 변경지역개발을 통한 국가 안보의 강화, 지역경제 통합의 주도권 확보 등을 지적하고 있다. 중국은 중속 성장의 '뉴노멀新常態' 시대를 맞아 도농 및 지역 격차를 해소하고 기존의 과도한 투자로 인한 과잉 설비, 과잉 생산, 과잉 공급 문제를 해결하기 위해 시선을 해외로 돌렸는데, 이것이 바로 '일대일로' 전략 추진의 국내 배경이라 할 수 있다. 하지만 '일대일로' 전략은 중국의 내부 불균형을 해소하는 것보다 '뉴노멀' 전개에 부합하는 안정적 외부 환경 조성과 함께, 강화된 국력을 바탕으로 '중화민족의 부흥'이라는 원대한 꿈을 실현하기 위한 적극적인 대외정책적 고려의 산물로 판단된다. 최근 중국의 왕이王毅 외교부장이 기자간담회를 통해 2015년 중국 외교의 키워드로 '일대일로'를 제시한 것은 바로 이러한 중장기적 대외 전략 측면에서 '일대일로'가 추진되고 있다는 사실을 방증한다.[6]

중국 '일대일로' 전략은 표면적으로는 육상과 해상 양 방향에서 고대 실크로드의 복원을 통한 유라시아 국제운송회랑 구축을 핵심 내용으로 하고 있

5 구체적 내용은 다음을 참조. 国家发展改革委 · 外交部 · 商务部, 「推动共建丝绸之路经济带和21世纪海上丝绸之路的愿景与行动」, http://www.gov.cn/xinwen/2015-03/28/content_2839723.htm(2015년 9월 12일 검색).

6 서정경, 「일대일로, 중화민족의 부흥을 위한 장기적 포석」, 『차이나브리프』 3(2), 2015, p. 41.

다. 즉 유라시아 실크로드의 구축을 통한 지역 경제협력을 강조하면서 애써 안보적 혹은 지정학적 고려를 배제하는 모습이다. 2015년 3월 기자회견에서 왕이 외교부장은 "'일대일로'는 개방 협력의 산물이지 지정학적 수단이 아니며 더욱이 낡은 냉전적 사고를 통해 볼 수 없다"라고 강조한다.[7] 하지만 '일대일로' 전략은 유라시아 패권을 유지하기 위한 미국의 적극적 개입과 '아시아재균형' 전략을 통한 중국에 대한 압박과 봉쇄를 무력화하고 미국의 포위망을 우회하여 슈퍼파워로 부상하기 위한 중국의 지정학적 대응이라는 측면을 부인하기 어렵다.[8] 다만 '일대일로' 전략은 특정한 교역로나 경제 권역을 지칭하지 않고 다양한 현재적·잠재적 초국경 경제회랑을 구축하는 '비전과 행동'으로서 참여국을 배제 또는 제한하려는 폐쇄적 메커니즘을 취하고 있지 않다. 오히려 주변국과 '정책 소통'을 통해 구체적 프로젝트를 공동으로 상의하고共商, 공동으로 건설하고共建, 공동으로 향유共享하겠다는 개방적·호혜적 원칙을 강조함으로써 주변국의 우려를 불식하고 중국 주도의 '일대일로' 전략의 지정학적 색채를 희석하고자 한다. 심지어 미국, 러시아, 인도 등 주변 강대국의 지정학적 견제를 제거하기 위해 이들과 정책적 조율과 협력 강화를 추진하고 있다. 이러한 점에서 '일대일로' 전략은 새로운 지전략적 차원의 접근을 통해 표면상 안보적·지정학적 색채를 최대한 배제하고, TPP보다 훨씬 느슨한 경제협력을 목적으로 하면서 '인문 교류'의 측면을 강조하고 있는 것이다.

---

7 「外交部长王毅："一带一路"不是地缘政治的工具」, http://news.xinhuanet.com/politics/2015-03/08/c_127556752.htm(2015년 9월 12일 검색).

8 특히 '일대일로' 전략의 방향이 서쪽에 집중되고 높은 성장세를 보이고 있지만 미국과 지정학적 갈등과 대결의 가능성이 높은 동북아지역으로 향하지 않는다는 점에서 더욱 그러하다.

(2) '일대일로' 전략의 한계와 도전

현재까지 중국의 '일대일로'는 이미 상당한 조기 수확을 거둔 셈으로 70여 개 국가 및 국제기구가 협력 의사를 밝혔고, 30여 개 국가와 '일대일로' 공동 건설에 관한 협정을 체결하였다. 또한 중국 주도의 AIIB가 공식 출범했고, 실크로드기금 1차 투자 사업도 본궤도에 올랐다. 중국-파키스탄, 중국-몽골-러시아 경제회랑을 중심으로 인프라, 금융, 문화 분야에서 중요한 초기 성과를 거두었으며, 중국-유럽 블록트레인이 이미 운영 중이다. 헝가리-세르비아철도, 인도네시아 자카르타-반둥고속철이 착공되었고, 중국-라오스, 중국-태국 등 범아시아 철도망 건설이 가속화되고 있다.[9]

이러한 조기 수확에도 불구하고 '일대일로' 추진 과정에는 적지 않은 문제와 한계점이 노정되어 있기도 하다. '일대일로'가 통과하는 유라시아지역, 특히 중앙아시아지역은 세계적으로 천연자원의 보고로 매우 중요한 전략적 위상을 차지해 왔다. 따라서 이 지역은 오랜 기간 강대국 간 각축이 이루어지는 전략적 요충지였으며, 이 지역의 복잡한 종교 및 민족 갈등과 충돌 등의 불안정한 정세는 일정 정도 강대국 간 격렬한 경쟁과 각축의 결과이기도 하다.[10] 중국의 '일대일로', 특히 '실크로드경제벨트'는 또한 강대국의 거대 게임이 진행되는 중앙아시아를 전략적·핵심적 투사 지역으로 설정하고 있음을 부인할 수 없다.

중국의 '일대일로'에 대해 주요 강대국들은 정부 차원의 공개적 언급을 피하고 있지만, 언론과 싱크탱크들에 의해 경계와 우려를 넘어 반대의 목소

---

9 「王毅晒"一带一路"成绩单 30多国签署合作协议」, http://news.sohu.com/20160308/n439758343.shtml(2016년 9월 22일 검색). 이 외에도 10개 국가와 국제 산업 및 에너지협력 관련 협정이 체결되었고, 중국-벨라루스 공업단지, 중국-인도 복합산업단지, 중국-카자흐스탄 훠얼거스 국제변경협력센터, 중국-라오스, 중국-베트남, 중국-몽골 초국경경제협력구 건설이 진행 중이다.

10 Amy Liedy, "The Great Power Rivalry in Central Asia," Kennan Institute, July 7, 2011.

리가 나타나고 있다. 미국의 언론 매체는 "중국이 두 개의 실크로드를 이용해서 워싱턴을 공격하고 있다"면서, 중국의 '일대일로'가 '서진 전략'을 통해 해상과 육상을 통한 에너지 공급의 안전을 확보하려는 의도라고 보고 있다.[11] 일본의 경우도 중국의 '일대일로'가 서쪽, 서남쪽, 남쪽 방면으로 영향력을 확장하려는 것으로 보고 있다. 러시아의 한 보도 매체는 중국의 실크로드 투자를 일종의 '미끼'로 표현하며 본질적으로 인민폐의 국제화를 통해 달러의 심연에서 벗어나기 위한 것으로 파악하기도 한다. 특히 주목할 국가는 인도로서, 많은 국가들이 중국의 '일대일로'에 대한 협력 의사를 표명하는 가운데 인도 정부는 공개적으로 이에 대한 별다른 입장이나 태도를 보이지 않지만, 인도양의 주도권 확보 차원에서 '일대일로'에 대한 경계심을 드러내고 있다고 볼 수 있다. 중앙아시아 각국 역시 중국의 확장에 우려를 갖고 있고, 러시아는 '일대일로'와 '유라시아경제연합EAEU'의 협력에 긍정적 태도를 보이면서도 다른 한편 자신이 주도하는 EAEU와의 경쟁을 고려하고 있는 것으로 보인다.

현실적으로 많은 국가들이 중국의 부상과 '일대일로'와 같은 개방 구상에 모순된 심리를 보이고 있는 것이 사실이다. 즉 한편으로는 중국으로부터 자국의 경제 건설에 소요되는 자금, 기술, 무상원조 등을 얻을 수 있으며, 또한 자국 제품을 중국이라는 거대한 소비 시장에 수출할 수 있다는 기대 심리가 작동한다. 하지만 동시에 중국의 자국 내 진출과 투자가 중국에 대한 더욱 큰 의존도를 가져올 수 있다는 우려가 함께 존재한다. 아세안국가ASEAN는 중국의 '21세기해상실크로드'에 대해, 중앙아시아와 러시아는 '실크로드경제벨트'에 대해, 그리고 아프리카 국가들은 중국의 자원정책에 대

11 Simon Denyer, "China bypasses American 'New Silk Road' with two if its own," *Washington Post*, October 14, 2013.

해 모두 각기 다른 우려와 경계심을 드러내고 있다.[12]

일부 주변국의 경우 중국이 '일대일로'를 기화로 대외 확장정책을 추진하려 한다는 우려하에 실제로 기초 인프라 건설 및 네트워크 연계에 대해 경계심을 드러내기도 한다. 이는 중국의 '일대일로'가 지정학적 측면에서 접근하고 있다는 견해와 밀접히 연계되며, '일대일로'에서 배제되어 있다는 고려에서 미국과 일본은 AIIB에 부정적 입장을 표명했으며, 동맹국인 한국과 오스트레일리아에 대해서도 가입 반대 입장을 보였다. 도로 및 철도 연계 건설과 관련해 인도와 미얀마도 의문을 표명하였고, 중국이 파키스탄이나 스리랑카 등의 항만 건설 및 운영에 침여하는 것에 대해서도 정치적, 심지어 군사적 함의가 내포돼 있다고 경계심을 드러내기도 했다.[13]

중국 '일대일로' 전략 추진에서도 기초 인프라 건설은 핵심적 프로젝트로서 위상을 갖고 있으며, 여기에는 잠재적 리스크가 적지 않다. 오스트레일리아의 화교학자 쉐얼雪珥은 최근 한 기고문에서 '일대일로'를 가리켜 '고부패지대high corruption belt', '고高리스크로high risk road'라는 표현을 사용해 가며, 일정 정도 '황무지 개간'에 비유하고 있다.[14] '일대일로'는 국제운송회랑 구축을 위한 기초 인프라 및 관련 설비의 구축에 핵심이 있지만, 여기에 소요되는 비용은 일반 기업이 담당하기 어려우며 상업은행 또한 리스크를 짊어지기 쉽지 않다. 따라서 현재까지 '일대일로'에 투자하여 수익을 보고 있는 중

---

12 이런 측면에 대한 고려 속에서 시진핑 주석은 '일대일로' 구상을 제시하면서 특별히 '민심상통民心相通'의 중요성을 강조하였다. 기초 인프라 건설과 비교할 때 '민심상통'은 그 긴급성이나 필요성 측면에서 상대적으로 간과될 수 있으나, 실제로 그 중요성과 난이도는 도로 건설과 같은 유형의 건설 문제보다 훨씬 높다고 할 수 있다.

13 Zorawar Daulet Singh, "Indian Perceptions of China' s Maritime Silk Road Idea," *Journal of Defence Studies*, Vol. 8, No. 4, 2014, p. 136.

14 雪珥, 「'一带一路' 上的政商陷阱」, http://www.bwchinese.com/article/1069742.html(2015년 9월 22일 검색).

국 기업은 그 비율이 그다지 높지 않다. 하지만 정치 불안정이 가져오는 투자 리스크는 앞선 문제와는 비교할 수 없을 정도로 크다. 예를 들어 스리랑카는 21세기해상실크로드의 중요 거점으로서, 중국 교통건설그룹과 스리랑카 항무국이 합작 개발하는 콜롬보 항만도시는 21세기해상실크로드 건설의 대표적 프로젝트였다. 2014년 시진핑 주석이 스리랑카를 방문하던 기간 당시 스리랑카 대통령과 항만도시 건설 준공식을 거행하였으나, 2015년 1월 8일 거행된 스리랑카 대통령 선거에서 야당 후보인 마이트리팔라 시리세나Maithripala Sirisena가 당선되면서 전임 대통령과 달리 항만도시 건설 프로젝트를 잠정 중단하기도 했다.

이러한 '일대일로' 연선 국가의 국내 정치적 불안정으로 인해 조성된 투자 리스크는 외교적 경로를 통해 해결될 수도 있지만, 테러리즘의 위협은 예측 불가성으로 인해 피해 나가기가 어려운 특성을 갖는다. '일대일로' 통과 지역은 오랫동안 국제 테러리즘의 주요 온상지이며 지역 내 아프가니스탄, 이라크, 시리아 등에서 전개되는 반反테러리즘 전쟁은 아직까지도 진행 중으로, 경제 발전과 기초 인프라 투자가 언제 이들 국가의 의사 일정에 들어설 수 있을지는 여전히 미지수이다. 이슬람국가IS로 대표되는 신형 테러 조직의 발생에 국제사회는 여전히 효과적인 대책을 마련하지 못하고 무기력한 반응을 보이고 있으며, 반테러 전쟁이 여전히 지역 내 국가들에 만연할 가능성이 크다. '일대일로' 건설이 본격적으로 추진됨에 따라 중국과 이들 지역 테러 조직, 극단주의 세력 간의 충돌을 피할 수 없으며, 이로 인해 기초 인프라 건설과 개발의 비용은 단순한 경제적 측면의 고려를 훨씬 넘어선다. 향후 이러한 문제들은 중국 '일대일로' 구상을 추진하는 데 중요한 제약 요인이 될 것이다.

그 외에도 중국은 '일대일로'와 관련해 주변 국가와 영토(영해)분쟁 등을 어떻게 해결할 것이냐는 문제를 고려해야 한다. 특히 남중국해와 관련한 베트남, 필리핀 등 동남아 국가들과의 영토분쟁 문제를 해결하지 않고 해상실크로드 건설을 추진하는 것은 불가능하다. 중국은 분쟁 당사국들과 '남중국해 행동 선언'의 기초 아래 대화와 협상으로 분쟁 해결 기제를 수립하려 하며, 2015년이 중국-ASEAN 해양년이라는 기회를 적극 활용하여 해상실크로드 건설과 관련한 행동 계획을 수립하고자 한다. 하지만 미국의 '아시아재균형' 전략에 따른 분쟁 개입의 의도와 동맹 강화를 통해 중국의 해양 진출을 억제하려는 상황을 어떻게 극복할 것인가는 여전히 숙제이다.

3. 동북아경제회랑의 정치경제

(1) 동북아경제회랑 구축의 필요성과 의미

2014년 9월 17일에 개최된 대두만강이니셔티브GTI 제15차 정부 간 협상위원회 장관급 회담에서도 참여국들은 교통, 무역의 편리화, 에너지, 관광 등 중점 영역의 협력 프로젝트 추진을 가속화하고 지역 내 무역 투자 환경 개선과 상호 연계 및 소통 강화를 통해 동북아 교통 및 경제회랑 건설을 추진하기로 합의했다.[15]

동북아경제회랑을 구축하는 것은 그 필요성이나 가능성에서 매우 긍정적이며 여러 측면에서 전략적 의미를 갖는다. 동북아경제회랑은 중국과 한반도의 경제 요소를 각자 비교 우위에 입각해 순조롭게 결합하고 기존의 단층과 공백을 보완함으로써 '일대일로'의 발전이나 '유라시아이니셔티브'의 실행에 활력을 제공할 것으로 기대된다. 우선 중국의 입장에서 볼 때 '실크로

---

15 「商务部部长助理：加强全方位互联互通 积极打造东北亚经济走廊」, http://www.ceweekly.cn/2014/0918/93060.shtml(2015년 8월 13일 검색).

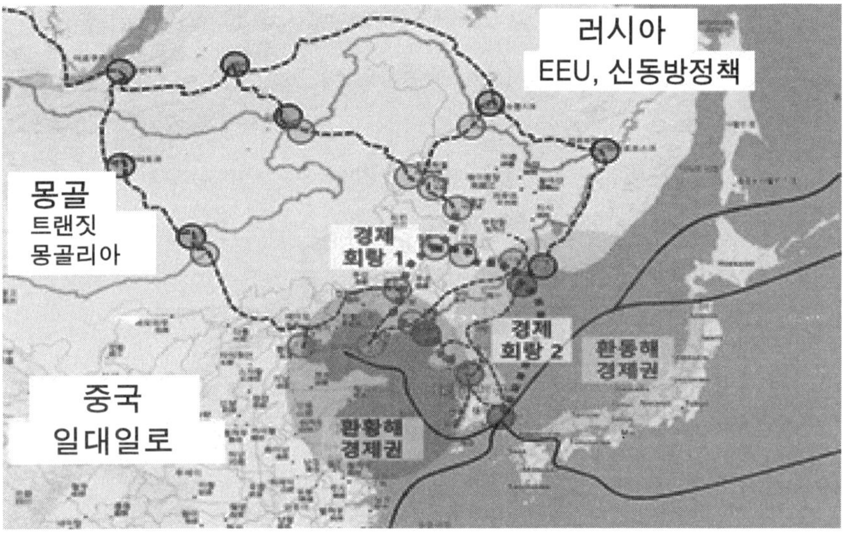

그림 2 동북아경제회랑

드경제벨트'와 '해상실크로드'의 교차 지점인 동북지역을 포괄하는 것으로, 동북아경제회랑의 건설은 중국이 주도하는 '일대일로' 양대 전략의 결합을 실현하게 할 수 있다. 즉 '실크로드경제벨트'의 동쪽 방향을 새롭게 개척하고 동시에 북한의 나선지역은 물론이고 한국의 부산항 등을 통해 태평양으로 나아가는 해상 연계 거점을 확보할 수 있는 셈이다. 특히 2010년 이후 경제적 성장세가 급격히 떨어지고 있는 동북지역의 경우 동북아경제회랑 구축은 대외 개방의 수준을 현격히 제고하고 한국과의 경제적 연계를 강화시킴으로써 새로운 성장의 돌파구를 마련하는 계기를 제공해 줄 수 있다.[16] 또

16 2010년에서 2014년까지 중국 동북지역의 경제성장률은 비교적 명확한 하락 추세를 보이고 있으며, 2015년 지린성, 헤이룽장성, 랴오닝성은 각기 전국 평균 수준에 훨씬 못 미치는 6.5%, 5.7%, 3%의 심각한 경기 침체를 보이고 있다. 이는 장기적으로 누적된 체제 모순과 구조적 문제 때문이지만, 또한 북한이라는 단층과 공백으로 인한 대외 개방의 한계에서 비롯된 것으로 파악된다.

한 한국의 경우에도 한반도를 기점으로 여러 경로를 통해 유라시아 대륙교로 연결되는 '실크로드경제벨트'에 참여하고, 동시에 중국의 '해상실크로드'와 서로 결합하는 계기를 확보함으로써, 동북아를 통해 유라시아 대륙으로 향하는 교두보를 마련할 수 있다. 북한의 경우에도 지리적 우위를 활용하여 통과로를 제공함으로써 한·중 양국과 경제적 교류와 협력을 통해 국내 경제의 새로운 개방을 이루는 동시에 국제사회의 제재를 넘어 경제 회생의 동력을 확보할 수 있는 계기가 될 수 있다.

또한 동북아경제회랑은 중국의 '일대일로'와 '동북진흥전략'은 물론이고 러시아의 유라시아경제연합EAEU과 '신동방정책'에 따른 '극동연해주개발전략', 몽골의 '트랜짓몽골리아' 및 '초원길이니셔티브' 등과 서로 연동되어 '일대일로'의 6대 경제회랑 중 하나인 중·몽·러 경제회랑의 활력은 물론이고 다수의 경제회랑을 구축할 수 있다. 그 하나는 북·중 접경지역의 서단인 압록강 유역에서 중국의 '랴오닝연해경제벨트계획' 및 '단동연강발전계획', 북한의 '황금평·위화도개발계획'이 서로 정합성을 제고하고 여기에 한국의 환황해권개발계획이 서로 결합함으로써 중국-한반도 경제회랑을 구축하는 것이다. 그리고 동단인 두만강 유역에서는 중국의 '창지투선도구개발계획'과 러시아의 '극동연해주개발계획', 북한의 '나선지역개발계획' 등이 한국의 환동해권개발계획과 서로 정합성을 제고함으로써 중국-러시아-한반도 경제회랑을 구축하는 것이다.[17] 이러한 동북아경제회랑은 새로운 개념이라기보다는 기존에 북·중, 북·중·러 접경지역에서 국제운송회랑 구축을 중심으로 전

17 중국-러시아-한반도 경제회랑은 또한 몽골이 추진하고 있는 '트랜짓몽골리아' 및 '초원길이니셔티브' 와 결합을 통해 두만강지역의 다자간 국제운송회랑을 핵심으로 하는 중국-몽골-러시아-한반도 경제회랑 구축으로 그 공간적 영역을 확장할 수 있다. 즉 '일대일로'의 6대 경제회랑의 하나인 중 · 몽 · 러 경제회랑과 연계를 통해 그 공간적 범위를 확대하고 협력의 수준과 내용을 제고할 수 있다.

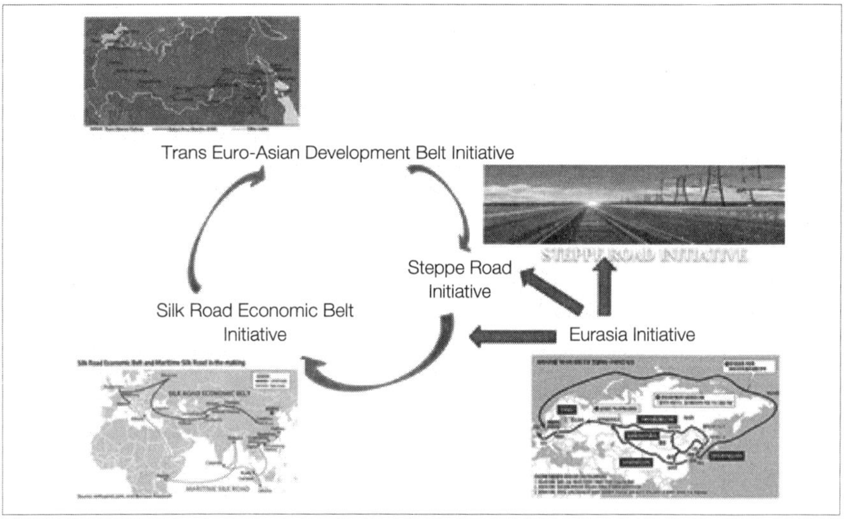

* 원동욱 외(2015)

그림 3 유라시아 주요 실크로드이니셔티브

개되어 온 양자 간, 다자간 초국경협력사업을 하나로 통합하는 개념이자 구상이다.

이처럼 중국의 '실크로드경제벨트Silk Road Economic Belt'와 러시아의 '유라시아횡단개발벨트TEBR', 한국의 과거 '유라시아이니셔티브', 나아가 몽골의 '초원길이니셔티브Steppe Road Initiative' 등 각국의 유라시아 주요 실크로드 구상은 동북아에서 새로운 정합성의 계기를 통해 동북아경제회랑 구축에 새로운 활력을 제공하고 있는 셈이다.

(2) 윈윈Win-Win 전략으로서 동북아경제회랑 구축

주지하다시피 '일대일로' 건설은 중국이 주변국 관계를 발전시키고 국제협력을 실현하는 전략적 대구도이다. 이러한 전략적 구도 아래 중국은 초국경 경제회랑 및 경제벨트 건설과 관련한 일련의 이니셔티브를 제안했다. 예를 들어 중국의 북방에서는 중·몽·러 경제회랑, 서남 방향에서는 중국-파키스탄 경제회랑과 중국-미얀마-인도-방글라데시 경제회랑BCIM, 동남 방향에서는 '대메콩강 소지역경제협력GMS'의 '3종 2횡'의 5개 경제벨트와 중국-ASEAN '10+1' 2.0 등이 바로 그것이다. 이러한 초국경 경제회랑 또는 경제벨트 건설은 '일대일로' 건설 추진의 전략적 배치이자 구성 부분이며, 주변 외교 실행에 중요한 전략적 의미와 경제적 의미를 동시에 갖는다.

하지만 중국의 주변 지역을 살펴보면 중앙아시아, 남아시아, 동남아지역과 달리 동북아지역이 여러 역사적 원인으로 인해 중국 주변외교의 협력권에서 단층과 공백 현상을 보이고 있다. 비록 20여 년 전 UNDP가 주도하는 두만강유역개발TRADP이 이미 가동되었으나 별다른 성공을 보이지 못했던 것이 사실이다. '일대일로'가 6대 경제회랑 건설을 통해 본격적으로 가동되고 있는 현 시점에서, 단층과 공백을 보이는 동북아지역에 중국-북한-한국을 잇는 '중국-한반도 경제회랑'을 건설하는 것은 새로운 의미를 갖는다. '일대일로 비전과 행동' 문건에서 이 경제회랑에 대한 논의가 빠진 것은 사실이지만, '일대일로' 자체가 개방적 협력 플랫폼으로서 상황 여하에 따라 그 협력 공간이 확장될 수 있다는 점을 고려할 필요가 있다.[18] 또한 동북아지역의 협력이 북핵 문제와 같은 안보 딜레마로 인해 별다른 진전을 보이고 있지 못하지만 그 발전과 성장 가능성을 감안할 때 중국-한반도 경제회랑은 중국의 '일대일로'와 한국의 '신북방정책'의 협력을 현실화, 구체화할 수 있는 매우 유력한 방안임에 틀림없다.

---

18 현재 한반도 전문가인 왕무커王木克나 중국 푸단대 중국과 주변 국가관계 연구센터 주임인 스위안화石源華 등은 각기 동북아경제회랑과 중국-한반도 경제회랑 건설의 필요성과 현실 가능성에 대해 긍정적 평가를 내리고 있기도 하다. 王木克, 「東北亞經濟走廊的現實可能性」, 『世界知识』 14, 2015, p. 72 ; 石源華, 「倡議中朝韓經濟走廊實現周邊合作全覆蓋」, 『世界知识』 5, 2015, p. 72.

중국 동북진흥계획의 추진에 따라 두만강 유역의 '창지투선도구개발계획'과 압록강 유역의 '랴오닝연해경제벨트계획(단둥의 연강개발계획)'이 추진되면서 1,300km에 달하는 북·중 접경지역에서 북·중 간 경제협력과 교류가 진행되고 있다. 이는 동시에 한·중 관계의 발전에 따라 북·중, 한·중, 남북한 경제협력과 동북진흥계획이 서로 연계 발전하는 계기를 마련해 주고 있다. 북·중, 한·중 양국이 서로 동의한다면 곧바로 협력을 위한 행동에 들어갈 수 있다. 북·중 간에는 이미 초국경 협력을 위한 여러 중요 협력프로젝트가 진행되어 왔으며, 한·중 관계 또한 현격한 발전을 이루며 다양한 프로젝트가 전개되고 있다. 중·러 간에도 2018년을 목표 연도로 '중국 동북지역과 러시아 극동 및 동시베리아지역 협력계획 강요'가 이미 추진되고 있으며, 최근 양자 간 밀월 관계에 따라 두만강지역에서 경쟁 구도가 협력 구도로 빠르게 전환되고 있다.[19]

김정은 집권 이후 연이은 북핵 실험과 장성택 숙청 등의 문제로 북·중 간 관계가 일정한 조정기를 거치고 있는 가운데 북·중 경협이 다소 소강상태를 보이는 것은 사실이지만, 중국은 여전히 '중국 모델'의 북한 이식을 통해 북한을 개방 국면으로 이끌기 위한 내적 동기를 버리고 있지 않다. 적지 않은 중국 내 한반도 전문가들은 조만간 북·중 관계가 소강상태를 넘어 새로운 전환을 꾀할 것으로 전망하고 있으며, '일대일로'라는 역사적 기회와 중·러 양국의 밀월 관계를 적극 활용하여 북한과의 초국경 경제협력을 양자적 차원에서 다자적 차원으로 확대함으로써 동북아에 새로운 경제성장

---

19 2014년 5월 중·러 양국이 '전면적 전략 협력 파트너 관계의 새로운 단계에 관한 중화인민공화국과 러시아연방의 공동성명'을 체결했고, 그중에 두만강지역 러시아 자루비노 스마트항 공동 건설 프로젝트가 포함되었다. 「图们江区域中俄经贸合作驶入"快车道"」, http://www.jl.xinhuanet.com/2014-12-03/c_1113489238.htm(2015년 8월 13일 검색).

그림 4 중국 동북진흥계획(창지투선도구개발계획, 랴오닝성연해경제벨트계획)[20]

거점을 확보해야 한다고 주장하고 있다.[21]

또한 동북아경제회랑은 북한의 '전면적 경제강국' 건설 방침과도 서로 연계될 수 있다. 북한은 2013년 이후 '전면적 경제강국' 건설의 새로운 역사적 단계에 진입했다고 자칭하며, '우리 식의 경제관리 개선 방법'으로 경제의 고속 성장을 추진하겠다고 주장한 바 있다. 동북아경제회랑 건설은 이런 점에서 북한의 국가이익과 전략적 수요에도 부합한다. 북한의 개방 전략은 '4점 2선'으로 요약되는데, 남선은 금강산관광지구와 개성공업지구 두 개의 중점

---

20 「'개성공단' 정세 불안으로 성공 못 해, 라선은?」, http://www.dailynk.com/korean/read.php?catald=nk00100&num=90537(2015년 4월 15일 검색).

21 王木克,「東北亞經濟走廊的現實可能性」,『世界知识』 14, 2015, p. 72.

으로 한국을 향해 있으며, 북선은 나선경제특구와 황금평·위화도경제특구 두 개의 중점으로 중국, 러시아를 향해 있다. 이러한 북한의 개방 전략 배치는 현재 남선과 북선이 각기 독립적으로 분리되어 추진되었지만, 만일 동북아경제회랑이 현실화될 수 있다면 북한은 국제적으로 고립된 지역에서 벗어나 동북아 지역협력에 참여하여 북·중, 북·러, 남북한, 나아가 동북아 차원의 교류와 협력으로 나아가게 될 것이다.

동북아경제회랑 건설은 한국이 추진하는 '신북방정책'의 핵심 내용으로서, 남북한 간 운송회랑 구축을 중심으로 교통 물류, 통신, 전력 등의 협력에서 나아가 남북 경제공동체를 구축해 갈 모멘텀을 제공할 수 있을 것으로 기대된다. 동북아경제회랑은 또한 러시아의 지지와 참여를 이끌어 낼 수 있다. 극동과 시베리아지역개발은 러시아의 중요한 국가 전략이며, 러시아의 '동방정책'은 이미 확정된 사항이다. 이에 따라 러시아는 아·태지역을 향한 시장개방으로 나선지역의 항만 개발 및 운영에 적극적으로 나서고 있으며, 북한 내부의 낙후한 철도 인프라를 현대화하는 데 적극 지원할 의사를 보이고 있다.[22] 2013년 9월 22일 러시아는 극동지역의 하산과 나진항을 연결하는 철도를 개통하였으며, 나아가 한반도를 관통하는 남·북·러 철도와 에너지 운송회랑의 건설을 목표로 하고 있다. 과거 이를 위해 중국과 경쟁적 구도를 설정하였으나, 최근 중·러 관계의 급진전에 따라 양자 간 협력이 본격화되고 있고, 이러한 러시아의 움직임은 동북아경제회랑 구축에 매우 긍정적 의미를 갖는다.

22 「러시아 극동개발부 장관 '북한 철도 현대화 사업 위한 특별관리회사 설립'」, http://www.voakorea.com/content/article/2511227.html(2015년 6월 21일 검색).

4. 결론 : 동북아경제회랑 구축의 경로

앞에서 논의한 것처럼 중국의 '일대일로' 전략 구상에 따른 6대 경제회랑 건설 추진과 러시아의 EAEU와 '신동방정책'에 따른 극동지역개발, 그리고 최근 제기되고 있는 TEBR, 몽골의 '트랜짓몽골리아'와 '초원길이니셔티브', 한국의 '신북방정책'이 함께 결합될 수 있는 최적의 협력 프로그램은 중국-한반도 경제회랑을 핵심으로 하는 동북아경제회랑 구축이라 할 수 있다. 하지만 이는 대륙에 편중된 협력 구도로서, 미국, 일본 등 동북아의 핵심 이해당사국이 배제된 상황에서는 일정한 한계를 노정할 수밖에 없다. 특히 동북아가 양자 관계를 중심으로 하는 동맹 구도에 결속되어 있고, 북·중·러 삼각관계와 대립적 구도 속에서 한·미·일 삼각관계가 미국을 중심으로 네트워크 동맹 구도를 지향하고 있는 추세를 감안한다면, 동맹 결속 구도에서 자유롭지 않은 한국의 경우, 중국-한반도 경제회랑은 물론이고 동북아경제회랑 구축에 대한 이니셔티브를 확보하기 쉽지 않을 것이다. 특히 일본은 동북아 경제협력에 있어 일종의 '냉점冷點'에 해당하며, 이러한 점에서 일본을 동북아경제회랑의 구도 내에 안착시키는 것은 회랑 구축의 성패를 결정짓는 관건일 것이다.

현재 일본은 아베 신조安倍晉三 정권하에서 중국과 여전히 대립 구도에서 벗어나지 못하고 있으며, 특히 중국이 주도하는 '일대일로'와 AIIB에 대해 정부 차원의 공식적 의견 표명은 아니더라도 반대 입장을 드러내고 있는 것이 사실이다. 이는 무엇보다 지역 주도권과 관련한 문제로서 일부 일본의 언론 매체와 학계에서는 중국이 '일대일로'를 매개로 지역 주도권을 확보하면서 일본이 수십 년 동안 주변 국가에 쌓아 놓은 협력 기반을 훼손하고 동시에 미일동맹을 약화시키거나 부정적 영향을 미칠 수 있다는 견해가 존재한다. 반면 일본의 경제계는 '일대일로'에 대해 비교적 긍정적 입장과 홍미를 드러내고, 일련의 기업과 싱크탱크 내에서도 협력 불참으로 인한 문제점에 대한 관련 논의가 확대되고 있는 추세이다. 특히 일본은 두만강 유역의 초국경 협력에 대해 줄곧 높은 관심을 표명해 왔으며, 환동해권 국제협력의 일원으로서 국제운송회랑 구축과 관련하여 협력을 전개해 왔다.[23] 중국 주도의 '일대일로'에 대한 부정적 견해가 여전히 존재한다 하더라도 동북아경제회랑 구축과 관련해 일본이 이를 부정적으로 바라볼 이유는 없다. 더욱이 일본이 배제된 상태에서 동북아경제회랑 구축과 관련한 협력 논의가 전개되는 상황은 일본의 동북아 전략 구도에도 불리한 영향을 미칠 수 있다는 점에서, 동북아경제회랑과 관련한 다자간 협력 구도로 일본을 적극 견인해 낼 수 있다. 또한 일본의 참여는 결과적으로 역외 국가이지만 동북아에 핵심적 영향력을 행사하는 미국이 참여할 가능성을 열어 놓을 것이며, 이를 통해 동북아경제회랑의 건설 추진은 한반도, 나아가 동북아의 지정학적 대결 구도를 넘어서 동북아의 평화와 번영을 이끄는 지렛대가 될 것으로 기대된다.

이와 같이 동북아경제회랑은 기존의 해양 세력과 대륙 세력 간 지정학적 대결과 충돌을 피할 효과적인 예방책으로서, 유라시아 실크로드 동단에 중국-한반도, 중국-러시아-한반도 경제회랑 구축을 중심으로 교통 물류, 산업 통상, 농림 수산, 에너지자원협력의 '2+4의 협력 구도'를 실현하는 것을 핵심 내용으로 한다. 우선 중국-한반도 경제회랑은 유라시아 실크로드의 연장선에서 북·중 접경지역에서 추진되고 있는 고속철 사업을 매개로 랴오닝성연해경제벨트와 신의주(황금평, 위화도)특구, 개성공업지구를 하나의 산업벨트로 잇고, 이를 다시 한반도 남단의 경부선과 호남선 축으로 연장하는 것이며, 아울러 환황해권의 거점 도시 간 경제회랑을 구축하는 것이다. 이는

23 '일대일로' 구상에 대한 일본의 인식과 반응에 대해서는 李素华, 「日本对 '一带一路' 构想的认知和反应」, 『东北亚学刊』 3, 2015, pp. 15~19 참조.

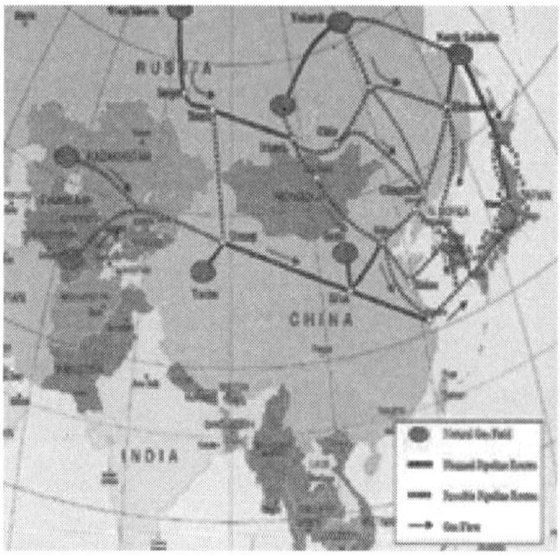

* 신범식(2011, 5)

그림 5 동북아 가스 네트워크

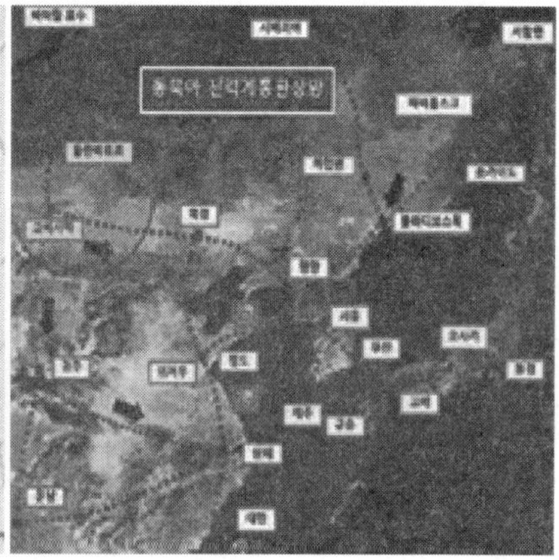

* 윤재영(2013, 9)

그림 6 동북아 전력 연계망 슈퍼그리드

주로 남·북·중 3자 협력 구도로 이루어지지만 개방적 국제협력 구도를 지향한다.

또한 중국-러시아-한반도 경제회랑은 우선적으로 나진항을 중심으로 한·러(북) 간 나진-하산 프로젝트와 북·중 간 나진-훈춘 프로젝트의 상호 결합을 통해 남·북·중·러 4자 협력 구도하의 나진-훈춘-블라디보스토크 회랑 건설을 목표로 추진된다. 이는 나아가 동북아의 허브항인 부산 및 동해안 항만도시들과 일본의 서해안 항만도시들과의 해륙 연계를 통해 환동해권 경제회랑으로 그 공간적 영역을 확대해 나갈 수 있다. 그리고 국제운송회랑 구축을 매개로 중국-러시아-한반도 경제회랑은 창지투선도구와 나선특구, 연해주특구를 하나의 통일된 산업 벨트로 잇고, 아울러 러시아 극동 연해주의 광활한 농림 수산, 에너지자원, 나진항과 부산항이라는 한반도의 천혜의 물류 거점을 활용하는 다자간 협력 구도를 이루게 된다.

국제운송회랑을 매개로 구축되는 중국-한반도 경제회랑, 중국-러시아-한반도 경제회랑은 또한 교통 물류에 한정되는 것이 아니라 에너지 네트워크의 구축을 동반한다. 특히 러시아-중국 가스 협력 체결에 따라 연결된 가스 파이프라인을 북한을 통해 한국으로 연결하여 러시아로부터 천연가스 수입 네트워크를 구축하고, 역내 국가 간 다양한 대용량 에너지원 개발 및 전력 융통을 위한 초고압 광역 대용량 송전망 구축이라는 동북아 전력 연계망 슈퍼그리드를 구축한다. 동북아경제회랑은 새로이 건설되는 고속철도망 주변에 통신망, 전력선, 가스 파이프라인 등을 동시에 연결함으로써 건설에 따른 비용 절감 효과는 물론이고 남북한과 주변국에 많은 편익을 제공할 수 있을 것으로 기대된다.

물론 동북아경제회랑 구축에서 관건은 북한의 참여에 있다고 할 수 있다. 핵실험 및 미사일 개발을 통해 체제 안정을 우선시하는 북한의 입장에서 북·미 관계의 개선이나 남북 관계의 개선이 없는 상황에서 동북아경제회랑 구축에 적극적으로 나설 것이라는 기대는 하기 어렵다. 간혹 중국, 러시아 등 북한에 일정한 영향력을 가진 국가의 직간접적 압력을 기대하는 경우도 있으나, 그간의 북한에 대한 국제사회의 제재와 압력 그리고 중국·러시아의 영향력 행사는 한반도 및 동북아의 복잡한 지정학적 관계로 인해 별다른 성과를 거두지 못했던 것이 사실이다. 이런 상황을 고려할 때, 북한의 참여를 유도하기 위한 5·24 조치 해제와 같은 우리 정부의 적극적인 관계 개선 노력은 물론이고 주변 4강의 이해관계를 조정하는 기초 위에서 동북아경제회랑 구축과 관련하여 다자간 대북한 협력 패키지 사업을 전개해야 할 것이다.

제4장

'일대일로' 시각에서 본 중국 동북3성과 한반도 : 두만강지역 국제협력을 중심으로

박동훈朴東勳

1. 서론

중국과 한반도는 지리적으로 인접하여 불가분의 관계를 맺고 있다. 수천 년간의 관계사가 말해 주듯이 그동안 쌍방은 교류와 협력, 갈등과 반목의 시대를 함께 경험해 왔다. 또 어느 한쪽이 '이사'를 갈 수도 없는 상황에서, '밉든 곱든' 간에 양국은 앞으로도 협력과 갈등을 반복할 운명에 놓여 있다. 이토록 복잡한 중국과 한반도 간 상호작용의 중심에 동북3성이 놓여 있다. 중국의 시각에서 볼 때 동북3성은 계획경제 시대 중국 경제를 견인한 공업 중심지였고, 오늘에 이르러서는 동북아 국가들과 협력 창구 역할을 하는 지역이다. 특히 중요한 전략적 가치를 지닌 한반도와 교류의 장이라는 점에서 동북3성은 특별한 의미를 지니고 있다.

이에 반해 분단 70년 이래 제도나 규범, 가치 등 영역에서 상당한 이질성을 보이고 있는 남한과 북한에 있어 동북3성이 갖는 의미는 결코 일치하지 않는다. 일단 북한으로 보았을 때 북·중 교역의 절대적 부분이 동북과 북한 접경지역을 통해 이루어지고 있고, 또한 체제 특성상 선대 지도자의 혁명적 정통성을 뒷받침하는 역사적 유적들이 묻혀 있는 곳이기 때문에 경제뿐 아니라 사회·문화 교류 영역에서도 동북3성은 중요할 수밖에 없다. 이에 반해 한국은 중국 동북3성에 대해 보다 복잡한 속내를 갖고 있다. 일단 중국 시장 개척이라는 차원에서 동북3성은 자연 관심 지역이 될 것이다. 그러나 이에 비해 더 중요한 것은 동북진흥책과 북·중 경협이 연계되어 협력 패턴이 새로운 변화를 보이면서 북·중 간 경협에 대한 한국의 관심이 증폭된 데서 연유한다. 실지로 한국은 한반도 특유의 정치 구도 속에서 '북한의 비핵화'와 '한반도 통일'이라는 두 가지 과제를 동시에 떠안고 있다. 일단 한국은 북한의 '비핵화'를 실현하기 위해서는 대북 제재가 필요하지만 북·중 경협의 지속적 증대는 이러한 대북 제재의 효과를 반감시킨다고 인식하고 있다. 한편 '한반도 통일'을 준비하기 위해서는 북한의 변화가 불가피하다는 점에서, 북·중 경협은 북한 시장 세력 확대 및 개방적 사회 조성이라는 측면에서 긍정적 역할을 하므로 이에 대한 긍정적 시각도 함께 존재한다. 이처럼 한국은 상당히 갈등적인 인식 속에 북·중 경협의 주요 현장인 동북3성에 각별한 관심을 갖고 있다.

때문에 중국 동북3성지역과 한반도 두 국가 간의 관계를 정립하는 것은 결코 쉬운 일이 아니다. 중국을 놓고 보았을 때 한반도 자체는 정치·경제적으로 복합적인 전략적 가치를 갖고 있고, 한반도 남과 북 또한 동북3성에 대해 서로 다른 이해관계를 설정하고 있기 때문이다. 따라서 이 글에서는 현재 지속되고 있는 역내 갈등의 프레임에서 벗어나 날로 가시화되고 있는 유라시아지역 단일 경제권 통합 추세라는 보다 큰 틀에서 두 지역 간의 관계에 접근하고자 한다. 특히 동북3성과 한반도를 연결하는 두만강지역 국제협력을 어떻게 하면 새롭게 이끌어 낼 수 있을 것인지를 분석하고자 한다. 중국이 '일대일로' 구상을 추진하고 있는 상황에서 설령 지역 정세가 완화되더라도 동북지역과 한반도 간의 협력 교류도 심화, 발전될 가능성이 높다. 이에 반해 한국이 제시했던 '유라시아이니셔티브'가 비록 실천 단계로 옮겨지지는 못했지만 현재 한국 경제가 직면한 구조적 문제를 감안할 때 차기

정권의 가치적 성향 여하를 불문하고 신북방 경제 추진의 모멘텀은 여전히 살아 있다고 할 것이다. 특히 남북 관계가 질적 발전을 가져오기 전까지는 동북3성은 여전히 '제3의 통일의 장'이라는 특수한 의미를 갖기 때문에 3자 간의 협력과 교류의 필요성은 중요해질 수밖에 없다.

발전 지향적 시각에서 문제를 바라보기 위해서는 우선 우리의 관습적 사고방식에 대한 재성찰이 필요하다. 즉 한반도와 주변 강대국 간에 고착된 지정학적 시각을 보다 시대적 상황에 맞게 재정립할 필요가 있다. 이에 따라 이 글에서는 '신지정학'에 대한 이론적 정립을 통해 국제협력을 이끌어 낼 유용한 분석틀을 제시하고자 한다. 이를 바탕으로 중국이 현재 구상 및 추진하고 있는 '일대일로' 글로벌 대전략의 기본 내용과 특징을 고찰함으로써 두만강지역개발에 가져다줄 시사점을 분석하고자 한다. 궁극적으로 동북3성의 발전을 견인함과 동시에 중국과 한반도의 연결 고리 역할을 할 수 있는 두만강지역 국제협력을 위해 건설적 제안들을 제시하고자 한다.

2. 이론적 배경 : 신지정학적 시각

일반적으로 지정학은 국가이익을 근본 출발점으로 국제사회의 각종 정치 세력 및 그들 간 관계에 관한 공간적 분석을 통해 대외 정책 또는 전략을 구사하는 이론이라고 할 수 있다.[1] 한 국가의 대외 정책은 필히 그 국가가 처한 지리적·인문적 요인의 공통된 영향을 받는다는 것이다. 이런 맥락에서 앨프리드 머핸Alfred Thayer Mahan의 '해양세력론Sea Power Theory'이나 해퍼드 매킨더의 '심장지대론Heartland Theory', 니콜라스 스파이크먼Nicholas J. Spykman의 '연

1 孙相东, 「'地缘政治学' 概念研究」, 『东方论坛』 6, 2008, p. 123.

변지대론rimland Theory' 등 이른바 고전지정학traditional geopolitics 이론들은 서구 열강의 군사력 강화와 대외 팽창 전략을 정당화하는 분석 도구였다는 비판에서 자유롭지 못하면서도[2] 20세기 전반을 끈질기게 주도해 왔다.

경제, 문화 및 과학기술 등 요인들의 복합적 영향에 따라 인간의 상호 교류 방식이 변화하고 있음에도 지정학이 '역사의 종말'을 고하는 대신 강한 생명력을 유지할 수 있었던 것은 지정학 이론 자체도 시대적 변화에 따라 새로운 진화를 부단히 경험했기 때문이다. 예컨대 1980년대에 등장한 비판지정학Critical Geopolitics은 지정학을 문화적 현상으로 규정하고 국가 중심의 지정학 기술에서 벗어나 다양한 지정학 주체가 다층위 공간 속에서 어떻게 지정학을 전략적으로 이용했는지 분석했다.[3] 또한 고전지정학이 주로 국가 간 관계를 연구 대상으로 했다면 비판지정학은 주로 복합적인 글로벌 네트워크 및 그것이 미치는 영향에 착안점을 두고,[4] 고전지정학의 정치적 중립성에 문제 제기를 하면서 지정학적 공간 축소에 따라 국가 간 관계는 응당 '충돌'에서 '화해'로 발전해 나가야 한다는 규범론적 견해를 제시했다.

1990년대 초반 일본 경제의 부상을 배경으로 미국 학자 에드워드 루트와크Edward Luttwak는 지경학이라는 개념을 제기했다. 지정학 시대의 충돌 논리(영합 게임)는 이제 지경학적 경제 논리(비영합 게임)에 자리를 내주어야 한다는 것이다.[5] 지경학 역시 지연적地緣的 요인을 국가 전략 목표 제정 및 실현 과정의 중요 변수로 간주한다. 지구화 시대 국가 간 상호 의존성 증

---

2 苏浩, 「地缘重心与世界政治的支点」, 『现代国际关系』 4, 2004, p. 55.

3 지상현 · 콜린 플린트, 「지정학의 재발견과 비판적 재구성」, 『공간과 사회』 31, 2009.

4 许勤华, 「评批判性地缘政治学」, 『世界经济与政治』 1, 2006.

5 Edward. N. Luttwak, "From Geopolitics to Geoeconomics : Logic of Conflict, Grammar of Commerce," *the National interest*, No. 20, 1990, pp. 17~23.

대는 결국 지역적 블록화를 추동했고, 역내 국가들은 공통된 전략적 이익과 목표를 위해 상호작용 또는 협력하면서 다양한 수준의 역내 질서와 규범 제정을 통해 공통으로 지역 사무를 관리하고자 한다는 것이다. 이 외에도 이른바 지문학Geo-civilization 개념도 제시되었다. 새뮤얼 헌팅턴Samuel Huntington의 '문명충돌론'이 대표적이다. 그에 따르면 세계는 다양한 문명으로 구성되었으며, 이러한 문명이 모두 자체의 핵심 국가와 지리적 공간을 확보함으로써 주요 문명들 간에 지리적 분열대가 형성되었다고 주장한다. 따라서 "머지않은 미래에 문명 충돌은 세계 평화에 가장 큰 위협이 될 것이며, 문명에 기반을 둔 세계 질서야말로 세계대전을 예방할 수 있는 확실한 담보"라고 주장했다.[6] 요컨대 다양한 행위체들 간의 복합적인 상호작용이 강화되면서 군사·안보의 '고위정치high politics'보다 경제·문화 영역에 초점을 맞춘 '저위정치low politics'의 중요성이 더욱 부각되기 시작했다. 시대적 변화에 따라 지정학도 지속적인 진화를 거치면서 학문적 지평이 확대되었다.

이를 토대로 최근에는 신지정학적Neo-geopolitics 개념으로 새롭게 변화하는 국제 현상을 분석하는 시도들이 전개되고 있다. 신지정학은 지구화, 정보화로 대변되는 21세기 국가 중심적 국제 정치·경제 질서의 구조적 변화에 주목한다. 과학기술의 급속한 발전 및 확산으로 인해 사회·경제·정치적 경계가 재구성되면서 다층적 수준의 행위자들의 관념 및 상호작용의 기본 양식을 변화시키고 있다. 새로운 교통, 통신 수단의 출현으로 공간적 거리가 축소되었고, 경제 복지가 국가 전통 안보를 우선하고, 자원·식량·인구 등 비전통 안보 이슈가 보다 두드러지고 있다. 따라서 경제적 통합과 상호 의존성이 심화되는 상황에서 개방형 지역경제 형성이 대세를 이룰 뿐 아니라

6 Samuel Huntington, *The Clash of Civilization sand the Remaking of World Order*, New York : Simon and Schuster, 1996, pp. 21~45.

비전통 안보를 중심으로 국가들 간 협력의 필요성이 대두되면서 위계적 국제 질서는 네트워크, 즉 수평화된 국제 질서로 전환되고 있는 것이다.[7]

이러한 논의를 토대로 신지정학은 새로운 분석적 시각을 제공하고 있다. 첫째, 행위 주체의 경우 민족국가뿐 아니라 다국적, INGO 등 비국가 행위자들의 영향력이 증대되면서 국가 중심 체제에서 지구적 국제 체제로 전환하고 있다. 둘째, 경제적 통합과 상호 의존성 심화와 더불어 국가 간 경계가 모호해지고 개방형 지역경제 블록화가 기본 추세를 이룬다. 셋째, 군사 역량을 강조하던 전통적 시각에 비해 기술·경제·문화적 공감대에 기반한 권력이 중요해진다. 넷째, 네트워크의 중요성이 부각된다. 자본을 중심으로 상품, 기술, 인적 교류의 활성화는 지정학 구조의 가변성을 반영한다. 즉 물리적 공간과 정보·사상이 유통하는 가상적 구조가 공존하게 되는 것이다. 네트워크 질서는 신뢰와 상호성, 공유 이익, 가치 및 규범, 그리고 행위자 간의 지속적인 상호작용이 행위자 간의 관계 형성과 공동체 질서를 유지하는 근간이 되고 있다.[8]

요컨대 오늘날 국가들은 보편적으로 경제 발전을 핵심 목표로 삼고 있고, 특히 선의의 경쟁과 협력을 통해 발전을 추구함으로써 결과적으로 국제협력과 교류를 활성화시키고자 한다.[9] 그러나 현재 동북아 정치경제 구도를 조감해 보면 역내 국가들은 비록 이념 대립에서 벗어나 경제협력 구도로 이행해 가고 있음에도 동북아 역내 국가들 간의 이해관계는 그러한 국제 흐름에 편승하지 못하고 있는 실정이다. 즉 탈냉전기 국제사회의 변화와 상관없

7 倪世雄,「潜旭明新地缘政治与和谐世界」,『清华大学学报(哲学社会科学版)』5, 2008, p. 124.

8 김태환,「'신북방정책' 으로서의 유라시아이니셔티브 : '신지정학적 접근' 의 외교 전략적 함의」,『주요 국제 문제 분석』, 2014. 가을호, pp. 148~149.

9 段进军 · 陆大道,「论大国东亚地缘经济战略与东亚地区经济合作」,『经济地理』2, 1999.

이 역내 국가 간 상호작용은 고전적인 지정학적 사고에 보다 많이 편중되어 있다. 이른바 '고전적 지정학 논리의 과잉 현상'이 존재하다 보니 '협력 없는 교류'만 남아 있다는 것이다. 따라서 갈등의 공간에서 평화의 공간을 만들어 내기 위해서는 무엇보다 다양한 시각에서 지정학 논리에 대한 재성찰이 필요하다.

3. 중국 '일대일로' 구상과 동북3성 개발 정책

이 부분에서는 신지정학적 시각에서 중국이 구상 및 추진하고 있는 '일대일로'를 분석하고자 한다. 그 이유는 첫째, '일대일로'는 단지 5년에서 10년 내에 완성될 수 있는 대외 개발 정책이 아니라, 중국이 시대적 추세와 지정학적 전략 사고를 겸하여 추진하고자 하는 국가 대전략으로 볼 수 있기 때문에 추후 중국 동북3성과 한반도에도 필히 심대한 영향을 비칠 것으로 보기 때문이다. 둘째, '일대일로' 구상은 세계의 다극화, 경제의 세계화, 문화의 다양화라는 지구적 조류를 배경으로 제시되었다는 점에서 기존의 대외 개발 정책과 달리 새로운 함의들이 내포되어 있기 때문이다. 즉 중국 동북3성과 한반도를 연결하는 두만강지역 국제협력의 현황과 문제점을 파악하는 데 상당한 시사점을 던져 줄 것이다.

(1) '일대일로'의 추진 배경

이른바 '일대일로一帶一路, One Belt And One Road'란 '실크로드경제벨트'와 '21세기해상실크로드'를 총칭하여 이르는 말이다. '일대一帶'는 실크로드경제벨트, '일로一路'는 '21세기해상실크로드'를 가리킨다.[10] 중국의 '일대일로' 구상과 추진은 2013년부터 공식화되었다. 여기에 참가하는 국가는 약 50개, 총

인구수는 44억 명(세계의 63%), 경제 규모는 21조 달러, 각각 세계 규모의 63%와 29%를 차지하고 있다.[11]

중국이 '일대일로'를 추진하게 된 배경에는 국가 경제가 직면한 구조적 문제 해소부터 미국의 중국 견제 전략에 대한 대응까지 다양한 요인들이 복합적으로 작용한다. 첫째, 금융위기 이후 국제사회 지각변동과 중국 외교 전략의 새로운 모색이다. 2008년 미국발 글로벌 금융위기 이후 국제정치 구도에서 서구 선진 국가들의 퇴진과 후발 산업 대국들의 약진이라는 새로운 변화가 발생했다. 서구 경제권과 신흥 경제권 간의 역량 변화는 정치 영역으로 확대되는 조짐을 보였고, 이에 따라 금융위기 발생 직후부터 국제 정치경제 질서 개편의 목소리가 후발 산업국에서 높아지기 시작했다. 특히 국제정치경제 질서에서 가장 두드러지게 나타난 변화가 바로 초강대국 미국의 부진과 신흥 대국의 부상이다. 중국은 글로벌 금융위기에도 불구하고 고속 성장세를 유지했고, 이를 배경으로 미국과 중국이 지배하는 'G-2' 내지 '차이메리카Chimerica' 시대가 도래했다는 평가와 함께 미국의 대중 견제가 강화되었다. 이와 함께 중국 내부에서도 중국의 위상에 상응한 대외 정책 조정이 필요하다는 의견이 나오기 시작했다.[12] 2009년을 시점으로 상당수 중

---

10 '육상실크로드'는 중국과 유럽을 연결하는 고대 상업 무역 통로를 말한다. 기원전 2세기부터 16세기에 이르기까지 동서양 경제 · 정치 · 문화 교류의 주요 통로로 한무제의 파견으로 장건张骞이 서역에 파견되면서 통로가 열리게 되었다. '해상실크로드'는 명나라 황실의 환관이었던 정화郑和가 1405년부터 1430년까지 일곱 차례에 걸쳐 중국 남부에서 동남아시아 인도양 및 동부 아프리카 연안으로 대원정大遠征을 감행하면서 개척한 해상 통로를 말한다. 이 원정 기간 동안 여러 지역에 파견된 명나라 함대들은 항해 중 정박하는 지역에서 문화 교류와 무역을 촉진시켰다.

11 薛健, 「'一带一路' : 大时代, 大布局, 大战略」, 『中国战略新兴产业』 1, 2015, p. 53.

12 실지로 중국의 대외무역액은 2013년 현재 최초로 미국을 추월하여 세계 제1위를 달성했고, 2014년 대외투자 규모도 1,000억 달러를 넘음으로써 명실공히 글로벌 경제, 금융 대국으로 부상하였다.

국학자들 속에서 중국의 성장 그리고 국제사회 지각변동에 부응하여 중국의 외교 영역을 확대할 필요성이 강조되면서 대외 전략의 영역 개척론拓展論이 회자되기 시작했다. 예컨대 친야칭秦亞淸은 중국의 의지와 상관없이 오늘날 국제사회는 국제 제도 및 질서의 변혁 과정에서 책임 있는 대국으로서 중국의 참여를 필요로 하고 있다고 역설했고,[13] 왕지스王缉思도 중국의 대외 전략 목표 설정에서 응당 수동적 입장不要什么에서 보다 적극적인要什么 입장으로 전환해야 함을 강조했다. 외교 목표는 단지 힘의 추구나 해외 시장 확대가 아닌 이념·제도적 혁신을 추구해야 하며, 따라서 중국은 시장 규범과 국제 제도 개선, 공정한 국제 질서와 규범을 제정하기 위해 노력해야 한다는 것이다.[14]

둘째, 중·미 경합에 따라 주변국과 선린 관계를 재구축할 필요성 때문이다. 실추된 패권국의 위상을 복원하려는 미국의 전략은 오바마 정부가 들어서면서 구체화되기 시작했다. 미국은 '아·태지역으로의 귀환' 또는 '재균형 전략Rebalancing Strategy'을 통해 아·태지역에서 조지 W. 부시 정부 시기 손상된 동맹 관계의 복원을 통해 중국 견제를 강화하고자 했고, 실지로 중국과 주변 간에 일련의 분쟁을 통해 역내 주도권을 공고히 하는 데서 일정한 성과를 이루어 내기도 했다. 이에 반해 중국은 그동안 국내 경제 발전을 중심으로 주변우선周邊優先, 대국관건大國關鍵의 대외 정책 기조를 유지해 왔다. 복잡한 주변 환경 속에 놓여 있는 중국으로서는 2000년대 이후 목린睦隣(화목한 이웃), 안린安隣(안정된 이웃), 부린富隣(부유한 이웃)이라는 이른바 삼린정책三隣政策 제시와 더불어 주변국과 경제협력을 이끌어 내는 데 집중

13 秦亚青, 『国际体系与中国外交』, 北京 : 世界知识出版社, 2009, pp. 133~140.

14 王缉思, 「中国的国际定位问题与 '韬光养晦, 有所作为' 的战略思想」, 『国际问题研究』 2, 2011.

하면서 그동안 선린정책이 나름대로 잘 추진되었다고 자부해 왔다. 그러나 중·미 경합이 가열되는 시점에 주변국들은 오히려 미국의 아시아 귀환을 반기는 상황을 연출했다. 중국은 단지 경제협력에 기초한 선린 관계가 얼마나 취약한지 깨달았고, 주변외교에 소홀했다는 인식을 갖게 되었다.

셋째, 국내외적 경제 발전 균형의 필요성이다. 무엇보다 경제적으로 '경제성장 방식의 질적 전환'이 필요했다. 중국 경제는 급속한 경제성장과 더불어 그에 따른 부작용도 나타나기 시작했는데, 특히 생산 능력 및 외환 과잉 현상이 돌출되기 시작했다. IMF 추산에 따르면 산업생산능력이용률Capacity Utilization은 대체로 85% 수준을 유지해야 하지만, 2011년 현재 중국 생산능력이용률은 65%를 넘기지 못했다. 그동안 중국 정부도 생산능력이용률을 향상하기 위해 지속적으로 노력했지만 큰 효과를 보지 못했다. 중국 중앙은행이 중국 내 5,000개 기업을 대상으로 진행한 조사 결과에 따르면, 설비가동률은 2013년 말 41.2%에서 40.6%로 하락, 글로벌 금융위기 이전의 45% 수준에 미치지 못했다.[15] WTO 가입 이후 수출 확대를 통해 생산 과잉 압력 해소에 일정한 기회를 마련했으나 최근 들어 국내 부동산 시장이 저조하고, 특히 미국·일본 등 전통 수출 시장 잠재력이 축소되는 상황에서 신성장 동력 창출이 시급해지기 시작한 것이다. 다음으로 약 4조 달러에 육박한 외환 보유고를 적정량으로 관리할 필요가 나타났다. 선진국의 양적 완화 정책으로 외환 자산 리스크가 증대하자 위안화 국제화, 외환 자산 효율성과 수익성 향상의 목적에서 대외투자 다각화 및 신규 투자시장 개척이 필요한 상황에 직면했다. 실지로 중국은 2013년 현재 대외직접투자ODI 규모에서 전 세계 3위 국가로 부상했고, 2014년 현재 자본 수출이 1,000억 달러를 돌파하여 처음으로 투자순수출국이 되었으며, 향후 10년간 중국의 대외투자 총

---

15 薛健, 앞의 논문, p. 51.

액은 1조 2,500억 달러에 달할 것으로 예상된다.[16] 마지막으로 발전도상국의 방대한 인프라 건설 수요는 '일대일로' 구상의 또 다른 외적 요인으로 작용했다. ADB 집계에 따르면, 2010~2020년 사이 아시아지역 인프라 투자는 연평균 8,000억 달러가 필요하다고 한다. 그럼에도 불구하고 세계은행과 아시아개발은행 등 개발금융기구가 매년 제공할 수 있는 융자 규모는 이러한 수요의 5% 정도밖에 미치지 못하는 상황이었다. 글로벌 금융위기 이후 경기 둔화, 주요 선진국들의 금융 완화 정책 등으로 다수의 개도국이 경제적 어려움에 직면한 상태에서 경제성장을 위한 모멘텀 형성이 시급한 상황에 놓였다.

요컨대 지속적인 고속 성장을 구가하는 거대한 신흥 대국 중국은 종래의 소극적인 저자세 외교를 탈피하고, 커진 경제력을 배경으로 국제사회에서 영향력을 확대해 나갈 필요가 있었다. 세계화 시대 국제사회와 상호 의존성이 심화되고 국가 이익과 연관된 영역들이 끊임없이 확대되고 있다는 점을 감안하여 서구 중심적 국제 체제를 재편(개혁)하고자 하는 의지도 나타나기 시작했다. 특히 중·미 양국은 협력과 갈등이 병존하는 '갈등적 협력'이라는 불편한 관계를 유지하고 있는 시점에서 어찌 보면 하드파워는 물론 외교적 지혜에 이르기까지 가용 수단을 총동원한 양국 간의 경합은 이제 시작에 불과한 것이다. 따라서 경제 대국으로 새롭게 부상한 중국으로서는 새로운 국가 전략 탐색이 필요한 시점에 놓이게 되었다.

(2) '일대일로' 구상의 수립 과정 및 주요 내용

'일대일로'는 2013년 9월과 10월 중국 시진핑 주석이 중앙아시아, 동남아시아 방문을 계기로 '실크로드경제벨트'와 '21세기해상실크로드' 구상을 각각

16 刘英, 「金融助力 '丝路' 战略」, 『中国投资』 3, 2015, p. 30.

제시하면서 공식화되기 시작했다. 2013년 11월 개최된 '제18기 3중전회'에서 중공중앙의 『전면적 개혁 심화에서 몇 가지 중대 문제에 대한 결정中共中央关于全面深化改革若干重大问题的决定』을 통해 '일대일로' 전략을 공식 결정한 데 이어 2015년 3월 28일 중국 정부는 양회兩會를 전후하여 국가발전개혁위원회, 외교부, 상무부 공동으로 『'실크로드경제벨트'와 '21세기해상실크로드' 공동 추진에 관한 비전과 행동』[17]을 공식 발표했다(표 1 참조).

2015년 3월 28일 발표한 '일대일로' 전략 청사진의 주요 내용을 정리하면 다음과 같다.[18] 첫째, 경제 요소 유동성 강화, 자원의 효율적 배분 및 진일보된 시장 통합을 통해 관련국 경제정책 간 조화 관계를 형성함으로써 광범위하고 다차원적인 수준에서 지역협력을 심도 있게 추진하여 개방적, 포용적, 균형과 호혜의 성격을 지닌 지역경제협력 프레임을 구축하는 것을 총적 목표로 한다. 요약하면 중국과 관련국沿线国家 간의 발전 전략을 연동시켜 시장 잠재력을 발굴함과 동시에 국민들 간 인문 교류 강화를 통해 상호 간 협력 구도를 돈독히 해 나간다는 것이다.

이에 따라 중국은 '일대일로' 공동 건설은 '유엔헌장의 취지와 원칙, 개방 협력, 조화和諧와 포용, 시장 운영, 호혜 공영'의 원칙을 바탕으로 평화 협력, 개방 포용, 상호 학습, 호혜 공영의 이념으로 전방위적 협력을 추진함으로써 정치적 상호 신뢰, 경제 융합, 문화 포용적 이익 공동체, 운명 공동체와 책임 공동체를 구축해 나갈 것이라고 선언했다. 이러한 취지에서 '일대일로' 구상은 '정책 소통, 인프라 연결, 무역 활성화, 통화 기제 확립, 민심 소통 강화'

---

17 中国国家发展改革委 · 外交部 · 商务部, 「推动共建丝绸之路经济带和21世纪海上丝绸之路的愿景与行动」, 2015. 3. 28.

18 주로 시대적 배경, 공동 건설 원칙, 건설 프레임, 협력 중점, 협력 기제, 중국 각 지방정부의 개방 태세, 중국의 적극적 행동, 미래 비전 등 9개 부분으로 구성되었다.

표 1 중국 '일대일로' 구상 수립 과정

일시	주요 내용
2013. 9.	시진핑 카자흐스탄 방문 시 '실크로드경제벨트' 제안
2013. 10.	시진핑 인도네시아 방문 시 '21세기해상실크로드' 제안
2010. 10. 25.	사상 최대 주변 외교 좌담회에서 '친선, 성실, 호혜, 포용親誠惠容' 제시
2013. 11.	제18기 3중전회『전면적 개혁 심화에 있어 몇 가지 중대 문제에 대한 결정』을 통해 '일대일로' 공식 결정
2013. 12.	중앙경제사업회의에서 '실크로드경제벨트 추진 및 기반 시설 상호 연결 관련 계획 수립
2014. 2.	시진핑 주석 러시아 블라디미르 푸틴 대통령과 '일대일로' 공감대 형성
2014. 3.	국무원 리커창 총리 〈정부사업보고〉 2014년 사업 중점서 '일대일로' 계획 제시(방글라데시-중국-인도-미얀마, 중국-파키스탄 경제회랑 건설 계획 및 일련의 중대 프로젝트 공표)
2014. 5.	'실크로드경제벨트' 첫 플랫폼으로 중국-카자흐스탄(연운항) 물류협력 기지 시운행
2014. 10.	'일대일로' 구상 첫 금융 플랫폼으로 아시아 인프라투자은행AIIB 설립 계획 공식 선언
2014. 11.	제22차 APEC 대회의에서 관련국 정상회의를 통해 '베이징 강령' 과 'APEC 설립 25주년 성명' 을 채택.[19] 400억 실크로드기금 등 제안
2015. 3.	2015년 3월 28일, 양회兩會를 전후하여 국가발전개혁위원회, 외교부, 상무부 공동으로『'실크로드경제벨트' 와 '21세기해상실크로드' 공동 추진에 관한 비전과 행동』[20] 공식 발표
2015. 12. 25.	AIIB 공식 설립(57개국 참여)

19 특히 시진핑은 이번 대회를 통해 채택된 '아 · 태 자유무역지대FTAAP' 구축 구상 로드맵과 '상호 연결 · 상호 소통互聯互通, connectivity' 청사진에 대해 각각 '역사책에 기록될 만한 결정', 'APEC 사상 처음으로 되는 기념비적 성명' 으로 그 가치를 부각시킨다.

20 中国国家发展改革委 · 外交部 · 商务部, 앞의 글, 2015. 3. 28.

표 2 '일대일로' 구상의 핵심 내용

실행 방안	주요 내용
정책 소통 政策沟通	정책적 · 법제적 차원에서 지역협력 기제 마련 - 각국 상호 간 경제 발전 전략과 정책 교류 및 연계, 지역협력의 틀 마련 - 상호 이익 보완, 정치적 신뢰, 상호 공감대를 기반으로 협상을 통해 문제 해결
인프라 연결 设施联通	중국과 기타 국가들을 연결하는 각종 사회간접자본SOC 확충(교통, 에너지, 정보통신 등) 인프라를 통해 해운 네트워크 형성, 국가 간 소통 활성화
무역 활성화 贸易畅通	각국 간 투자 · 무역 장벽 해소, 상호 간 무역 및 투자 간이화를 통해 연안 국가들의 경제 발전을 이끌어 내어 공존공영 이룸
통화 기제 확립 资金融通	아시아 안정적 통화 체계, 투융자 체계, 신용 체계 건설 등 분야 협력 강화 AIIB, NDB와 같은 금융기구 창설을 통해 가입국에 무역 자본 제공, 금융 리스크를 줄이고 국제 경쟁력 제고
민심 소통 강화 民心相同	관련국 간 다문화 교류 확대, 정부 차원뿐 아니라 민간 차원에서도 상호 간 소통과 이해를 다지도록 주선

다섯 가지를 핵심 내용으로 설정했다.

요컨대 '일대일로' 전략은 경제 통합을 위한 통로 개척, 즉 교통 인프라 건설의 우선성을 강조하고, 이를 해결하기 위한 국제 투융자 해결 차원에서 중국은 아시아인프라투자은행AIIB 설립을 제안, 추진하게 되었다. 물론 '일대일로' 전략은 단지 물리적 통로 개척에만 한정된 것이 아니다. 위에서와 같이 '민심 상통, 정책 소통, 도로 관통, 무역 상통, 화폐 유통'이라는 5가지 개념적 구성 요소를 제시했다는 것은 제도적·인문적 유대도 함께 건설하겠다는 것을 의미한다. 관련국과 협력을 통해 하드웨어, 소프트웨어 및 인적 교류를 강화함으로써 상호 연결과 소통을 강화하는 등 보다 복합적인 연대 관계를 구축하여 아시아의 발전, 궁극적으로 유라시아를 아우르는 광역 경제권을 견인하겠다는 중장기적 전략 목표를 제시한 것이라 할 수 있을 것

이다.[21]

(3) '일대일로' 전략의 국제 정치경제적 함의

이처럼 중국의 '일대일로' 전략은 단지 대외 경제개발 정책이라기보다 중국이 국내외적 경제 상황과 국제정치 구도 변화의 흐름에 입각하여 경제 논리로부터 인문 교류까지 포괄하는 '글로벌 대전략'으로 간주될 수 있다. 국제 정치경제적 시각에서 그 함의를 살펴보면 주로 다음 몇 가지로 요약될 수 있다.

① 운명 공동체 건설 : 제도, 정책 공유를 통한 지역 공감대 형성

발전 도상 국가 및 신흥 경제 대국들이 현 국제 경제 질서에서 갈수록 중요한 역할을 하는 것은 주지의 사실이다. 중국은 현재 비록 세계적인 경제 대국으로 부상했지만 그 이면을 들여다볼 때 여전히 발전도상국 성격이 다분하다. 이런 점을 고려할 때 중국은 개도국 간에 형성된 동질감을 바탕으로 국제 질서 재건을 위해 중요한 모멘텀을 확보할 기회를 찾는 것으로 볼 수 있다. 자국의 이익과 개도국의 발전 염원을 결합시켜 중국으로서는 새로운 발전 공간을 제공하는 동시에, 기타 발전도상국으로서는 새로운 발전 동력을 확보함으로써 개방적이고 호혜적인 협력 구도를 이루어 내고자 하는 것이다.

또한 중국의 개혁·개방이 그동안 동부 연해지역을 중심으로 시작되었고 수십 년간 급성장을 거쳐 이들 지역은 이미 중국 경제의 중심이 되었다. 그러나 이러한 결과는 양대 불균형을 낳았다. 첫째는 국내 동서부 발전 불균

---

21 2014년 11월 8일 APEC 정상회의를 며칠 앞둔 중국은 몽골 · 라오스 · 캄보디아 등 주변국 APEC 비회원국 정상들을 초청하여 '소통과 동반자 관계 강화를 위한 대화' 를 개최했고, 여기서 시진핑은 '일대일로' 는 아시아 도약을 견인하는 '한 쌍의 날개' , '상호 연결 · 상호 소통' 은 날개의 '혈맥' 이자 '경락經絡' 으로 비유하였다.

형으로 서부지역과 동부지역 간 경제 발전 격차가 확대되었고, 둘째로 대외 관계 측면에서도 서부지역보다 동부지역(아·태)에 과도 편중되는 특징을 나타냈다. 물론 21세기에 들어서면서 중국도 서부 대개발 전략과 관련하여 다양한 정책을 구사했지만 이를 하나의 전략 구상으로 명명하고 본격화한 것은 시진핑 국가주석이 집권한 2013년이 그 시작이라 할 수 있다.[22] 이에 따라 '일대일로'를 통해 동부(아·태)지역을 후배지로 서부지역 개발을 위한 발전 공간을 확보하고, 더 나아가 서부지역과 중앙아시아, 서아시아 국가들과 관계 발전을 도모하고자 하는 것이다. 이는 중국 동서부 균형 발전과 국가 안보를 위해서도 중요한 의미를 지닌다.

외자 유치와 수출 확대 정책을 통해 경제성장을 이룬 중국으로서는 이제 경제 발전 방식의 전환을 요구하고 있다. 중국이 유라시아 대륙을 연결하는 경제 대통로를 개척하고자 하지만 어디까지나 현 단계 목표는 주변국이 주요 대상이 될 수밖에 없다. 또한 주변국 상당수가 모두 발전 도상이라는 점을 고려할 때 중국의 경제 발전 방식 전환과 주변국 간 발전 수요는 상호 보완성을 갖는 측면이 있다.

이런 시각에서 볼 때 '일대일로' 구상은 중국과 주변국 관계가 새로운 형태로 발전할 수 있음을 예시한다. 즉 '일대일로'는 기존 무역과 자원을 위주로 했던 대외 경제 구조를 개선하고, 상호 연계·상호 소통互联互通을 축으로 개방적 경제협력 발전을 추진함으로써 제조업, 서비스업, 금융업 및 인문 영역을 포함하는 광범위한 경제벨트를 형성하고자 하는 것이다. 또한 이런 맥락에서 공동 발전의 취지하에 경제협력을 기반으로 궁극적으로 상호 간 이익 공동체, 운명 공동체를 건설하겠다는 목표를 제시한 것이다.

22 김흥규, 「중국 일대일로 전략과 동북아 국제관계의 변화 : 한계점과 전망」, 『중소연구』 3, 2016, p. 12.

② 네트워크 국제질서 구축 : 전통적 경제협력 방식을 초월한 윈-윈의 협력 구도

중국이 제2의 경제 대국, 제1의 무역 대국과 외환 보유국으로 부상하면서 신흥 대국에 대한 주변국의 우려가 증대하기 시작했다. 그동안 중국이 '평화와 발전'을 지속적으로 대외 정책 기조로 강조하고, 영원히 패권을 추구하지 않겠다는 주장을 반복적으로 표방해 왔지만 국제사회, 특히 주변국들의 강한 회의감을 자아낸 것이다. 따라서 중국의 '일대일로' 전략은 중국이 말로써만이 아니라 구체적 행동으로 중국의 부상이 기존 도전 세력과 다르다는 점을 보여 주고자 하는 의도를 갖고 있다. '일대일로' 전략은 개방성·포용성을 강조하면서 자국 중심적이기보다 관련국들이 모두 편승할 수 있는 공동건설·공동 발전을 취지로 하는 전략임을 강조한다. 그동안 중국은 주변국들과 선린 관계를 구축하는 것을 대외 정책의 가장 우선적 목표로 설정해 왔다. 2013년 10월 제18기 3중전회를 1주일 앞두고 주변외교 좌담회를 개최하고 친선親, 성실誠, 호혜惠, 포용容이라는 새로운 주변외교 기본 이념을 제시한 것도 대체로 관련국 민심에 유의하고 이에 이로운 일들을 많이 함으로써 친화력을 쌓아 가야 한다는 점을 강조한 것으로 풀이된다.

이에 따라 '일대일로' 전략은 개방적 협력 방식을 제창하고 있다. 중국과 관련국들이 '담판'이 아닌 '협상'을 통해 공동 개발 프로젝트를 고안하고, 현 경제 체제 내에서는 만족될 수 없는 인프라, 중장기적 항목 건설에 필요한 자본금 문제를 중국 주도로 해결해 나가고자 하고 있다. 이런 맥락에서 중국은 브릭스국가은행, AIIB은행, 상하이협력기구발전은행을 설립하고 또한 400억 달러 규모의 실크로드기금을 조성하게 된 것이다. 뿐만 아니라 상호 교류 및 학습 정신을 고양하고 새로운 개방적이고 협력적인 경제벨트를 조성하여 중국과 관련 국가들 간 발전을 긴밀히 연결시킴으로써 정치, 경제, 안보, 인문 영역을 포괄하는 전면적인 협력 네트워크를 구축하고자 한다. 따라서 '일대일로'는 '호련호통互联互通'을 대전략의 핵심 개념으로 설정하고,

기반 시설, 제도 규범, 인적 교류 등 요소들이 삼위일체로 통합되는 전방위적 연결을 통해 사통팔달의 기반 시설 네트워크(육·해·공 교통 인프라 네트워크)를 구축하고자 한다.

③ 현 국제 질서에 기반을 둔 점진적 변화

중국은 안정적 국제 안보 환경을 유지하면서 현 국제 금융 및 통상 질서의 최대 수혜자였다고 평가할 수 있다. 하지만 시대적 발전 및 세계 경제 구도의 변화와 더불어 중국은 국제 정치경제 질서의 반응자rule taker에서 질서와 규칙의 설계자이자 제정자rule maker로 나서는 모습을 보이고 있다. 이런 의미에서 '일대일로'는 협력적·개방적·호혜적 운영 방침을 기반으로 한 중국 자국 발전과 세계 경제 발전을 연동시키는 장기적 대전략으로 간주된다. 중국이 '해상실크로드' 건설을 대전략적 차원에서 추진하는 것은 21세기해상실크로드를 개척하여 새로운 협력 국면을 조성하는 데 목적이 있다. 서양 국가들이 현실주의적 시각에서 '해권론'을 기반으로 대외 팽창을 기했다면, 중국은 해상 항해 자유, 해상 공동 안보와 해양자원 공동 개발을 전제로 새로운 해양 질서를 수립함으로써 협력 발전을 통한 연해 경제벨트를 구성하고자 하는 것이다. 즉 개방적 안보를 기반으로 항해 통로를 개척할 뿐만 아니라 협력적 발전을 추구하여 해상 관련국들과 공동으로 발전을 도모하고자 한다.

4. 동북3성과 한반도의 연결 고리 : 두만강지역 국제협력

(1) 동북 3성과 한반도의 관계

고전적 지정학의 시각에서 보았을 때 한반도는 해양 세력과 대륙 세력의 각축장인 이른바 주연周緣지대rimland에 위치하고 있다. 역사적으로 한반도는 줄곧 미국, 중국, 일본, 러시아 등 강대국들의 각축장이었다.

중국의 대외 전략에서 한반도가 중요한 위치를 차지하는 이유도 바로 이 때문이다. 역사적으로 보면 한반도는 중국 대외 환경뿐만 아니라 국내 정치에도 직접적 영향을 미칠 정도로 중요한 '문호' 역할을 해 왔다. 따라서 중국의 현실주의자들 속에서는 한반도를 중심으로 역사적으로 전개된 일련의 전쟁들이 중국 역대 정권의 존속에 상당히 부정적 영향을 미쳤다는, 이른바 '역사적 기억'의 중요성이 강조되고 있다. 예컨대 중국 명나라(1368~1644)는 임진왜란(1592~1598)에 개입되면서 국가재정 부도 위기를 맞았고, 이에 따라 쇠락의 길을 걷게 되었다. 또 갑오중일전쟁(1894)·러일전쟁(1904) 이후 한반도가 일제의 식민지로 전락하면서 일제의 중국 침략의 발판이 되었고, 신중국도 한국전쟁(1950~1953)에 '연루'되면서 막대한 인적·물적 손실을 보게 되었다는 것이다. 현재 상당수 중국학자들은 한반도 상황이 극단의 상태에 빠져들 경우 이는 중국 동북지역의 안정과 경제 발전에 막대한 영향을 미칠 뿐 아니라 중국 전반의 안정적 발전에도 직접 영향을 미칠 것으로 보고 있다. 한편 만약 미국 주도하에서 한반도 정세가 전개될 경우에도 중·미 양대 세력이 두만강·압록강을 사이에 두고 정치·군사적으로 직접 대치 국면에 들어설 수 있기 때문에 이는 필히 중국의 안보 전략에 불리하게 작용할 것이라는 시각을 갖고 있다. 다시 말해서 고속 성장을 누리고 있는 당대 중국의 시각에서 바라볼 때 한반도 불안정으로 초래될 수 있는 부정적 결과는 중국에 막대한 전략적 손실을 가져다줄 가능성이 높다는 것이다.

금융위기 이후 동북아 역학 구도가 재편되면서 한반도의 가치는 더욱 중요해졌다. 앞서 논의했듯이 동북아지역에서 미국의 지정학적 목표는 특정 패권 국가의 출현을 저지하는 것이며,[23] 그 견제의 주요 대상은 바로 중국이다. 미국은 주로 중국을 잠재적 도전 국가로 간주하여 관여engagement정책과 동아시아 동맹국에 대한 재보장reassurance 전략의 확대를 통해 중국에 대한 견제를 본격화하고자 했다.[24] 따라서 한반도를 지렛대leverage로 동북아 역내에서 주도권을 강화하고자 하는 시도도 보다 선명해졌다. 그동안 미국은 '대화와 접촉'을 주장하면서도 비핵화 조건을 전제로 대북 접촉의 문턱을 높이는 동시에 대북 제재를 강화해 나가고자 했다. 이 와중에 한동안 느슨해졌던 한미동맹, 미일동맹의 복원과 한·미·일 3자 협력이 강화되는 양상을 보였다. 한반도를 대외 영향력 확대의 중요 기점으로 삼고 있는 중국으로서는 전략적 부담감을 느끼지 않을 수 없는 부분이다.

지경학적 측면에서 볼 때, 한반도는 중국에 있어 지정학적 시각과 비견할 만한 중요한 가치를 지닌다. 한반도는 중국과 러시아, 일본, 북미, 동남아를 사통팔달로 연결할 수 있는 전략적 요충지이기 때문이다. 게다가 만약 북한이 개혁·개방을 추진한다고 가정할 때 그 가치는 배가될 수 있다. 예컨대 2015년 현재 무역 규모 2,200억 달러를 초월한 한·중 양국의 협력 관계가 새로운 성장 동력을 얻게 될 것이고, 특히 동북지역개발을 위해 자본, 기술, 물류 확보가 시급한 중국으로서는 일본, 북미 지역을 연결할 수 있는 새로운 문호를 열 계기를 마련할 수 있게 된다. 이처럼 안보적 측면에서 보나 경협의 측면에서 보나 한반도는 중국에 중요한 전략적 의미를 지님을 알 수 있다. 따라서 중국은 현재 한반도 문제를 어떻게 풀어 나가느냐가 자국의 국익에 상당히 중요한 영향을 미칠 수 있다고 보기 때문에 다각적 측면에서 조심스럽게 다루어 나가고 있는 것이다.

중국은 현재 개혁·개방 30년간 누적된 지역 불균형 문제가 심각한 상태

---

23 William Tow, "America' s Asia-Pacific Is Out of Kilter," *Current History*, 2007, September, pp. 281~282.

24 이기현, 「중국의 대북정책과 북중동맹의 동학」, 『JPI 정책 포럼』 15, 2011, p. 10.

이다.[25] 지난 시기 연해지역 중심의 개발·개방 정책이 집중적으로 추진된 데 반해 동북부, 서부지역에서 외부적 발전 공간 확보 노력이 미진했던 관계로 중국 내 지역 발전 격차는 갈수록 두드러지고 있다. 중국 동북지역은 동북아 중심부에 위치하여 역내 기술, 자본과 중국의 방대한 국내 시장을 연결할 수 있는 최상의 유리한 상황에 놓여 있었음에도 아직까지 지역적 우세를 충분히 발휘하지 못하고 있다. 이에 따라 중국 정부는 2003년부터 '동북노공업기지진흥전략'을 적극 추진하기 시작했고, 이러한 틀 속에서 2009년에는 국가 전략 차원에서 '창지투선도구개발전략'과 '랴오닝연해경제벨트개발' 등 지역개발 프로젝트를 추진하면서 국제협력을 이끌어 내고자 했다. 그러나 지구화 및 지역 경제 통합이 대세를 이루는 시점에서 이러한 지역개발 프로젝트는 동북아 역내 국가들과 긴밀한 협조와 협력 관계를 이끌어 낼 수 없을 경우 상당한 한계에 봉착하게 된다. 지역협력을 위해서는 역내 경제 행위자들 간에 비교적 높은 수준의 개방도 및 밀접한 경제적 연관성이 강조되어야 할 뿐만 아니라 이러한 경제 관계를 존속시킬 조화로운 정치 환경이 마련되어야 한다.[26] 국제사회가 동북지역 내지는 두만강 유역 경제개발에 줄곧 유보적 입장을 취하고 있는 것도 바로 한반도의 정치적 리스크가 해소되지 않은 것과 밀접한 연관이 있다.

(2) 두만강지역개발의 성과와 한계

두만강지역개발프로젝트TRADP에 포함된 지역은 주로 중국·북한·러시아 3

---

25 개혁 · 개방 이후 중국의 지역 불균형 문제에 관해서는 戴二彪,「中国における地域間所得格差の動向(1978~2008年)」, 国際東アジア研究センター, Working Paper Series, Vol. 7, 2010을 참조할 것.

26 박동훈,「두만강지역개발과 국제협력 : 중국 '창지투선도구' 건설의 국제 환경 분석」,『한국동북아논총』 57, 2010, p. 192.

개국이 인접하는 두만강 삼각주 지대이다.[27] 두만강지역은 지리적으로 유라시아대륙과 서태평양을 연결하는 핵심적 위치에 놓여 있기 때문에 이 지역개발은 동북아의 정치적 딜레마를 극복하고 역내 협력적 국면을 조성하기 위한 돌파구로 작용할 수 있다는 점에서 중요한 가치를 지닌다. 특히 1990년대 국제사회가 야심차게 추진해 온 두만강지역개발이 여전히 지지부진한 상태에 놓여 있는 상황에서 '일대일로' 전략은 이 지역개발을 위해 새로운 방법론적 대안을 제시해 준다고 평가할 수 있다.

우선 두만강지역은 역내 국가들의 상호 협력에 상당히 유리한 지리적 우위를 제공한다. 국가 간 상호 의존도가 갈수록 높아지는 상황에서 두만강지역은 서태평양과 유라시아를 연결할 국제운수통로International Transportation Corridor의 중추적 위치에 놓여 있기 때문이다. 예컨대 총길이 9,288km의 시베리아횡단철도TSR는 한반도의 동해선과 연결되고 서쪽으로 유럽을 경유하여 중동지역 각 국가들과 연결될 수 있다. 이럴 경우 희망봉 항운 노선에 비해 2분의 1의 거리를 줄일 수 있으며 운행 일수도 35일 단축시킬 수 있다.[28] 그 외에도 중국횡단철도TCR 등 철도선로도 국가 간 경제협력을 위해 거래 비용을 절감하는 등 무역·에너지·자원 개발 등 영역의 지역협력 추진을 위해 중요한 기능을 할 수 있다.

뿐만 아니라 생산 요소의 차원에서 두만강지역은 전체 아세아지역에서

---

27 좁은 의미에서 훈춘-경신, 포시에트-자루비노, 나진-선봉을 말하고, 넓은 의미에서는 일반적으로 중국 연길, 러시아 블라디보스토크, 북한의 청진 등 3개 도시를 정점으로 하는 이른바 '대삼각지역' 을 가리키며 그 면적은 약 1만 km^2에 달한다. 동 지역을 정점으로 동북아 6개 국가, 즉 중국 동북지역 · 극동러시아지역 · 한국 · 북한 · 일본 · 몽골 등을 망라할 경우 총 면적은 1,000만 km^2로 아시아 총 면적의 4분의 1을 차지하게 되고 인구는 3억 명에 달할 것으로 집계되고 있다. 윤승현, 『두만강지역의 신개발 전략과 환동해권 확대 방안』, 강원발전연구원, 2009, p. 10.

28 朴英姬, 「韩国 · 朝鲜及东北亚铁路连接与物流合作」, 王胜今 · 朱显平 主编, 『图们江区域合作开发研究』, 长春 : 吉林人民出版社, 2010, p. 325.

도 지하자원·해양자원 등 자연자원이 풍부한 지역 중 하나이다. 러시아·몽골·북한은 모두 광물성 자원이 풍부한 국가들이고, 특히 북한은 양질의 노동력도 갖고 있다. 중국 또한 동북3성지역은 농업 분야에서 비교 우위를 갖고 있고, 대규모 국가 개발 정책에 힘입어 자본 투자 측면에서도 상당한 우세를 보이고 있다. 그 외 한국과 일본은 비록 천연자원이 극히 결핍한 나라이지만, 고부가가치 산업을 성공적으로 발전시켜 첨단 기술 능력과 자본력이 뛰어난 국가이다. 요컨대 두만강 유역 역내 각 국가들은 생산 요소의 비교 우위를 충분히 활용할 수 있는 잠재적 공간을 확보하고 있다.

두만강지역개발의 역사를 간추려 보면, 1991년 UNDP 주도로 뉴욕 UN 본부에서 '두만강지역개발프로젝트'가 공식 천명되었고, 2003년 중국 동북노공업기지진흥계획과 함께 2005년 대두만강지역협력GTI이 재차 추진되었다. 초창기부터 동 지역에 300억 달러를 투자하여 중·북·러 3국의 접경지역인 두만강 삼각주를 '동북아의 홍콩, 로테르담 또는 싱가포르'로 건설할 것이라는 방대한 구상을 제시한 바 있다. 물론 두만강지역개발은 근 30년간의 추진 과정을 통해 기반 시설 건설, 초국경 관광업, 물류 네트워크, 대외개방도 등 영역들에서 나름대로 성과를 거두어 왔다.[29] 그러나 두만강 삼각지대를 '동북아의 홍콩, 로테르담'으로 건설하겠다던 UNDP의 애초 계획과 비교하면 거리가 먼 것 또한 사실이다. 현재의 수준에서 두만강지역협력은 여전히 초기 단계에 머물러 있다 해도 과언이 아니다.

UNDP 주도로 추진된 TRADF가 여전히 답보 상태에 놓여 있고 2003년 동북노공업기지진흥계획과 함께 2005년 대두만강지역협력GTI도 재차 추진되었음에도 불구하고 주변국들의 시각은 여전히 관망적이었다. 이에 따라 중국은 우선 일국적 차원에서 적극적으로 지역개발을 강행하여 궁극적으로

---

29 이에 관해서는 윤승현, 앞의 책 참조.

국제협력을 이끌어 내겠다는 구상의 일환으로 2009년 8월 30일 『중국 두만강지역 협력 개발 규획 강요 : 창지투개발·개방선도구를 중심으로图们江中国图们江区域合作开发规划纲要 : 以長吉圖爲開發開放先導區』(이하 '창지투선도구전략')를 인준한다. 특히 '창지투개발·개방선도구'라는 부제를 명시함으로써 중국이 제시한 이번의 두만강지역개발은 기존의 그것과 차별화된다는 점을 시사하면서 국제사회의 주목을 받았다. 창지투선도구전략은 주로 훈춘珲春지역을 대외 개방의 창구로, 옌지延吉-룽징龙井-투먼지역을 전초지로, 창춘长春-지린吉林지역을 성장 엔진으로, 그리고 동북 전역을 선도구 전략 추진을 위한 발판으로 삼는다는 구상을 갖고 있었다. 창지투선도구전략을 기반으로 궁극적으로 동북지역 개방을 위한 새로운 관문을 개척한다는 것이 이 프로젝트의 총체적 그림이었다. 다시 말해서 중국 지린성지역의 잠재력을 충분히 발휘하여 한국·일본 등 국가들을 상대로 해외자본 유치를 강화함과 동시에 연해지역과 내륙지역의 역동 관계를 조성하여 궁극적으로 동북지역의 전면적 대외 개방의 새로운 국면을 맞이한다는 것이다. 이에 따라 창지투선도구전략은 옌볜沿邊지역개발·개방의 새로운 모델 모색, 동북노공업기지 진흥 촉진, 동북아지역협력의 강화, 지린성 사회·경제 발전의 가속화를 실현할 것이라는 전략적 목표를 제시했다.[30]

2010년부터 본격적으로 추진된 창지투선도구전략은 국가 전략의 차원으로 승격되면서 금융, 재정, 외교를 아우르는 다양한 측면에서 국가적 지원이 강화되었다. 또한 기존의 두만강지역개발 경험과 교훈에 기반을 둔 이번 창지투선도구전략은 추진 과정에서 다음과 같은 사항에 초점을 맞추었다.

첫째, 국익을 근본 출발점으로 두만강지역개발을 국가 전략의 수준에서 접근하고 역내 국가들에 비해 보다 선도적으로 참여해 나섬으로써 지역개

30 吴昊·闫涛,「长吉图先导区：探索沿边地区开发开放的新模式」,『東北亞論壇』2, 2010.

발에서 이니셔티브를 확보하고자 하였다. 이제는 국제협력의 기회를 앉아서 기다리기보다 더욱 적극적인 태세로 기회를 선점하고 지역개발을 주도함으로써 국제사회의 공동 참여를 이끌어 내겠다는 의도인 것이다.[31] 둘째, 산업 발전 전략의 측면에서 국내외 산업 유치와 산업 공간 구조의 합리적 배치에 역점을 두었다. 산업을 규모화, 고도화, 생태화 방향으로 육성한다는 것이다. 또한 두만강지역에서 자원 우위를 갖고 있는 주도 산업과 관련된 산업기지를 건설하여 산업 구조 고도화를 실현하고자 했다. 셋째, 항만, 철도, 고속도로, 통상구 건설을 포함하는 국제 물류 통로 건설을 중점 사업 중 하나로 추진하고자 했다. 동북지역을 관통하는 국제 대통로를 구축하는 것은 창지투지역이 두만강 국제협력에 참여할 수 있는 중요 경로이기 때문이다. 국제 통로 개척 프로젝트는 주로 중국, 러시아, 한국, 몽골, 일본 등 국가들을 합종연횡으로 연결하고자 하는 데 있었다.

그러나 중국이 창지투선도구전략을 성공적으로 추진하기 위해서는 북한과의 협력이 필수였다. 따라서 창지투 규획을 국가 전략으로 격상한 이후 북·중 양국은 국경지역개발을 중심으로 밀접한 경협 관계를 발전시켜 나가기 시작한다. 중국으로서는 북한의 개방적 자세를 이끌어 내어 동북아지역 협력 국면을 이끌어 냄으로써 동북아지역에서 주도권을 확보하겠다는 의도가 있었고, 북한의 경우에도 제2차 핵실험 이후 경제 강국 건설, 후계 체제 구축 등 내부적으로 대외 협력의 필요성이 증대되고 있는 상황이었다. 이 와중에 중국의 동북지역개발 프로젝트가 하나의 유인이 되었다고 볼 수 있다. 특히 양국은 경제 무역에만 집중했던 기존 형식을 벗어나 황금평경제지

31 이와 관련된 내용은 吉林省人民政府, 「国务院调研组为图们江地区合作开发献计献策」, http://www.jl.gov.cn(2016년 8월 21일 검색) ; 石明山, 「长吉图开发开放先导区打造东北新增长极」, 『科学时报』, 2009. 9. 21 참조.

대 개발과 나선경제무역구 공동 개발 등 지역 공동 개발 또는 산업협력의 차원에서 양자 경협이 보다 강화되는 모습을 보였다.[32] 그럼에도 지난 몇 년 간 추진된 북·중 경협의 내면을 들여다보면 서로 간 협력의 동기, 방법, 이행 등에서 문제점들이 존재했다.

첫째, 협력 동기의 측면에서 볼 경우 2009년 후반기에 들어서면서 중국의 대북정책은 북한의 체제 안정과 체제 개혁에 목표를 두는 경향을 보였다. 중국 지도부는 2010년 북한 김정일 위원장과의 정상회담에서 이례적으로 대외 개방 및 개혁·개방과 같은 중국의 경험을 직접 거론했고 또한 구체적인 경협 과정에서는 공동개발지대 개발과 협력 기제의 정착을 우선시하고자 했다. 그러나 북한은 '민생 개선'에 집중하겠다는 의사를 보이면서 부분적 개혁 조치들을 취하면서도 '개혁·개방'이라는 중국식 표현에는 항상 민감한 반응을 보였다.

둘째, 협력의 구체적 방법에서도 양국은 시각적 차이가 존재했다. 북한은 '경제 회생'이라는 명목하에 자본 확보가 절실했는데 이는 경제도 자국식의 '속도전'을 진행하려는 북한 엘리트들의 실적 중심 사고방식이 반영된 것이라고도 볼 수 있다. 이에 따라 북한은 중국에 차관 형식의 대규모 대북 원조를 기대한 것으로 추정된다. 그러나 중국 정부는 '정부 인도政府引導, 기업 위주企業爲主, 시장 운영市場運作, 호혜 공영互惠共營'의 원칙하에 정부가 법제도적 투자 환경을 개선하고 주로 기업들이 북한 사회에 주도적으로 투자하는 방식을 취했다. 기업들의 대북 투자가 늘어날 경우 점차적으로 북한의 제도적 개선 문제가 제기될 것이고, 이럴 경우 북한도 이에 긍정적 방향으로 대응할 수밖에 없다는 내부 압력이 생기기 때문에 어찌 보면 중국은 북한의

32 이 시기 북·중 경협 실태에 관련해서는 박동훈, 「동북3성과 한반도 경협의 비전과 과제 : 한중 전략적 협력 관계 내실화의 관점에서」, 『통일과 평화』 5(2), 2013, pp. 26~53을 참조할 것.

변화에 궁극적 목표를 둔 것으로 평가할 수 있다.

셋째, 실제 협력 행태에서도 차이를 나타냈다. 앞에서 논의했다시피 북한의 투자 유치 항목은 인프라, 경공업, 광산 등 광범한 영역을 아우른다. 그러나 중국 기업들의 시각에서는 북한의 정책·정치적 리스크를 항상 고려하지 않을 수 없기 때문에 자본 회수가 빠르고 수익률이 높은 광산업에 보다 많은 관심을 갖게 되었다. '자주적 노선'을 견지하는 북한으로서는 북·중 경협에서 광산 개발이 지나치게 높은 비중을 차지하는 것이 상당한 부담감으로 다가올 수밖에 없었다. 결국 2012년 김정은 체제가 들어서고 또다시 핵·미사일 프로그램을 추진하기 시작하면서 국제사회의 대북 제재가 심화되는 가운데 북·중 간 경협의 대부분이 중단 상태에 빠지게 되었다.

이러한 점들을 고려할 때, 두만강지역개발이 본질적 발전의 계기를 맞이하려면 주로 다음 과제들을 극복해 나가야 한다. 첫째, 가장 중요한 문제는 바로 국제정치 환경의 개선이다. 현재의 국제정치 환경을 분석해 보면, 두만강지역개발은 상호 협력적 공간이 날로 확대되고 있음에도 불구하고 역내 정치 체제의 비대칭적 해소로 인해 국가 간 불신과 정치적 갈등이 공존하며 또한 이는 국가 간 경제협력에 항상 제약 요인으로 작용하고 있다. 현존 협력과 안보 측면의 선순환 고리를 형성하여 궁극적으로 불안정 국면을 돌려세우고, 국가들로 하여금 두만강 국제협력에 보다 적극적으로 참여할 수 있도록 하는 것이 현재 역내 국가들의 공통의 사명이자 책임이라 할 수 있겠다. 둘째, 동북아 경제의 이른바 황막지대荒漠地帶로 불릴 만큼 두만강지역은 사회 기반 시설이 낙후하고 공업 발전 수준이 낮기 때문에 역내 선진국들의 두만강지역 국제협력에 대한 참여를 충분히 이끌어 내기 어려웠다. 특히 안보 리스크가 항상 중요한 고려 사항으로 작용하는 가운데 투자자들의 적극적 참여를 이끌어 내는 것 또한 한계가 있다. 셋째, 두만강지역개발이 20여 년간 추진되었음에도 사회적·지역적 공감대를 충분히 이끌어 내지 못한 것도 중요 변수로 작용한다. 민·관·학 다자간 협력 기제가 구축되지 못하고, 정책 투입과 산출의 측면에서 선순환적 구도를 형성하지 못했다.

5. 결론 : 동북3성과 한반도 연결 고리 강화를 위한 제안

동북아지역은 세계 5대 세력 중 미, 중, 일, 러 등 4대 강국의 전략적 이익이 교차되는 지역이다. 글로벌 금융위기 이후 동북아 정치 구도는 새로운 변화를 경험하면서 전략적 중요성도 증대되고 있는 추세이다. 그러나 동북아 안보 형세는 갈수록 복잡해지고, 국가 간 정치적 신뢰 결여로 국제협력은 갈수록 어려워지고 있는 상황이다. 어떻게 하면 안보 딜레마를 해소하고 상호 간 협력 구도를 형성해 낼 수 있을 것인가는 역내 각국의 공통된 사명이 되고 있다. 어찌 보면 한반도와 중국 동북3성 간의 소지역적subzone 협력을 이끌 새로운 창조적 사고가 절실한 시점이라 할 수 있다. 이런 의미에서 두만강지역 국제협력은 중요한 의미를 지닌다.

두만강지역은 지리적으로 동북아 중심 위치에 놓여 있으며, 역사적으로도 동북아 실크로드의 요충지이기도 했다. 중국 주도의 두만강지역개발 전략 추진 이후 중·러, 북·중 간 초국경 경협이 상당한 성과를 이루어 냈지만, 미국의 '아·태 귀환 전략' 및 북한의 연이은 핵 도발로 역내 경제협력, 특히 북·중 간 중요 경협 사안들은 정체 상태에 빠지게 되었다. 이는 정치적 요인이 두만강 국제협력에 부정적 영향을 미치고 있음을 보여 주는 대표적 사례이다. 따라서 역내 발전 잠재력 발굴을 통한 협력 동기 부여, 서로 간의 전략적 우려 해소와 공동 건설을 기반으로 견고한 협력 기제를 창출하는 것은 두만강지역 국제협력이 직면한 공통 과제라 할 수 있다.

이런 맥락에서 중국이 제시한 '일대일로' 전략은 진일보된 개방과 협력, 화해와 포용, 시장 운영, 호혜 공영의 원칙에 기반을 둔 대전략이라는 점에서 두만강지역 국제협력에 시사하는 바가 크다. 특히 기반 시설, 제도와 규범, 인적 교류 등 삼위일체의 전방위적 협력을 통해 경제, 정치, 안보, 인문 영역의 상호 연계와 소통을 강조하고 있기에 두만강지역 국제협력에 새로운 방법론적 대안을 제시하고 있다. 환언하면, 두만강지역은 상이한 문화, 제도, 이념들이 교착된 지역으로 진정으로 역내 잠재력과 지역적 우세를 발굴하여 이를 지역 경쟁력으로 전환시키려면 우선적으로 지역 공감대를 형성해야 한다. 따라서 지역협력과 교류의 지평을 보다 넓히고, 평화와 공동 번영, 개방적이고 자유로운 협력 환경을 조성하는 것이 중요하다. 이래야만 궁극적으로 정치적 상호 신뢰, 경제적 통합, 문화적 포용의 두만강 운명 공동체를 만들어 낼 수 있을 것이다.

신지정학적 시각에서 본 '일대일로'의 함의를 바탕으로 두만강지역개발에 다음의 시사점을 제시하고자 한다. 첫째, 다자간 협력을 위한 동기부여 : 다자간 경협 항목 개발의 필요성. 두만강지역개발이 지난 시기 과도하게 국가 중심적 접근을 시도함으로써 국가 간 이해관계 조율이 어려웠다는 점을 감안하여 무엇보다 공동 개발 지역을 플랫폼으로 네트워크적 연계를 구성해 나가는 것이 중요하다. 북-중-러, 남-북-중, 남-북-러 또는 4자 간 경협 모델을 대안으로 고려하는 것이 바람직할 것이다. 이러할 경우 북한과의 경협에 중국과 러시아의 이해관계를 반영함으로써 북한의 도발적 행태 또는 협의 파기 시 북한이 지불해야 하는 비용을 증대시키는 효과를 볼 수 있을 것이다. 무엇보다 각 참여국들의 이익이 공동으로 반영될 수 있는 협력 사례를 개발함으로써 다자간 협력을 위한 동력을 부여하는 것에 치중할 필요가 있다. 이를 위해서는 '공동 협상, 공동 건설, 공동 이익'의 원칙하에 우선적으로 참여국 민간, 중앙(지방)정부의 두만강지역개발 기본 의향을 파악하고, 자국 발전 수요와 기타 국가들 간의 발전 수요를 연동시킴으로써 다자간 협력 사례, 협력 방식 등을 고안해 내야 할 것이다. 추가적으로 자원·에너지 영역에 대한 과도한 편중을 지양하고, 사회 인프라, 환경 관리, 관광 등 영역들에서 돌파구를 찾을 필요가 있다.

둘째, 협력-소통 기제 구축 : 두만강지역 정·산·학 협력 네트워크 건설. 지구화, 정보화 시대 국제협력 주요 행위자는 국가뿐만 아니라 개인, NGO, 기업과 같은 비국가 행위자들의 역할도 갈수록 강화되는 추세를 보이고 있다. 비국가 행위자들은 정보의 공유와 확산을 통해 국경을 초월하는 네트워크를 구축하고 각국의 대내외 정책에 '소통과 참여 그리고 행동'을 통한 영향력을 행사하고 있다.[33] 이러한 점으로 미루어 볼 때 정부, 기업, 연구 기관 등 세 가지 성격의 기관들이 주체가 되어 다각적 협력 네트워크를 수립할 필요가 있다. 우선 국내적 차원에서 정·산·학 혁신 체제가 수립되어야 한다. 중국은 두만강지역협력을 이미 20여 년간 추진해 왔지만, 정보 소통 기제는 여전히 상당히 취약한 수준에 놓여 있다. 협력 방식에서 주로 '정부 인도, 기업 위주, 시장 운영, 호혜 공영'의 원칙을 유지하고 있지만, 신경중추로서의 정부 기관은 아직 체계화된 정보 소통 구조를 이루지 못했고, 기업에 대한 정보 제공 및 기업 정보 피드백 통로 또한 협소하기 때문이다. 다음으로 국제적 수준에서 2005년 공식 출범한 GTI가 2016년 공식 정부 간 국제기구로 승격했지만 어디까지나 국가 간 거시적 정책 교류를 목적으로 한다는 점에서 한계가 있다. 즉 정부 간 협력이 주를 이루다 보니 역내 연구 기관, 기업 리더들 간의 다각적 협상 및 교류 기제가 형성되지 못하고 있는 것이다. 따라서 정부 관료, 기업 리더, 사회 엘리트들이 포함되는 대화 기제, 정보 교류를 위한 플랫폼을 구축함으로써 상호 협력, 정보 교류를 강화해 나갈 필요가 있다.

33 김태환, 앞의 논문, pp. 148~149.

셋째, 민심 기반 구축 : 공공 외교 전략 추진. 두만강 국제협력은 지금까지 관방 주도의 협력 방식이 주를 이루었다. 또한 기업 자체가 이익 추구 본질을 버릴 수 없기에 경제 문제의 정치화 경향을 피하기 어렵다. 환언하면 두만강지역 국제협력은 아직 국가중심주의를 기반으로 한 전통 외교 방식을 취하고 있다는 것이다. 두만강지역은 상이한 문화, 제도, 이념이 교착된 지역으로 경협, 문화·인문적 교류 역시 험난한 시련과 수없이 반복되는 고통을 감수해야 한다. 따라서 이른바 '정치 병목' 현상을 극복하기 위해 인문 교류를 지역협력 추진의 중요 수단으로 활용할 필요가 있다. 시대적 발전과 더불어 사회 및 여론이 국가 외교 정책에 미치는 영향이 갈수록 증대되고 있기 때문이다. 또한 인문 교류는 국가가 현실적으로 해결하기 어려운 외교 현실들을 해결해 나가는 중요 경로이기도 하다. 따라서 문화, 경제, 정치와 사회적 교류 등 다중적 형식을 통해 지역협력을 위한 민심 기반을 다져 나가는 것이 무엇보다 중요하다.

제III부

중국 동북지역과 환동해지역 간의 경제 관계

제5장

중국 동북3성과 러시아 극동지역·북한의 경제 관계*

주용하오朱永浩

1. 머리말 : 왜 중국 동북3성에 주목하는가?

이 글의 분석 대상은 랴오닝성, 지린성, 헤이룽장성으로 구성된 중국 동북3성이다. 동북3성의 면적은 78만 8,000km²이고, 인구는 1억 986만 명(2014년 말 기준)으로 중국 총인구의 8.02%를 차지하고 있다. 2014년 중국 동북3성의 지역내총생산GRDP은 5조 7,469억 중국 위안화(9,356억 달러)에 달하는데, 이것은 중국 국내총생산GDP의 9.03%에 상당한다.[1]

중국 동북3성은 풍부한 지하자원과 광활한 농지의 풍부한 자원을 갖고 있을 뿐만 아니라 역사를 거슬러 보면 중국 및 제정 러시아, 일본 제국 등 열강의 이해관계가 복잡하게 뒤얽히는 지점이었다. 제2차 세계대전 중과 세계대전 이전의 동북3성은, 특히 일본과 관계가 깊고 만주 개척 이민자도 많이 체재했던 곳으로 알려져 있다.

제2차 세계대전 후 석유와 석탄 등 지하자원을 배경으로 구'만주국' 시대

* 이 글은 JSPS科研費에 의한 연구 성과의 일부이다(「中ロ国境地域経済の変容に伴う越境輸送高度化と北東アジアへの含意」, 課題番号 JP16K01972).

1 中国国家統計局, 『中国統計年鑑』, 2015.

의 많은 공업 시설을 인수한 동북3성은 1950년대부터 1960년대에 걸쳐서 공작 기계, 석유 화학, 자동차, 조선 등 중공업 산업이 집적되었다. 특히 국유 기업이 동북3성 경제에서 지배적이었기에 사회주의 계획경제기에는 중국 중공업 발전의 주역이 되었다. 그러나 중국과 소련 간의 대립이 심화됨으로써 안보상의 관점에서 중·소 국경지역에 대한 중점 투자를 기피하기도 하여, 개혁·개방 이후 동북3성은 계획경제에서 시장경제로 순조롭게 이행하지 못한 채 중국 남부 연해 성들에 비해 저성장을 보였다. 1990년대 초반에는 공업 생산이 곤란한 국면에 직면하고 경제적으로 뒤떨어진 동북3성의 경제 상황은 종종 '동북 현상'[2]이라 불리었다.

21세기에 들어서자 다시 상황은 달라졌다. 중국 정부가 경제 발전 주기를 만들지 못하고 있던 동북3성 개발에 적극적으로 나선 것이다. 그 계기가 된 것이 2003년에 착수한 '동북지구 등의 구공업기지 진흥전략'(이하 동북진흥전략)이다. 동북진흥전략의 주요 목적은, 공업 분야에서는 중공업을 기반으로 하면서 근본적인 국유 기업 개혁과 경제적인 대외 개방을 추진하여 비효율적이면서 자원 다소비형인 산업구조를 전환하는 것이고, 농업 분야에서는 광대한 농지를 활용해 발전을 도모하는 것이다.

한편 오랫동안 대립 관계에 있던 중·러 관계의 개선과 한·중 국교 수립 등으로 중국과 동북아 국가들의 협력 관계가 정치·경제적으로 심화되는 가운데, 동북진흥전략은 동북아 국가들[3]과의 경제협력을 확인할 수 있게 되었다. 동북3성은 러시아, 북한과 인접하고 있으며, 북한 너머로 한국, 동해를 끼고 일본이 있다. 이러한 지리상의 특징과 최근의 '외부'로 나아가는 전략

---

2 金鳳徳,「遼寧に希望をかける」, 小川雄平編,『中国東北の経済発展: 九州との交流促進をめざして』, 福岡 : 九州大学出版社, 2000, p. 137.

3 이 글에서 말하는 '동북아' 란 대한민국(한국), 조선민주주의인민공화국(북한), 일본, 몽골, 러시아 극동지역, 중국 동북3성의 6개국 · 지역을 대상으로 한다.

하에서의 경제성장을 배경으로 중국에서는 동북3성을 기점으로 한 동북아 접근에 대한 중요성이 커지고 있다. 동북아 경제협력의 '결절점'으로나 거대한 소비 시장으로 보더라도 외부의 힘에 의해 경제 발전을 해 온 전쟁 전의 경위와 달리 중국이 스스로 동북3성을 동북아를 향한 창구로 하여 적극적으로 주도권을 발휘하고 있는 것이 현재 실태이다.

게다가 주변외교의 새로운 전개로 2013년에는 시진핑 정권이 '일대일로' 구상(실크로드경제벨트와 21세기해상실크로드)을 제창했다. 일대일로 구상은, 중국에서 중앙아시아를 지나는 '실크로드경제벨트', 동남아를 지나는 '21세기해상실크로드'를 통해 중국과 중앙아시아, 유럽을 연결한다는 내용이다. 그러나 실제로는 풍부한 자금력을 배경으로 중국 주도하에 아시아인프라투자은행AIIB을 설립하고 인프라 투자의 가속을 꾀함으로써 주변국과의 경제협력을 강화하고 외부에 대한 영향력(안정적인 자원 확보, 무역의 활성화 등)을 확대해 나가는 새로운 국제화 전략을 상징하는 용어가 되었다.

중국 동북3성의 각 성들도 일대일로 구상에 따라 에너지, 물류, 무역, 관광 등의 분야에서 '동북아 국제 경제 교류의 창구'로서 중요한 역할을 하고자 한다. 이를테면 러시아 극동(또는 북한)의 항만을 경유하는 국제복합일관수송 루트의 개척 등이다.

이 글에서는 앞서 다룬 배경을 토대로 하여 중국 동북3성의 관점에서 동북진흥전략 실시 이후의 경제 개황을 정리한 후 대외무역 현상을 분석하기로 한다. 이어서 러시아 극동지역과 북한을 중심으로 한 동북아 국가들의 경제 관계에 관한 진척 상황을 고찰한 후, 동북3성과 동북아 국가들의 경제 교류 확대를 위한 과제와 가능성을 제시하고자 한다.

2. 동북진흥전략과 최근의 동북3성 경제

(1) 동북진흥전략의 제기

중화인민공화국 성립 후 사회주의 체제하의 동북3성에서는 소련형 지령 경제 도입과 중공업 우선 정책을 실시해 온 결과, 구'만주국' 시대에 형성된 중공업 중심의 산업구조가 거의 변화하지 않은 채 석탄, 철강, 기계 등의 중공업에 대해 경사적이면서 중점적으로 투자가 이뤄졌다. 또한 1950년대부터 유전을 탐사한 결과 다칭大慶, 지린吉林, 랴오허遼河의 3대 유전이 동북3성에서 발견된 후 원유 생산 능력이 확대되고 동북3성은 중국에서 가장 중요한 산유 지대가 되었다. 이러한 대규모 유전의 발견으로 동북3성은 중국 중화학 공업기지로 바뀌었다.[4]

그러나 개혁·개방 이후 중국의 시장경제화가 진행되는 가운데, 자원 개발 및 중공업 산업에 의존하는 동북 경제는 시장경제화의 흐름에 적응하지 못한 데다가 국유 기업의 경영 부진이 맞물려 심각한 경제 정체에 빠지게 되었고, 이에 따라 도시의 실업 문제도 드러나기 시작했다. 중국의 중공업 기지로서 동북3성이 가진 우위성이 저하되어 결과적으로 광둥廣東성, 장쑤江蘇성, 산둥山東성, 상하이上海시 등 연해부에 뒤처지게 되었다. 그 예로 동북3성의 랴오닝성과 광둥성을 비교해 보면, 1978년에 랴오닝성의 GRDP가 광둥성의 129%, 공업 생산 총액이 동 193%였지만 25년 후인 2003년에는 각각 44%, 39%의 수준까지 떨어졌을 정도였다.[5] 또한 동북3성(특히 내륙성인 지린성, 헤이룽장성)의 대외 개방은 냉전이 종료될 즈음부터 모색되기 시작했

4 朱永浩,『中国東北経済の展開：北東アジアの新時代』, 東京：日本評論社, 2013, pp. 41~43.

5 中国国家統計局,『新中国50年統計資料彙編』, 2004 ; 中国国家統計局,『中国工業経済統計年鑑』, 2004 ; 中国国家統計局,『中国統計年鑑』, 2004.

으나, 결과적으로 연해부에 비해 뒤처지게 되었다.

이러한 경제 정체에 빠진 동북3성에 전기를 가져온 것은 후진타오-원자바오 체제로, 그 시기는 2002년으로 보인다. 2002년 11월에 개최된 중국공산당 제16차 전국대회에서는 "동북지구 등 구공업기지의 조정과 개조, 자원형 도시의 산업구조 조정을 지지한다"는 기본 방침을 내세웠다. 그러다 동북3성은 2003년 10월에 개최된 중국공산당 제16기 중앙위원회 제3차 전체회의에서 일약 각광을 받게 된다. 이 회의에서는 '동북지구 등 구공업기지 진흥전략 실시에 관한 약간의 의견'이 채택되었다. 이에 따라 조직 면에서는 그해 12월 원자바오溫家寶 총리(당시)를 톱으로 한 '국무원 진흥 동북지구 등 구공업기지 지도그룹'이라는 동북진흥전략의 정책 결정 기관이 설치되었다. 또한 2004년 5월에는 정책 입안에 해당하는 '국무원 진흥 동북지구 등 구공업기지 지도그룹 판공실'도 설립되었다. 이 판공실은 종합 계획, 정책 체제, 공업, 관련 산업의 4부서로 구성되었다. 이 새 조직의 설치를 통해 동북진흥전략과 관계되는 정책 연구와 입안, 지원 체제가 정비되었다.[6] 그 후 동북진흥전략은 본격적인 실시 단계에 접어들면서 국유 기업 개혁과 투자 촉진 등을 골격으로 하는 동북3성 관련의 지원과 진흥책이 강력하게 추진되고 있다.[7]

2007년 8월에는 중국 정부가 중장기 경제 발전 목표를 담은 '동북지구진흥규획'을 발표했다. 동북진흥전략을 한층 더 구체화하기 위해서 '랴오닝연해경제벨트발전계획'(2008), '중국 투먼圖們강지역협력개발계획요강 — 장길도長吉図개방개발선도구'(2009), '헤이룽장과 네이멍구동북부지역·국경지역개

6 2008년 7월 중국 정부 부문 조직 개혁과 함께 '동북진흥판공실'이 '국가발전개혁위원회 동북진흥사'로 변경되었다.

7 자세한 내용은 朱永浩, 앞의 책, pp. 100~101 참조.

발개방규획'(2013) 등의 구체적인 지역 진흥책이 잇따라 국가급 프로젝트로 승인되었다. 이러한 진흥책의 내용은 모두 동북아 국가들과 경제협력 추진을 포함하고 있다는 점으로 보아, 동북3성의 대외경제 개방에 동북아와의 경제 관계 강화가 중시되고 있음을 알 수 있다.

시진핑-리커창 체제 발족 이후 리커창 수상이 2013년 7월에 동북부의 지역발전 종합전략을 책정하는 '지도그룹'의 톱에 취임하여, 동북진흥전략 실시를 통괄 관리하게 되었다. 2014년 8월 중국 정부는 '최근의 동북진흥 지원에 관한 약간의 중대정책 조치에 관한 의견'을 발표하였는데, 그 안에서 ① 시장 활력 증진, ② 국유 기업 개혁의 일층 심화, ③ 기술혁신 주도형의 발전, ④ 산업 경쟁력의 전면적 강화, ⑤ 농업의 지속 가능한 발전 능력의 강화, ⑥ 도시 기능의 정비 강화, ⑦ 인프라 정비 추진, ⑧ 민생 보장과 개선, ⑨ 생태환경 보호 강화, ⑩ 동북아지역 및 선진국에 대한 개방과 협력, ⑪ 재정, 금융, 투자 등 분야에서 행정 시스템 정비 등 35항목의 구체적 대책을 내세웠다. 이 새로운 동북진흥전략의 추진 지침은 중요도가 높은 정책 분야의 큰 틀은 바꾸지 않은 채 보다 상세하게 구현한 것이라고 할 수 있다.

(2) 동북3성의 경제구조

동북진흥전략 실시 이후 그림 1에서 보이는 바와 같이 동북3성 경제는 눈에 띄게 성장했다. 헤이룽장성은 2002~2012년의 11년 연속, 랴오닝성은 2002~2011년의 10년 연속, 지린성은 2003~2012년의 10년 연속으로 두 자릿수 성장을 기록했다. 그리고 2013년 동북3성의 GRDP 실질 성장률은 모두 한 자릿수 성장에 그쳤지만 전국 평균치(7.7%)를 웃돌았다.

한편 중국 경제가 안정적인 중성장 실현을 목표로 하는 '신상태new normal'가 정착되는 가운데 2014~2015년의 동북3성 경제는 타 지역에 비해 성장 둔화가 현저했고, 2015년의 경제성장률은 랴오닝성이 3.0%, 지린성이

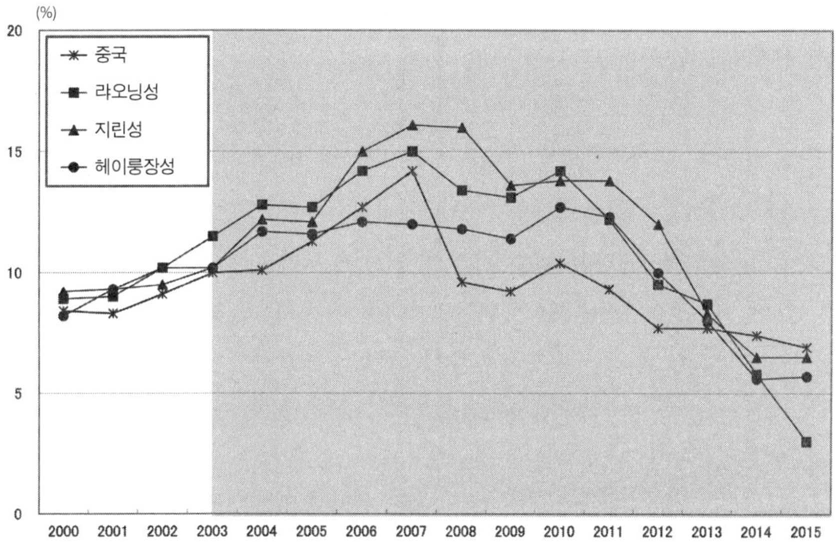

* 中国国家統計局(각 연도별) 참고

그림 1 동북3성 실질 경제성장률의 추이(2000~2015년)

6.5%, 헤이룽장성이 5.7%로, 3성 모두가 전국 평균치(6.9%)를 밑돌면서 경제성장이 둔화 경향을 보였다.

2015년의 1인당 명목 GRDP을 보면, 랴오닝성이 6만 5,521위안(미 달러로 환산하면 1만 520달러), 지린성이 5만 1,852위안(동 8,327달러), 헤이룽장성이 3만 9,352위안(동 6,318달러)이다. 헤이룽장성을 제외하면 랴오닝성과 지린성이 전국 평균인 4만 9,351위안(동 7,925달러)을 웃돌았다.

한편 2014년의 동북3성 GRDP을 토대로 한 투자 형성 기여율은 랴오닝성이 61.0%, 지린성이 70.6%, 헤이룽장성이 61.8%로 전국 평균(45.9%)을 대폭 웃도는 것으로 보아, 동북3성의 경제성장이 투자에 크게 의존하고 있다는 것을 알 수 있다.[8]

동북3성의 경제구조는 중국 전체와 비교하여 두 가지 특징을 갖고 있다.

그중 하나는 농업 부문이 중요한 위치를 차지한다는 점이다. 2000년 이후의 산업별 구성비를 보면, 중국은 제1차 산업의 비율이 서서히 저하하는 경향을 보이는 가운데 동북3성인 지린성과 헤이룽장성은 여전히 높은 비율을 유지했다. 구체적으로는, 2014년 동북3성의 식량 생산량은 1억 1,529만 톤에 달하는데, 이것은 전국 총 생산량의 19.0%에 상당한다. 이 중 헤이룽장성이 성·자치구·직할시 중 전국 수위인 6,242만 톤, 지린성이 동 4위인 3,533만 톤, 랴오닝성이 동 14위인 1,754만 톤이다. 특히 동북3성의 벼(쌀) 생산량(3,290만 톤)은 전국 점유율의 15.9%, 옥수수 생산량(7,247만 톤)은 동 33.6%, 콩류 생산량(551만 톤)은 동 33.9%를 차지했다. 중국에서 동북3성이 차지하는 총인구 비율(8.02%)과 비교하면 중국의 식량 안보 면에서 동북3성이 가장 중요한 지역이라고 평가할 수 있다.

두 번째 특징은 공업을 중심으로 하는 제2차 산업의 비율이 높다는 점이다. 최근 제3차 산업이 늘어나면서 상대적으로 저하되고는 있으나(2013~2014년의 헤이룽장성을 제외하면) 동북3성에서는 제2차 산업의 비율이 가장 높다. 특히 랴오닝성에서 제2차 산업이 차지하는 비율은 2004년을 제외하면 한결같이 전국 평균을 웃돈다.

고도 성장에서 전환기로 변화된 중국 경제의 산업구조 속에서 다음 경제성장의 주역으로 기대 받고 있는 제3차 산업은 2013년에 처음으로 제2차 산업을 제치고 최대 점유율을 차지했다. 한편 좀처럼 제3차 산업의 시장점유율을 늘리지 못하는 것이 동북 경제의 현 상태이다. 특히 랴오닝성, 지린성에서는 2014년 제3차 산업의 점유율이 각각 41.8%, 36.2%로, 전국 평균인 48.1%보다 상당히 낮다. 이는 제2차 산업의 성장이 큰 반면 중국 전국

8 中国国家統計局의 『中国統計年鑑』(각 성 통계국, 각 연도별) 자료에 의한 것으로, 이하 본 항 자료의 출처는 주 8과 같다.

평균에 비해 동북3성의 제3차 산업이 상대적으로 저성장이었다는 것을 보여 준다.

(3) 동북3성 대외무역의 특징

동북진흥전략 실시 이후 경제성장과 더불어 동북3성의 대외무역도 2014년까지 대폭 증가했다. 2014년 동북3성의 수출액은 818.8억 달러인데, 이 중 랴오닝성이 2003년의 4.0배에 상당하는 587억 6,000달러, 지린성이 당해의 2.7배인 57억 8,000달러, 헤이룽장성이 당해의 6.0배인 173억 4,000달러였다. 그리고 동북3성의 수입액은 973억 6,000달러인데, 이 중 랴오닝성이 2003년의 4.6배에 상당하는 552억 달러, 지린성이 당해의 5.1배인 206억 달러, 헤이룽장성이 당해의 8.8배인 215억 6,000억 달러로 지린성과 헤이룽장성은 수출입 모두 최고 금액을 기록했다(그림 2).

한편 동북3성의 수출과 수입의 전국 점유율은 각각 3.5%, 5.0%였다. 이는 동북3성의 GRDP 점유율 9.03%와 비교해도 거의 절반 수준으로, 경제규모에 비해 상당히 적다는 것을 알 수 있다. 특히 낮은 곳은 내륙에 있는 지린성과 헤이룽장성이다.

2015년의 동북3성 무역 동향을 보면, 수출액은 랴오닝성이 전년 대비 7.8% 감소한 511억 6,000만 달러, 지린성이 동 13.7% 감소한 53억 9,000만 달러, 헤이룽장성이 동 47.8% 감소한 63억 5,000만 달러였다. 한편 수입액은 랴오닝성이 전년 대비 18.8% 감소한 562억 1,000만 달러, 지린성이 동 30.3% 감소한 144억 8,000만 달러, 헤이룽장성이 동 42.7% 감소한 98억 7,000만 달러였다. 수출입 모두 대폭 감소하여, 동북3성 무역의 감속 경향이 중국 전체와 비교해도 두드러졌다.

표 1은 동북3성의 2014년 주요 무역 상대국·지역의 구성비를 나타낸 것이다. 국가·지역별 수출처를 보면, 랴오닝성에서는 일본(16.97%), 지린성에

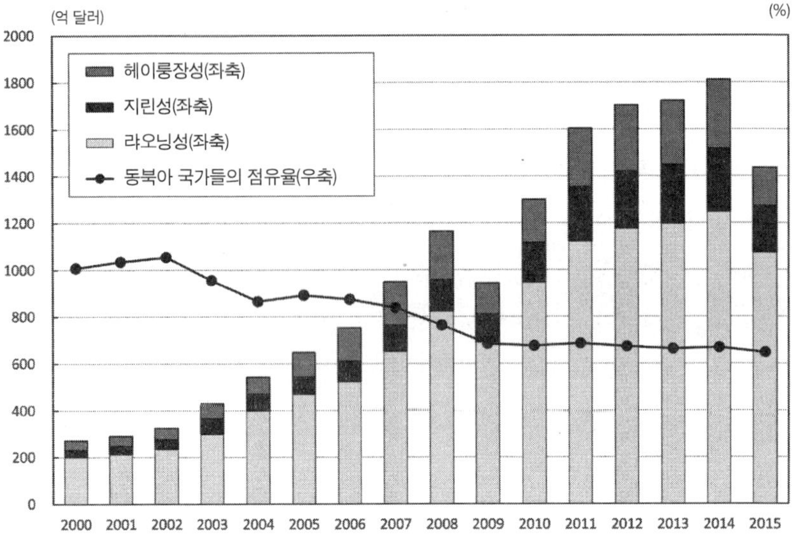

* 동북아 국가들이란 한국, 북한, 일본, 몽골, 러시아를 가리킴
** 한국무역협회

그림 2 중국 동북3성 무역액의 추이(2000~2015년)

서는 북한(12.09%), 헤이룽장성에서는 러시아(58.35%)가 가장 큰 점유율을 차지하고 있다. 랴오닝성에서는 일본 뒤를 이은 곳이 미국(11.04%), 한국(10.42%), 싱가포르(5.43%), 홍콩(5.06%)이다. 지린성에서는 북한 다음으로 일본(10.56%), 러시아(8.66%), 미국(7.78%), 한국(7.74%) 순이다. 헤이룽장성에서는 러시아에 이어 한국(3.58%), 미국(3.26%), 인도(2.41%), 오스트레일리아(2.07%) 순이다. 전체적으로 동북3성의 수출은 동북아 국가 및 미국에 상당히 집중해 있다고 할 수 있다.

한편 동북3성 수입처의 점유율을 보면 랴오닝성, 지린성 모두 독일에서 수입이 가장 많고, 각각 9.85%, 47.69%를 차지했다. 헤이룽장성에서는 러시아가 80% 이상을 차지하며 비율이 가장 높은데, 그 대부분이 칼리 비료, 석탄, 목재, 석유제품이다. 랴오닝성에서는 독일 다음으로 일본(8.46%), 한국

표 1 중국 동북3성의 주요 무역 상대국·지역(2014년)

	랴오닝성			지린성			헤이룽장성		
수출	순위	국가·지역	점유율(%)	순위	국가·지역	점유율(%)	순위	국가·지역	점유율(%)
	1	일본	16.97	1	북한	12.09	1	러시아	58.35
	2	미국	11.04	2	일본	10.56	2	한국	3.58
	3	한국	10.42	3	러시아	8.66	3	미국	3.26
	4	싱가포르	5.43	4	미국	7.78	4	인도	2.41
	5	홍콩	5.06	5	한국	7.74	5	호주	2.07
	9	북한	2.88	6	이란	4.08	7	일본	1.85
	13	러시아	2.19	7	독일	4.07	13	몽골	0.85
	57	몽골	0.12	69	몽골	0.05	53	북한	0.13
수입	순위	국가·지역	점유율(%)	순위	국가·지역	점유율(%)	순위	국가·지역	점유율(%)
	1	독일	9.85	1	독일	47.69	1	러시아	81.71
	2	일본	8.46	2	일본	11.04	2	몽골	3.67
	3	한국	7.29	3	슬로바키아	7.14	3	미국	3.42
	4	미국	6.87	4	헝가리	4.66	4	독일	1.98
	5	브라질	6.30	5	벨기에	2.95	5	프랑스	1.07
	12	러시아	2.78	8	북한	2.08	7	일본	0.98
	16	북한	1.65	10	한국	1.71	12	한국	0.40
	66	몽골	0.02	18	러시아	0.70	30	북한	0.04

* 朱永浩(2015, 54)

(7.29%), 미국(6.87%), 브라질(6.30%)로 이어진다. 지린성에서는 독일을 필두로 일본(11.04%), 슬로바키아(7.14%), 헝가리(4.66%), 벨기에(2.95%)로 이어진다. 헤이룽장성에서는 러시아 다음으로 몽골(3.67%), 미국(3.42%), 독일

(1.98%) 순이다. 이와 같이 동북3성의 수입은 대체로 동북아 국가와 독일에 편중하는 구조이다.

(4) 국경으로 향하는 동북3성의 교통 인프라 정비

중국 동북3성의 교통 수송망은 철도, 도로, 수로(하천, 해운), 항로로 구성되는데, 그중에서도 철도와 도로가 중요한 역할을 하고 있다. 이 교통의 대동맥은 철도와 도로 모두가 '하얼빈-창춘-선양-다롄'과 통하는 '하다哈大선'이다. 최근의 경제성장과 더불어 동북3성의 화물 수송량은 톤 베이스, 톤킬로미터 베이스 모두 크게 증가하고 있다. 수송 모드별 특징은 중국 전국 평균에 비해 철도의 비중이 높아지고 있다는 점이며, 내륙에 위치한 지린성, 헤이룽장성은 특히 그 경향이 강하다.

동북3성은 예전부터 중국 국내에서도 비교적 철도 인프라가 잘 정비된 지역인데, 그 철도망은 하얼빈, 창춘, 선양, 다롄, 진저우, 치치하얼齊齊哈爾, 자무쓰佳木斯, 무단장牡丹江, 퉁랴오通遼 등의 교통 허브 도시를 중심으로 하다선을 포함하는 간선과 지선이 90개 가까이 있다. 2014년 말 시점에서 동북3성의 철도 총연장은 1만 5,669km로, 전국 점유율은 14.0%이다. 100km^2 당 철도 연장은 1.99km로, 전국 평균(1.16km)의 1.7배이다. 그리고 도로 총연장은 전국의 8.4%에 상당하는 37만 3,935km로, 면적비와 인구비로 보면 동북3성의 전국 점유율은 평균 수준이다.[9] 공용 중인 고속도로의 정비 수준을 보더라도 전국 평균과 비슷하다.

한편 동북3성의 항만을 살펴보면 랴오닝성만이 해안선을 끼고 있다. 주요 항만으로는 다롄, 잉커우營口, 단둥丹東항이 있다. 이 중 요동반도 남단에 위치하는 다롄항은 동북3성 최대의 무역항이다. 현재 다롄항에서 랴오닝성 내

---

9 中国国家統計局, 『中国統計年鑑』, 2015.

주변 지역으로 육송하는 고속도로망에 특별한 문제는 없다. 그러나 내륙에 위치한 지린성, 헤이룽장성은 석탄, 식량 등의 일대 공급지라는 산업구조상의 이유 때문에 수송량이 많은 가을과 겨울철을 중심으로 철도 수송이 붐빈다. 이 계절은 다롄항까지 철도 수송력이 상대적으로 부족하여, 다른 화물의 수송 일정에도 영향을 미치는 경우가 있다. 그렇기 때문에 국가 시책으로서 고속철도(여객 전용 수송선로)의 건설, 고속도로와 배송 터미널 정비 등이 강구되고 있다.

철도 정비 사례를 살펴보면, 2011년 1월에 '창춘-지린여객전용철도'(연장 111km)가, 2012년 12월에 '하얼빈-다롄여객전용철도'(904km)가 개업되었으며, 2012년 9월에 '동북동부철도(무단장-북·중 국경-단둥-다롄)'(1,380km)가, 2015년 9월에 '선양-단둥여객전용철도'(224km)가, 2015년 12월에 '무단장-쑤이펀허綏芬河철도'(138km)가 개통됐다. 게다가 '베이징-선양여객전용철도'(709km)가 2019년에 개통될 예정으로, 동북3성의 철도 정비는 경이적인 속도로 진행되고 있다는 것을 확인할 수 있다.

여기서 주목할 것은 동북3성의 교통 허브 도시 중에서 단둥, 옌지조선족자치구, 쑤이펀허, 헤이허黑河, 만저우리滿洲里는 북·중, 중·러 무역·물류의 동향을 좌우하는 중요한 곳이라는 것이다. 특히 내륙에 있는 지린성, 헤이룽장성은 러시아 극동(또는 북한) 항만을 경유하여 동해로 나가는 물류 루트의 확보와 동북아 국가들과의 교통 인프라 협력이 대외 개방을 확대하기 위한 최대 중요 과제이다.

중·러 국경횡단철도의 사례를 살펴보면, 현재 세 노선이 존재한다. 즉 ① '만저우리역-자바이칼스크역', ② '쑤이펀허역-그로데코보역', ③ '훈춘국제역-캄쇼바야역'이다. 이 중 ①과 ②가 중·러 간 철도를 통과하는 화물의 대부분을 차지한다. ③에 대해서는 1994년에 중·러 간 화물 수송량 증가를 목표로 건설이 개시되었고, 2000년에 화물이 수송되기 시작했다. 그 후 관리

시스템의 미비 등을 이유로 2004년에 중지되었으나 2013년 8월에 9년 만에 재개하여 연간 화물 수송 능력이 800만 톤이 되었다.

이처럼 신규 인프라 정비 및 기존 국제 교통망의 확장으로 인한 국제 화물 수송력의 대폭적인 증강은 동북3성을 무대로 한 중·러, 북·중 경제 관계의 진전뿐만 아니라, 동북아지역 경제협력의 행방에도 큰 영향을 미칠 수 있다.

3. 중국 동북3성과 러시아 극동지역 경제 관계의 새 진전

(1) 동북3성과 러시아 극동지역의 경제적 접근

앞서 말한 바와 같이, 동북진흥전략 실시 이후 동북3성의 대외무역은 수출과 수입이 모두 성장세를 보이고 있으며, 동북아 국가들의 경제적 결속을 강화하고 있다. 그래서 중국 동북3성에 경제적으로 중요 상대국인 러시아(극동지역)와의 관계 관점에서 고찰하고 그 특징을 명확히 하고자 한다.

인근 국가 중에서도 중국과 가장 중요한 관계에 놓여 있는 국가는 4,314km에 달하는 국경을 맞댄 러시아이다. 냉전 체제 붕괴 전인 1980년대부터 중·소(중·러)의 관계 개선이 진행되었고, 1990년 4월에 중·소 군사 충돌을 회피하기 위한 '국경지역병력삭감 및 신뢰조성협정'이 체결되었다. 그 후 1991년 5월에 '중·러 동부국경협정', 1994년 9월에 '중·러 서부국경협정'이 조인되었다. 2001년 7월에는 '중·러 선린우호협력조약'이 체결되었고, 2004년 10월에는 역사적으로 양국 간 관계의 현안 사항이었던 국경선 획정 문제가 마무리되었다. 양국이 대립한 볼쇼이우수리스키섬(헤이샤쯔섬黒瞎子島)의 귀속 문제에 관해서는 2005년에 추가 협정 비준 문서가 교환되었으며, 국경 표지판 설치 등 구체적인 작업도 2008년에 완료되었다. 이로써 중·러 경제협력을 추진하는 환경이 갖춰졌다고 할 수 있다.

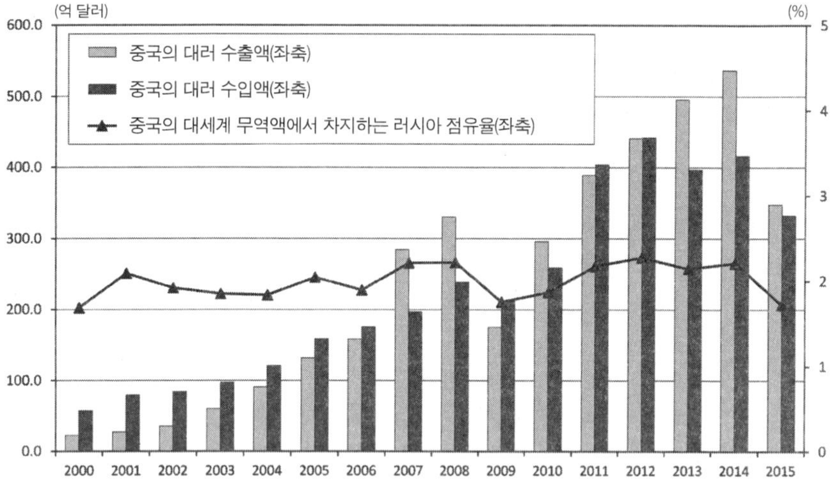

* 中国国家統計局(각 연도별) 참고

그림 3 중·러 무역액의 추이(2000~2015년)

양국 간 무역은 2000년 이후 러시아 경제성장과 더불어, 그림 3에서 보이는 바와 같이 세계 금융위기의 영향을 강하게 받은 2008~2009년을 제외하면, 지속적인 상승세에 있다. 2014년에는 중국의 대러 무역액이 952.8억 달러에 달하는데, 이 중 수출액은 536.8억 달러, 수입액은 416.1억 달러였다. 중국에는 러시아가 제9위의 무역 상대국이고, 러시아에 중국은 최대의 무역 상대국이다. 과거 중·러 정치적 관계 진전에 비해 경제 분야 협력이 늦다는 지적이 있지만, 양국은 무역 관계를 착실히 심화시키고 있다고 할 수 있다.

중국 동북3성의 대러 수출 주요 시장은 지리적 제약 때문에 국경에 인접한 러시아 극동지역에 한정된다. 인구 감소 추세가 있는 러시아 극동지역에서도 중국은 일본, 한국, 미국과 함께 중요한 무역 파트너가 되었다.

중·러 양국 정부는 지역 간 차원의 경제 관계 촉진에 대한 필요성을 공식 문서에서 거듭 강조해 왔다. 그중에서도 경제협력을 추진하기 위해서 2009년

9월에 양국 정부가 책정한 '중국 동북지역과 러시아 극동·동시베리아지역의 협력프로그램(2009~2018)'(이하 협력프로그램)이 중요한 협력의 틀이 되었다. 협력프로그램은 러시아 측의 '2013년까지의 극동자바이칼 경제발전프로그램'과 중국 측의 '동북진흥전략'을 기반으로 작성된 것으로, 국경 통과 지점의 수송 능력 확대, 수송 인프라 정비 등 우선 협력 프로젝트 205건을 담고 있으며 지역 발전과 상호 교류를 병행한 선순환이 기대된다.

게다가 최근 중·러 지역 간 경제 관계가 1990년대 이후 발전해 온 국경 무역에 그치지 않고, 다양한 분야로 확대를 보이고 있는 것은 명백하다. 그중에서 특히 주목할 분야는 에너지와 물류이다. 이 두 분야는 경공업품 무역과 달리 교섭과 규제가 다방면에 걸쳐 있기 때문에, 그 지속적 발전에는 중·러 정부 간 정책 조정이 필수 불가결하다. 예를 들어, 천연가스 공급을 둘러싼 오랜 교섭 끝에 2014년 5월 러시아가 2018년부터 30년간에 걸쳐 연간 380억 m^3의 천연가스를 중국에 공급한다는 계약을 정식으로 체결했다. 또한 그해 11월 시진핑 국가주석과 푸틴 대통령이 정상회담을 갖고, 천연가스 공급과 유전 개발, 원자력·수력발전 협력 등을 담은 '에너지협력협정'에 조인했다. 이러한 중·러 경제협력의 확대는 양국 간의 정책적 접근에 의한 점이 크다.

(2) 헤이룽장성의 대러 경제 관계의 진전

중국 동북3성의 경제 발전에서 중·러 국경지역의 평화와 안정이 불가피하다는 인식하에 러시아와 3,088km의 국경(중국 측 국경선의 70%에 상당)을 접하는 헤이룽장성의 중요성을 강조하고자 한다.

헤이룽장성의 행정은 12지급시와 1지구[10]로 구분되는데, 그중 다싱안링大

10 헤이룽장성의 행정구역은 하얼빈시, 치치하얼시, 다칭시, 자무쓰시, 치타이허시, 무단장시, 헤이허시, 허강시, 쑤이화시, 솽야산시, 이춘시, 지시시, 다싱안링지구로 구성된다.

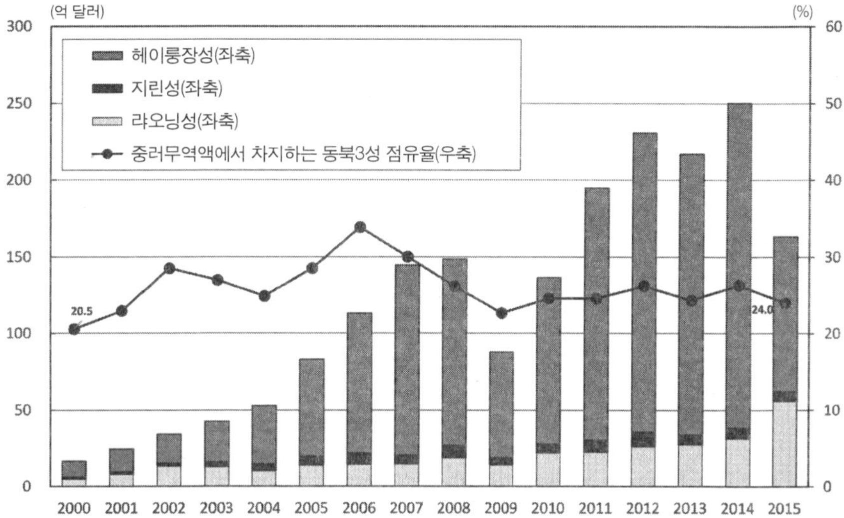

그림 4 중국 동북3성과 러시아의 무역액 추이(2000~2015년)[11]

興安嶺지구, 헤이허黑河시, 허강鶴崗시, 자무쓰佳木斯시, 솽야산双鴨山시, 지시鷄西시, 무단장시牡丹江가, 러시아 측의 아무르주, 유대인자치주, 하바롭스크지방 및 연해지방에 인접한다. 헤이룽장성에는 25곳에 이르는 대러 국경 통관점口岸이 있는데, 이는 중국에서 가장 많은 수로, 대러 무역을 활성화시키고 경제 발전과 대러 무역에 큰 영향을 주고 있다.

2000년 이후의 헤이룽장성의 대러 무역액 추이를 보면, 2008년까지는 비약적으로 늘어났다. 2003~2010년에는 헤이룽장성 측의 수출이 수입을 웃돌며 무역 흑자가 이어졌지만, 단 2009년과 2010년 무역액은 크게 떨어졌다. 이는 수출입 거래에 대한 러시아 측의 관세와 비관세 조치의 규제 강화 정책, 2008년 후반에 발생한 세계 금융위기의 영향에 의한 것이다. 2011~2014년에는 러시아의 에너지 수입이 확대됨으로써 대폭적인 회복 기조가

11 한국무역협회, http://stat.kita.net(2017년 1월 8일 검색).

관찰되었다. 그리고 2015년에는 경제 제재, 원유 약세, 통화 약세로 러시아 경기가 후퇴하는 위기에 직면한 영향도 받아 헤이룽장성의 대러 수출액과 수입액이 각각 전년 대비 마이너스 19.3%인 22.1억 달러, 동 마이너스 11.3%인 78.9억 달러로 대폭적인 감소를 기록했다(그림 4).

2013년에 제창된 '일대일로' 구상과 관련하여, 헤이룽장성은 서쪽으로 향하는 육상 실크로드의 동쪽 연장 추진을 목적으로 2014년 말에 '동부육해실크로드경제벨트'라는 구상을 내놓았다. 이 구상은 헤이룽장성의 대동북아 경제협력 추진의 핵으로 내걸고 있는 것으로 가장 중요한 부분이 '하얼빈-쑤이펀허-러시아 극동항만-한국·일본을 포함한 제3국'이라는 복합일관수송 루트(후술)의 정비·운영 부분이다.

이 외에도 2010년 11월 '제15차 중·러 총리정기회담공동성명'에서 중·러의 협력하에 대우스리섬의 종합 개발이 합의되었다. 구체적으로는 중·러 국경 획정 작업의 최대 현안이었던 대우스리섬을 중·러 공동 개발의 모델 지구로 생태계 보호를 고려한 휴양지 개발, 관광·상업 시설 정비 등을 시행할 계획이다. 중국 측에서는 대우스리섬 개발이 이미 일부 시작되었고, 2011년 7월부터 섬 내 관광도 중국인에게 개방되었다. 투자와 관광 촉진을 뒷받침할 교통 인프라의 정비도 진행되고 있는데, 예를 들어 헤이룽장성 푸위안현撫遠県 우수전烏蘇鎮과 대우스리섬 사이를 잇는 자동차용 현수교黒瞎子島烏蘇大橋 공사가 2012년 9월에 준공했다.

이와 같이 현재 헤이룽장성은 중·러 무역에서 큰 역할을 하고 있다. 헤이룽장성은 지리적으로 러시아 극동지역에 인접해 있고, 교통 인프라도 개선되고 있다. 헤이룽장성 중에서도 특히 쑤이펀허시는 인구 규모가 불과 6만 명 정도임에도 불구하고 대러 무역액이 34억 2,000만 달러(2014년)에 달해 헤이룽장성 대러 공동 경제의 최대 거점이 되었다.

(3) 쑤이펀허 기점 국제복합일관수송의 의의

쑤이펀허시는 헤이룽장성 동남부에 위치하고 있으며, 서쪽으로는 무단장시까지 156km, 헤이룽장성 성도인 하얼빈까지 460km, 동쪽으로는 러시아의 그로데코보역까지 26km, 러시아 극동 철도 교통망의 중추를 짊어지는 우스리스크까지 120km, 러시아 극동의 중요한 항만인 블라디보스토크까지 230km, 시베리아의 발착항인 보스토치니Восточный, Vostochny까지는 369km 거리에 있다.

쑤이펀허시는 쑤이만고속도로(쑤이펀허-만저우리)의 시작점이자 빈쑤이철도(하얼빈-쑤이펀허)의 종점이다. 동쪽으로는 러시아 극동철도와 연결되어 있고, 러시아 극동지역의 남부 항만군과 인접하여 한국, 중국, 러시아, 일본 및 아시아-태평양지역을 잇는 시베리아 육상 가교 활용을 통한 중요한 국제 통상구로서 평가 받고 있으며, 국제복합일관수송 루트의 결절점이 되고 있다. 더욱이 헤이룽장성, 지린성 및 러시아 극동지역, 한반도의 경제 지역은, 쑤이펀허시를 중심점으로 반경 500km 이내에 있다. 쑤이펀허 통상구는 이러한 유리한 지리적 조건하에 국제 물류 이용이 확대됨으로써 헤이룽장성의 북동아시아 경제권 진출에 중요한 몫을 하고 있다.

최근 '중-러-외부'(중국 동북3성-러시아 극동지역 항만-제3국), '중-러-중'(중국 동북3성-러시아 극동지역 항만-중국 연해부) 등과 같은 전략에 기초하여 쑤이펀허를 기점으로 한 국제복합일관수송 실험이 전개되고 있다. 지금까지 헤이룽장성은 일본, 한국과의 경제 교류에 관한 대외 수송 루트로서 주로 랴오닝성의 다롄항을 경유했기 때문에 수송 거리가 길어져서 중·러 경제무역협력의 우위성이 발휘되지 않았다. 현재 복합일관수송을 이용함으로써 하얼빈-쑤이펀허-보스토치니-일본 간의 수송 거리가 1,000km 이상 단축된다. 이 국제복합일관수송 루트는 헤이룽장성과 러시아 극동지역 및 일본·한국 간의 경제무역협력과 교류를 견인할 것으로 기대된다.

여기서 쑤이펀허를 기점으로 한 러시아 경유 국제복합일관수송을 실현하고 확대해 나가는 것의 의의를 확인해 두자. 우선 이 수송 루트의 최대 특징은 보하이渤海만 경유 루트에 비해 수송 거리가 짧아진다는 것이다. 또한 육상 수송 구간과 해상 수송 구간의 거리 면에서 해상 수송 거리가 길어진다는 것은 저환경 부하의 교통기관으로 시프트가 진행되는 것을 의미하며, 온난화 가스 배출 감소에도 기여한다.

다음으로 관련 국가들(예를 들면 중국, 러시아, 일본, 한국 등)의 무역 기업(화주기업)의 입장에서는 물류에 관련된 비용 절감을 기대할 수 있다. 특히 기대되는 것은 수송 일수 단축으로 비롯되는 간접적인 비용 절감이다. 또한 일정한 물류량이 성사되면 규모 경제가 작용하여 운임 수준 저하라는 형태의 직접적인 비용 절감을 기대할 수 있다. 발착지 및 경유지를 포함한 연안지역 경제에서는 관련 산업 진흥과 지역경제 활성화가 기대된다. 이용자로서의 제조업·무역 기업뿐만 아니라 물류업 및 관련 서비스산업 등의 비즈니스 기회가 확대될 길이 열린다.[12]

쑤이펀허시에서는 1990년대에 자연 발생적으로 중국제 소비재를 러시아에 들고 가는 '보따리무역'이 발전했지만 최근 그 역할이 끝나가고 있다. 이는 국경지역의 소규모 업체 간의 'B to B 거래'의 확대에는 유효한 수단이었으나, 중국 전역에 흩어져 있는 제조업자 등이 인터넷을 사용해 러시아 소비자에게 직접 판매하는 'B to C 거래'가 보급되는 상황 속에서는 이에 맞는 새로운 물류 시스템 구축이 필요하다.[13]

---

12 쑤이펀허 기점 러시아 경유의 국제통합일관수송에 관한 최근의 구체적인 활동에 대해서는 ARAI Hirofumi, ZHU Yonghao and LI Jinbo, "Toward Expanding Japan-Russia-China Multimodal Transportation," *ERINA REPORT*, No. 125, 2015, pp. 1~19 참조.

13 新井洋史 · 朱永浩, 「中ロ貿易関係の変化と国境物流の新展開」, *ERINA REPORT*, No. 119, 2014, pp. 43-45.

4. 중국 동북3성과 북한의 경제 관계 현황

(1) 동북3성과 북한의 무역 관계

최근 북한에서 거듭되는 핵실험으로 한반도 정세에 긴장이 고조되는 가운데, 북·중 관계의 정치적 냉각화에 대한 지적을 자주 받는다. 한편 경제면에서는 북·중 양국의 결속이 여전히 돈독하여, 세계의 대북 무역에서 중국이 최대 무역국을 차지하고 있다. 동서 냉전이 종식되면서 북한의 대외무역이 전체적으로 축소 경향에 있었지만, 대중 무역 의존도는 상대적으로 높아졌다. 북·중 무역 관계의 변화를 보면, 1990년대 북·중 무역의 대부분은 중국의 대북 경제 지원의 성격을 띠었으나, 2000년 이후에는 북·중 무역이 상호 보완적 무역 관계로 전환되었다.

중국의 대북 수출은 주로 원유와 석유제품, 식량, 식육, 기계류 등이며, 수입은 주로 광석, 철강, 어패류 등이다. 중국 측에서 보면, 대북 무역 규모는 중국 전체의 대외무역에서 차지하는 비율이 미미하다. 그러나 동북진흥전략의 정책 효과를 올리기 위해서는 북한과의 경제 교류 관계 확대를 통한 동북아 국가들과의 전방위 경제외교를 추진하는 것이 필수적이다.[14]

그림 5에서 볼 수 있는 것처럼, 2013년 이후 북한과 지리적으로 인접한 동북3성의 대북 무역 규모는 감소세에 있다. 2015년 동북3성의 대북 무역액은 수출이 20억 6,347만 달러(전년 대비 12.8% 감소), 수입이 14억 7,116만 달러(전년 대비 6.9% 감소)로, 무역액이 35억 3,463만 달러(전년 대비 10.4% 감소)였다. 여기서 유의할 점은 중국의 대북 원유 수출이 2014년에 이어 2015년도 통계상으로 '제로'였다는 점이다.[15] 결국 2013년까지 중국의 대북

---

14 李鋼哲, 「中朝経済関係の現状と展望」, 小牧輝夫・ERINA編, 『経済から見た北朝鮮：北東アジア経済協力の視点から』, 東京 : 明石書店, 2010, pp. 146~151.

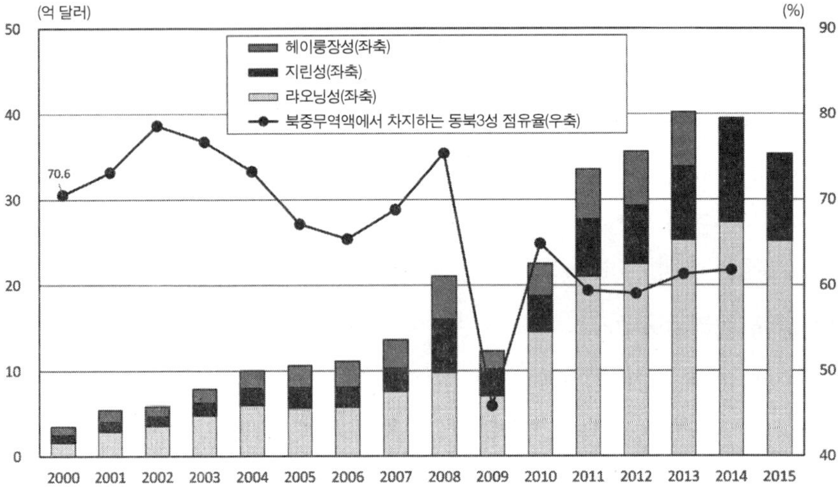

* 中国国家統計局(각 연도별) ; 한국무역협회 참고

그림 5 중국 동북3성과 북한의 무역액 추이(2000~2015년)

주요 수출 품목이었던 '원유'를 제외하면 동북3성의 대북 수출에 현저한 변화는 없었다고 할 수 있다.

또한 중국의 각 성, 직할시, 자치구 중 북·중 무역에서 차지하는 점유율이 가장 높은 곳은 랴오닝성이고, 지린성은 그 뒤를 이어 전국 2위이다. 2000~2015년 동북3성의 대북 무역액은 중국 전체의 45.9~78.7%를 차지했지만 각 연도별 변동 폭이 컸다. 이를테면 2002년 동북3성의 대북 무역액이 중국 전체에서 차지하는 비율은 78.7%로 가장 높았으나, 2009년에는 45.9%로 급격히 떨어졌다. 그러나 전체적으로는 동북3성이 북·중 무역의 대부분

15 하지만 다른 주요국의 무역 통계에서는 대북 원유 수출 실적이 파악되지 않으며, 또 북한에서 심각한 에너지 부족이 발생한 조짐도 확인되지 않기 때문에 실제로는 원유 공급이 계속되고 있을 것이라는 견해가 강하다(日本貿易振興機構, 『2015年度 最近の北朝鮮経済に関する調査』, JETRO, 2016, p. 126).

을 차지한다는 실태에는 변함이 없다.

(2) 두만강지역개발에서 보이는 북·중 관계

랴오닝성 단둥시와 지린성 옌볜조선족자치주는 북·중 국경지역의 경제 교류에서 중국 측의 2대 거점이다. 다음에서는 1990년대 초부터 지린성이 추진해 온 두만강지역개발 관점으로 두만강지역의 북·중 경제 교류의 진척 상황과 과제에 대한 검토를 하고자 한다.

두만강図們江은 북한과 중국의 국경에 있는 백두산長白山에서 발원하며, 동류해서 북한, 중국, 러시아 3개국의 국경을 빠져나와 동해로 흘러나가는 전장 516km의 하천이다. 옌볜조선족자치주 투먼시에서 두만강을 따라 약 130km 내려가면 동해인데, 중국령은 하구의 불과 15km 앞에서 끝나고 동해를 지척에 둔 나머지 부분은 러시아와 북한 땅이다. 두만강지역개발 구상은 두만강 하류지역 인근에 다국 간 협력하에 에너지, 환경, 투자, 물류, 관광 등 분야에서 지역경제의 일체적인 발전을 추진하고자 하는 계획이다. 그 대상 지역은 옌볜조선족자치주, 러시아 연해지방, 북한 나진·선봉지역(현 나선)이다.

내륙의 지린성에서 동해로 통하는 출구를 확보하는 두만강지역개발이 갖는 의의는 매우 크다. 그래서 지린성은 1992년과 1999년에 각각 '투먼강 하류 훈춘지역의 종합개발계획요강'과 '중국 투먼강지역개발계획'을 제정하고, 옌볜조선족자치주 관할인 훈춘시에는 국경지방 경제합작구, 훈춘 수출가공구, 훈춘 교역무역구를 설립하여 이 지역의 국제 공동 개발을 추진하고자 했다. 그러나 이러한 계획들은 모두 지방 차원의 개발 전략에 그쳤다.

그런데 2009년 8월, 중국 정부가 '중국 투먼강지역협력 개발계획요강 — 장길도 개방개발선도구'를 국가급 프로젝트로 승인함으로써, 두만강지역개발이 재차 주목을 받게 되었다. 이 계획 요강의 개발 대상은 지린성 창춘시,

지린시의 일부 및 옌볜조선족자치주로, 대상 기간은 2009~2020년이다. 구체적으로는 2020년까지 창춘-지린, 옌볜조선족자치주(옌지延吉-룽징龍井-투먼图们)의 경제 일체화를 도모하면서, '선행선시'(개방·개발의 추진과 가일층의 발전 및 사회 안정에 유리하다면, 과감하게 모색·혁신·개척·실천한다)라는 원칙하에 중국 국경지역의 개방·개발을 위한 시험적인 역할을 한다는 등의 내용이 포함되어 있다.

두만강지역의 경제개발전략이 중국의 지방급에서 중앙급으로 격상됨으로써 중·러, 북·중 간의 교통 인프라 정비, 북·중 간 경제협력이 구체적으로 실현될 수 있다. 현재 북·중 간 경제협력에 관해서는 일정한 진척이 보이는데, 예를 들면 '북·중 노항구'라고 불리는 프로젝트를 중심으로 농업 모델 지역, 관광 사업, 나진항 투자 개발 프로젝트가 이미 시동되었다. '북·중 노항구' 속의 '노路'는 북한 도로의 보수, '항港'은 나진항의 보수·확장, '구区'는 나선 경제무역지대에서 중국이 주체가 되어 공업단지를 건설함을 의미한다.[16]

북·중은 2010년에 나선 경제무역지대를 공동 개발·관리하기로 합의했다. 2012년 8월에는 공동관리위원회를 설치하고, 그해 10월에는 중국에서 나진에 이르는 중요 루트인 '나진-원정 간의 도로'(50.3km)도 개통하는 등 나선 경제무역지대의 개발이 착착 진행되는 듯했다. 그러나 북한 핵 문제 외에 김정일 시대부터 중국과의 경제협력을 담당했던 장성택 국방위원회 부위원장(당시)의 처형(2013년 12월), 핵실험과 탄도미사일 발사 실험의 잇단 강행 등으로 북·중 정치 관계는 크게 냉각되며 양국 간 경제 교류에 저해되었다. 불안정한 북한 정세가 동북아지역 경제협력의 최대 변수가 되고 있음을 새삼 부각시킨 셈이다.

---

16 자세한 내용은 三村光弘, 「吉林省のロシア・北朝鮮進出構想：東北部の発展のカギ握る」, 『エコノミスト』 85(66), 2007, p. 124 참조.

(3) 나진항 경유의 '차항출해'

지린성이 북한 나진항을 통과하는 해상 항로를 확보하고자 하는 차항출해[17]가 2000년대 후반부터 구체적으로 추진되고 있다. 지린성 관점에서 볼 경우, 나선항을 경유하여 동해로 나아가는 루트가 개통되면 중국 동북3성의 물류 중계기지로서 북한의 역할이 기대된다. 즉 중국에게는 한반도 정세가 호전되면 '환동해권'의 물류 환경이 극적으로 변화할 것으로 예상되므로 현재로선 중장기적 변화에 대비하여 '중국(지린성) → 북한(나선) → 중국 남방지역(상하이 등)' 물류를 상시화하는 것이 중요한 과제이다.

북·중 간 협의 결과, 2009년 10월에 나진항의 모든 부두에 대해 중국의 '다롄창리創力항운 훈춘창리해운물류 유한회사'에 10년 사용권이 제공되었다. 창리 회사는 제1부두의 비료 창고를 석탄 창고로 개조하고, 제1부두를 연간 150만 톤의 석탄 화물 통과 능력을 가진 부두로 개조했다. 그 후 2011년 1월부터 나진항을 이용하여 중국 지린성 산출의 석탄을 중국 상하이항에 운송하는 해상 항로가 생겼다.

그러나 2013년에는 국제 석탄 가격 하락으로 석탄의 수요가 감소되고, 석탄의 운송이 동북3성에서 중국 남방지역으로 한정되었다. 때문에 상하이항에서 동북3성으로 화물 수송에 나진항을 쓰지 못한다는 제한 등으로 인해서 이 운송 사업은 운휴가 되었다. 이러한 상황을 타개하기 위해서 창리해운회사는 2014년 2월에 중국 세관 당국으로부터 '중국 지린성 훈춘시-북한 나진-중국 남방지역'의 양방향 운송 허가를 얻고, 2015년 6월 11일에는 나진항에서 '훈춘-나진항-상하이항' 벌크 화물·컨테이너 화물 운수 정기 항로의 개통식을 가졌다. 이 해상항로를 통해서 중국 동북3성의 광물·곡물·목

17 항구를 빌려 바다로 나아간다는 뜻. 즉 '중국 지린성-북한의 항만-중국 남방지역 또는 제3국'의 수송 루트를 말한다.

재 등을 중국 남부 공업지역에 운송하고, 상하이 등의 남부 연해 도시로부터 일반 잡화의 컨테이너 화물을 나진항 경유로 지린성과 헤이룽장성에 운송하는 것이 가능해졌다.[18]

이러한 나진항을 경유하는 복합일관수송은 실용적인 물류 루트로서 실현될 조건이 갖춰지고 있으나, 복잡한 한반도 정세는 물론 운영 방법, 법률 등과 같은 장래 불안 요인이 여전히 많다. 향후 수송 실험을 거듭하면서 복합일관수송과 관련한 다양한 과제를 선정하여 그 해결책을 모색함으로써 서비스 개선과 상업적 채산에 맞는 수송으로 이어질 것으로 기대한다.

5. 맺음말

앞서 동북진흥전략 시행 이후의 중국 동북3성 경제 현황과 특징을 정리함과 동시에, 러시아 극동과 북한을 중심으로 동북아 국가들과 경제 교류의 최근 움직임에 대해서 고찰했다. 중국 동북3성과 동북아 경제협력의 현황과 전망을 정리하면 다음과 같다.

먼저 중국 동북3성은 러시아와 약 3,300km, 북한과 약 1,300km의 국경을 접하고 있기 때문에 역사적으로 일본, 한반도를 포함한 동북아지역 내 경제 교류의 중요한 역할을 해 왔다. 동북3성이 중국의 동북아 전략의 선도자로서 충분한 기능을 발휘할 경우, 특히 한반도의 정세가 앞으로 좋아진다면 동북아의 경제환경, 경제협력의 움직임이 크게 진전될 것으로 예상된다. 동북아 국가들은 예상되는 극적 변화에 대비하고 지역 내 경제협력 강화 방안을 검토하기 위해 중국 동북3성과 러시아 극동지역·북한과의 정치·경제

18 日本貿易振興機構, 앞의 책, p. 85.

관계의 변화를 항시 주시할 필요가 있다. 둘째, 중·러 경제 관계에서는 동북3성, 특히 헤이룽장성의 존재감이 크다. 2015년 7월에 제정된 '블라디보스토크 자유항구법'에 근거하여 블라디보스토크와 그 주변 일대는 세제 혜택과 통관의 신속화 등의 규제 완화를 받는 특별경제구역으로 지정되었다. 따라서 러시아 극동지역과 중국 동북3성의 인적, 물적 교류가 확대될 것으로 기대된다. 앞으로 진행될 중·러 국경지역의 경제 교류에 한국·일본이 어떻게 관여할지에 대해서는 중장기적 전략이 필요하다. 이러한 전략하에 중·러 그리고 북·중 간에 추진되고 있는 에너지 및 무역 분야의 협력, 국경지대의 인프라 정비와 물류 통관 서비스의 개선 상황을 고찰하면서 적시에 적절한 협력을 위한 준비를 진행시켜야 한다.

마지막으로, 최근 중국은 동북아 지역협력에 높은 관심을 보이며 트랜짓 지역인 러시아 극동지역 및 북한의 인프라 정비를 지원하는 자세를 비치고 있다. 또한 제도적 면에서도 동북아지역 내의 국제 운수·물류 루트의 정비에 적극적으로 관여하고 있다. 이러한 중국 동북3성의 움직임은 지리적으로 떨어진 한국과 일본을 직접 연결할 경우 러시아 극동지역과 북한을 경유하는 물류의 새로운 루트를 개척하는 것이 필수적이다. 이에 중국은 러시아 극동과 북한 항만을 물류 거점으로 중국 동북3성 발착의 국제복합일관수송을 상시화하는 것을 목표로 하여, 특히 러시아 극동지역과 북한 항만을 경유하는 '차항출항'의 대응에 더욱 적극적으로 움직일 가능성이 높다. 그러나 북한 문제 등 '지정학적 불확실성'은 여전히 남아 있음을 잊어서는 안 된다.

제6장

UN 대북對北 경제제재 조치가 북·중 교류와 교역에 미치는 영향

최영진

1. 들어가며

2016년 초에 북한은 한미군사훈련 등에 강력히 반발하며 제4차 핵실험과 광명성 4호(장거리 탄도미사일) 발사 이후 UN안전보장이사회의 대북對北 제재를 받고 있다. 그럼에도 2016년 9월 9일 북한 정권의 창건일에 제5차 핵실험을 강행하고 2017년 2월 12일 탄도미사일을 발사해 환동해를 포함한 동북아 정세를 급속도로 악화시키고 있다.

일본은 2006년에 북한의 제1차 핵실험과 장거리 미사일 발사로 환동해권에서 해상 교류와 교역을 전면 중단하는 강력한 조치를 취했다. 1990년대까지 연간 4억 7,000만 달러의 교역을 하고 있었다. 당시 북한과 일본의 경제관계는 일본에 거주하는 조총련 기업이 중심이 되었다.[1]

한국도 2010년에 천안함 격침과 연평도 포격 사건에 대응해 5·24 조치를 단행했다. 2000년대에는 남북 간 교역이 활발히 이루어져 관세청 수출입무역통계에 따르면, 2005년에 동해권 남북한 교역이 5억 달러를 상회했다. 언급했듯이 2016년 초에는 북핵 위협이 고조됨에 따라 한국 정부는 개성공단

---

1 동용승, 「북 · 일 경제 관계의 현황과 과제」, 『수은북한경제』, 2007. 봄, pp. 24~41.

사업을 중단하기에 이르렀다. 대북 제재에서 중국의 역할이 대단히 중요함에도 불구하고 그동안 중국은 적극적 대북 제재 조치에 동참하지 않으며 반사이익을 누렸다고 볼 수 있다.

김정은 체제는 핵무장 및 경제 건설의 병진 노선을 추구하며 핵보유국 지위를 포기하지 않겠다는 입장이다. 이는 시진핑 국가주석이 언급한 한반도 비핵화 원칙과는 근본적으로 충돌하는 것이다.[2] 중국은 북한의 핵실험 및 보유를 자국 안보에 대한 위협으로 인식한다. 그리고 핵 비확산 레짐이 국제사회의 공유되는 인식이므로 북핵 불용 입장을 견지하고 있다.[3] 그럼에도 중국 지방정부의 이해관계는 중앙정부의 대북정책과 달라 독자적 경제협력을 추진하는 양상도 나타난다.

제4차, 5차 북한의 핵실험 이후 북한 핵무기 소형화 진전과 미사일 탑재가 임박했다는 평가가 나오는 가운데 긴장과 갈등이 최고조에 달한 한반도 분단 상황에서 일관성과 신축성을 갖고 대응하기 어려운 점이 있다. 즉 한반도 주변에 전략적 영향력을 행사하려는 주변 강대국의 이해관계가 복잡하게 작용하고 있어 대북정책의 '유연성'을 갖는 데 한계가 있다.[4]

경제제재는 제재 대상국에 경제적 비용을 부과함으로써 제재 대상국 내부에 제재국의 요구를 수락하고자 하는 정치적 압력을 강화해 결과적으로 제재국의 목표를 성취하고자 하는 것으로 정의할 수 있다.[5] 특히 유엔에서

---

2 황지환, 「3차 핵실험 이후 중국의 대북 제재와 북한의 대응은 어떠했는가」, 정덕구 · 추수롱 외, 『기로에 선 북중관계』, 중앙북스, 2013, pp. 199~209.

3 이기현 외, 『중국의 주변외교 전략과 대북정책』, 통일연구원, 2015.

4 김중호, 「대북 경제제재의 효과와 대북 정책 시사점」, 『수은북한경제』, 2012. 여름, p. 46.

5 Lisa Martin, *Coercive Cooperation : Explaining Multilateral Economic Sanctions*, Princeton, N. J. : Princeton University Press, 1992.

부과하는 제재는 유엔헌장이나 국제법 등 국제 규범을 준수하도록 강제하거나 이를 준수하지 않을 시에 추가 조치가 있을 것이라고 권고하는 사전 경고의 성격을 갖는다.[6]

환동해권은 동북아 국가들의 변방지역에 위치해 유엔 안보리의 다자간 또는 주변국 양자 간의 대북 경제제재 조치가 취해질 때 실효성이 의문시되곤 한다. 기존 연구는 국제사회나 국가 차원에서 유엔안보리나 단일 국가가 내린 대북 경제제재의 효과성을 일반적으로 평가하는 데 그쳤다. 따라서 대북 경제제재 조치가 북·중 간의 교류와 교역에 얼마나 영향을 미치는지 파악하는 것이 이 글의 주요 목적이다. 동시에 중국의 중앙정부와 지방정부의 이해관계가 북·중 교류와 교역에 어떠한 입장 차이를 보이는지도 살펴본다. 이러한 내용은 거시적 측면에서 유엔안보리나 국가의 정책이 북·중 간 교류나 기업의 교역 활동에서 어떠한 상호작용을 하는지 분석하는 중범위 연구에 해당된다.[7]

이 글에서는 먼저 불확실성 가운데 의사 결정을 선택하는 전망 이론, 그리고 북한과 환동해국가 간의 역학 관계에 적용할 수 있는 관계망network 이론을 중심으로 논의한다. 다음으로 북한의 핵실험과 장거리 탄도미사일 발사 등으로 야기된 국제사회의 다자간 유엔안보리 제재 조치들을 중심으로 살펴본다. 2016년 초에 발효된 2270호에 이어 당해 11월 30일에 발효된 2321호를 중심으로 중·북은 양자 경제제재 조치가 실효성이 강화되는 방향으로 진전되어 중국의 적극적 참여가 관건이 되고 있다. 한·중 간에 한반도 비핵화는 합의를 했지만 한반도 해법에 뚜렷한 시각 차이를 보이고 있다. 이

6 임갑수 · 문덕호, 『유엔안보리 제재의 국제정치학』, 한울, 2013, p. 13.

7 민웅기, 「『해양비즈니스』誌의 연구 방법 체계에 대한 탐색적 고찰」, 『해양 비즈니스』 29, 2014, pp. 279~295.

제까지 취해 온 제재 조치를 통한 제재의 효과, 특히 최근 제5차 북핵 실험 이후 북한과 불법 거래를 하는 중국 기업에 취해진 새로운 제재 조치와 한계를 파악하고, 향후 교류 및 교역에서 환동해권 경제 관계망의 구조적 변화와 관계망 이론에 대한 함의도 고찰한다.

2. 이론적 논의

경제제재를 채택하는 경제적 행위에 대한 국가의 의사 결정을 분석한 전망 이론이 국제정치·경제 분석에서 유용하게 적용된다. 먼저 국가는 위험한 선택을 하지 않을 경우 확실한 손실이 예상된다면 위험에 따르는 이익의 발생 확률이 낮더라도 위험한 선택을 한다는 주장이다. 즉 국가가 왜 이길 확률이 극히 낮은 전쟁을 발의하거나 그런 전쟁에 참여하는지에 대한 실마리를 제공한다. 둘째, 국가는 위험한 선택을 할 경우 확실한 손실을 예상한다면 현상 유지를 선택해 행위자가 이익을 얻지 못하더라도 손실은 회피하려고 한다. 이는 국가가 왜 극심한 갈등 관계가 지속되는데도 전쟁을 일으키지 않는지를 설명한다고 본다.[8] 전망 이론은 원래 개인의 선택을 적용한 이론인데 국가의 외교 행위에 대한 의사 결정 분석을 적용하는 것은 제약이 될 수 있다.[9]

다른 한편으로 구조로서 관계망network의 개념을 인용해 보면, 북핵 게임에 관여하는 행위자들에 영향을 미치는 동아시아 및 글로벌 구조의 내용을

8 박지연, 『경제제재 그리고 북한의 선택』, 역락, 2016c, pp. 76~77.

9 위의 책, p. 212.

가시적이고 분석적으로 파악할 수 있다. 이를 통해 이들 행위자의 네트워크 전략을 체계적으로 이해할 수 있다.[10] 사회과학에서 관계망은 "조직 구성원이 과업 수행이나 서비스 및 정보를 얻기 위해 조직 내외의 개인 또는 집단과 맺고 있는 관계망"이라 정의할 수 있다. 이와 같이 한 지역에는 국가, 지방정부, 기업 및 개인 등 다양한 행위 주체들이 중층적으로 복합 관계망을 형성하고 있다.

현재 북한과 국제사회의 관계망은 의존 네트워크의 성격을 띠고 있다. 1995년 이후 국제기구, 비정부기구, 국가로부터 국제사회의 원조가 북한의 국가 경영과 주민의 생활에 기여해 왔다. 고난의 행군 시기에 북한 당국은 생존을 위해 국제사회에 지원을 요청해 생존을 이어 왔다. 대기근 이후 서서히 몰락으로 들어설 것이라는 예상과 달리 북한은 현재까지 핵을 매개로 도발과 협상의 양면 전략을 구사하며 북한 특유의 벼랑 끝 전술로 대처해 오고 있다.[11]

동북아시아 국제관계의 사회적 자본과 구조적 공백은 양자 및 다자간의 전략적 상호작용을 설명해 준다. 사회적 자본은 3개 이상의 국가들이 공동의 전략을 형성해 낼 수 있는 관계망을 말한다. 특히 구조적 공백은 관계망에서 전략적 목적으로 한두 개의 링크가 추가로 연결됨으로써 채워질 수 있는 공백을 의미한다. 이 구조적 공백은 중개brokage를 통해 정보 확산 및 관계망의 상호작용을 통제하려는 전략의 대상으로 주목을 받게 된다.[12]

---

10 김상배, 「서론」, 윤영관 외, 『네트워크로 보는 세계 속의 북한』, 늘품플러스, 2015, p. 21.

11 우승지, 「탈냉전 시기 북한의 의존 네트워크 분석」, 윤영관 외, 『네트워크로 보는 세계 속의 북한』, 늘품플러스, 2015, p. 252.

12 신범식, 「북·중·러 접경지대 개발협력과 동북아시아지역 정치」, 윤영관 외, 『네트워크로 보는 세계 속의 북한』, 늘품플러스, 2015, p. 323.

동북아지역 정치에서 대표적인 사회적 자본은 한·미·일 삼각관계이다. 최근에 주목 받는 관계가 북·중·러 삼각관계이다. 북·러 간의 연결 고리가 약한 반면에 중·러 간의 전략적 협력에서 중국이 동북아에 미치는 영향력이 압도적이어서, 러시아는 러·북 관계를 강화하는 데 한국이 투자에 참여하기를 기대한다. 그런데 북한의 제4차 핵실험과 장거리 탄도미사일 발사로 중국과 러시아가 유엔 대북 제재에 동참함에 따라 이들의 관계도 약화되고 있다. 이미 2009년에 북한과 단절을 선언한 일본과 2016년 초에 개성공단 중단으로 북한과 관계가 단절된 한국도 구조적 공백으로 남게 되었다. 현재 북·중 경제적 관계만 자원 의존 중심으로 유지되고 있는 형편이다.

3. 대북 경제제재 조치

국제사회의 제재 조치는 두 가지 차원에 살펴볼 수 있다. 먼저 국제사회의 총의가 반영되고 국제법적 구속력이 있는 UN안보리결의안이다. 다음으로 북한에 실질적 영향력을 행사하는 주변 강대국들의 양자 제재이다.[13] 경제제재는 크게 무역제재, 금융제재, 자산동결 및 기타제재 등으로 나눌 수 있다. 무역제재에는 수출입 금지, 관세 인상, 차별 관세, 블랙리스트 작성 등이 포함된다.[14] 금융제재는 단독으로 부과되거나 무역제재와 연계해 추진되기도 하는데, 제재 대상국의 금융 비용을 증가시키는 작용을 한다.[15]

---

13 정성윤, 「한국의 대북 제재 : 분석과 시사점」, 『수은북한경제』, 2016. 봄, p. 66.

14 박지연, 「국제사회 대북 금융제재의 현황과 시사점」, 한국수출입은행 북한 · 동북아연구센터 편, 『북한의 금융』, 오름, 2016a, p. 223.

15 임강택, 「한국의 대북 제재 : 분석과 시사점」, 『수은북한경제』, 2016. 여름, p. 60.

표 1 경제제재의 형태

종류	유형
무역제재	수출입 금지, 관세 인상, 차별 관세 등
금융제재	금융거래 금지
자산동결	자산동결, 자본의 강제 수용 등
기타제재	여행 금지, 항행 금지 등

* 박지연(2016a, 224)

(1) 다자 제재 조치 : UN안보리

2006년 7월에 북한은 탄도미사일 발사 실험을 단행했고, 당해 10월에 제1차 핵실험을 시행했다. 이에 대응해 유엔안보리결의안 1718호를 채택했는데, 이 대북 제재에는 '무기 금수, 자산동결, 해외여행 금지, 사치품 금수 및 의심 화물 검색 등'이 포함되어 있었다. 2009년 4월에 북한은 장거리 로켓을 발사했고 당해 5월에 2차 핵실험을 실시함에 따라 대북 제재가 이전과 내용이 유사하게 구성되었다. 그러나 이 제재안은 자산동결과 여행 금지 대상 및 사치품 목록을 구체적으로 지정하지 않은 한계를 지닌다.[16]

2013년 3월에 북한의 제3차 핵실험에 대해 결의안 2094호를 통해 대북 제재를 강화했다. 제재안은 대량살상무기Weapons of Mass Destruction, WMD, 재래식 무기 개발과 관련된 품목의 수출을 전면 통제할 수 있게 한 '캐치올 catch-all' 항목을 추가했다. 아울러 제재 대상으로 6개 기관, 17개소 및 개인 4명을 추가했다. 특히 북한과 가장 밀접한 경제 관계를 가진 중국은 결의안

16 박지연, 「유엔의 스마트 제재와 북한」, 『수은북한경제』, 2016b. 봄, p. 19.

에 찬성했으나 제재 이행에는 소극적이었다.[17]

당해 5월에 중국은행은 북한의 대외 금융 사업을 총괄하고 외국환을 결제하는 조선무역은행과 거래를 중단했다. 한편 2014년 6월 4일 블라디보스토크에서 열린 북·러 무역경제 정부 간 회의에서 러시아는 러시아은행에 북한이 계좌를 개설하고 양국 간 무역 결제를 루블화로 하는 데 합의해 북한 측에 유리하게 해 주었다. 당시 북한의 대외무역은행과 고려개발은행은 러시아 '지역개발은행'에 루블 대리 계좌를 개설했다.[18]

2016년 3월 2일에 만장일치로 결의한 유엔안보리 대북 경제제재안의 주요 내용은 첫째, 제재 대상인 개인·기관을 28곳으로 확대해 자산동결·여행금지 조치를 단행하는 것이다. 둘째, 북한 금지 품목 거래를 전면적으로 봉쇄하려는 취지로 해운·항공 운송을 차단하는 것이다. 유엔안보리의 대북제재 결의 2270호는 북한 선박 27척의 유엔 회원국 입항을 금지하고 있다.[19] 셋째, 북한의 탄도미사일 발사와 관련된 위성 발사, 우주 발사체를 포함한 모든 형태의 기술협력을 금지해 대량살상무기 수출을 통제하는 것이다. 넷째, 금융 거래 제재로서 북한 정부와 노동당으로 유입되는 WMD 관련 자금줄을 차단하는 것이다. 다섯째, 금수 대상 사치품을 7개에서 12개로 확대하는 것이다. 진주, 보석, 보석용 원석, 요트, 고급 자동차, 귀금속, 경주용 차량 등이 종전의 금수 품목이었다. 이제는 고급 시계, 귀금속, 레크리에이션 스포츠 장비, 개인 선박, 수상 레크리에이션 장비 등도 수출이 금지되었다.[20]

미국이 추진했던 대북 원유공급 전면 중단과 외화벌이를 위한 북한 노동

17 위의 글, p. 23.

18 「안보리 대북 제재 결의와 러시아 나진-하산 구하기」, 『한겨레』, 2016. 3. 7.

19 「유엔 제재로 북한 선박 27척 모두 발 묶여」, 『자유북한방송』, 2016. 4. 6.

20 「안보리 대북 제재 결의 2770호」, 『자유북한방송』, 2016. 3. 9.

표 2 유엔안보리의 대북 경제제재안

연도	제재안	배경	주요 내용
2006 (10. 14.)	1718호	북한의 1차 핵실험 (2006. 10. 9.)	· 북한이 탄도미사일, 핵무기, WMD 프로그램을 포기하도록 촉구 · NPT, IAEA 안전규정으로 복귀 요구 · 6자회담 복귀 요구
2009 (6. 12.)	1874호	북한의 2차 핵실험 (2009. 5. 25.)	· 2 · 13, 10 · 3 합의 이행 촉구 · 포괄적핵실험금지조약CTBT 동참 요구 · UN 회원국의 1718호 이행 촉구
2013 (1. 22.)	2087호	북한의 장거리 로켓 발사 (2012. 12. 12.)	· 1718, 1874호의 내용 재확인 · 대량의 현금에 대한 언급 · 무기 개발에 사용될 여지가 있는 모든 품목에 대해 회원국의 수출입 통제 가능 조항 삽입 · 결의에 제재 대상 직접 첨부(단체 6개, 개인 4명)
2013 (3. 8.)	2094호	북한의 3차 핵실험 (2013. 2. 12.)	· 회원국 내 대량 현금의 북한으로 유입 방지 결정 · 무역 · 공적 금융 지원을 제공하지 말 것을 결정 · 회원국 자국 내의 지사, 대표부 및 계좌 개설을 금지하기 위한 조치 촉구
2016 (3. 2.)	2270호	북한의 4차 핵실험 (2016. 1. 6.) 북한의 장거리 탄도미사일 광명성호 발사 (2016. 2. 7.)	· 북한의 소형 무기 수입 금지 · 제재 대상 개인 · 기관 28곳 확대 · 북한의 핵 · 미사일 개발 자금 조달과 물품 거래와 관련된 네트워크 단절 · 해운 · 항공 운송 차단 · 대량살상무기WMD 수출 통제 · 금융 거래 제재 · 이행 확인 : 제재 대상자 명단을 12개월 단위로 갱신 · 사치품 제한
2016 (11. 30.)	2321호	북한의 5차 핵실험 (2016. 9. 9.)	· 북한의 석탄 수출량 제한 · 광물 수출 금지 품목 추가 : 동, 니켈, 은, 아연 등 · 북한이 제작하는 조형물이나 헬리콥터, 선박 등 판매 금지

* 임강택(2016, 7) ; 유엔안보리결의안 2270호 보완

자의 해외 파견 금지 등은 중국의 반대로 유엔안보리의 대북 경제제재안에 포함되지 못했다.

(2) 양자 제재 조치 : 중국의 사례

2016년 4월 5일에 중국 상무부는 UN안보리의 대북 제재 결의에 대한 구제적 이행 조치로 북한으로부터 수출입을 금지하는 품목 25종을 발표하고 바로 시행에 들어갔다. 이는 2013년 북한의 제3차 핵실험에 대응한 결의안 2094호 채택 후 이행 조치가 나오기까지 6개월 정도 소요되었던 것과 달리 상당히 신속하게 이루어진 것이다. 수입 금지 품목은 석탄, 철, 철광석뿐만 아니라 금, 티타늄, 바나듐광, 희토류 등 총 20종이 포함됐다. 다만 석탄, 철, 철광석은 민생 목적일 경우 핵 또는 탄도미사일 실험과 무관하거나 기존 대북 제재 결의안에 저촉되지 않을 경우에는 수입을 예외적으로 허용한다. 한편 북한에서 생산된 광물이 아니거나 북한을 통과해 나진항을 통해 수출되는 광물에 한해 예외적으로 북한을 경유한 중국이나 러시아로부터 석탄 등의 광물 수입이 가능하다.

중국의 수출 금지 품목은 항공 가솔린, 나프타를 포함한 항공 연료, 등유를 포함한 로켓 연료 등 5종이 포함되었다. 항공 연료의 경우는 유엔안보리가 인도주의 목적으로 승인했을 경우에 한해 유효한 감시가 가능한 범위 내에서 수출이 허용되며, 북한 민항기가 해외에서 급유를 받는 것이 허용된다.[21]

중국 정부는 이행보고서 제출 기한을 넘겨 제출했지만 안보리 결의 사항을 충실히 이행하고 있다고 강조했다. 예컨대 중국 상무부가 발표한 항공유 등 북한과의 수출입을 금지하는 품목 25종 및 대량살상무기 제조에 사용될 가능성이 있는 물질 40여 종을 대북 수출 금지 품목 리스트에 추가했다. 대북 제재 이행을 위해 중앙정부가 세관 및 금융 당국에 어떤 조치를 취했는지 등을 언급했다. 다른 한편으로 중국은 민생 목적일 경우에는 북한의 석탄, 철, 철광석 등 광물 수출이 가능한 점을 강조했다. 또한 한반도 비핵화

21 「중, 중앙정부, 대對북 제재 공식화… 석탄·항공유 등 금지 품목 발표」, 『연합뉴스』, 2016. 4. 5.

관련 협상 및 휴전협정을 평화협정으로 대체하기 위한 협상 개최를 주장했다. 특히 고고도미사일방어체계THAAD의 한반도 배치를 반대하는 내용을 이행보고서에 포함했다.[22]

중국은 유엔안보리의 대북 추가 제재 결의에 거부권을 갖고 있다. 미국 행정부는 2016년 2월에 미국 의회에서 통과된 '대북제재강화법'에 근거해 '세컨더리 보이콧secondary boycott'을 북한과 거래하는 제3국 기관과 개인에 적용할 수 있게 되어 있다.[23] 이에 대해 중국이 일방적 제재를 반대한다는 의미는, 즉 세컨더리 보이콧을 반대하는 것이다. 현 단계에서 이런 제재가 북을 직접 겨냥하기보다 북한과 거래하는 중국 기관들이 그 대상이 되기 때문에 우려를 하는 것이다.[24]

유엔안보리 2321 결의 집행을 위해 중국 대외무역법에 따라 북한 원산지의 석탄 수입을 일시 정지한다. 2016년 12월 1일부터 당해 말까지는 석탄 수입에 5,349만 달러 또는 100만 톤의 규제를 받고, 다음 해부터는 연간 4억 달러 또는 750만 톤의 석탄만 판매가 가능하다. 유엔 전문가 위원회는 북한의 석탄 수출 동향을 주시할 것이며 회원국들은 수입량이 75, 90, 95%에 이를 때마다 1718 위원회로부터 통고를 받게 된다. 중국이 2006년 말부터 금지령을 실행에 옮겨, 이 상한선으로 인해 중국 무역업자의 수입량은 60%까지 감소할 것으로 보인다.[25] 이와 별도로 구리와 니켈, 은, 아연이 잠정적으로 광물 수출

---

22 신종호, 「안보리 대북 제재 결의 2270호 이행보고서 평가」, 『Online Series』 CO 16~22, 2016. 9, pp. 3~4.

23 장형수, 「북한의 핵·탄도미사일 개발과 대북 제재」, 『수은북한경제』, 2016. 봄, p. 34.

24 「유엔 추가 대북 제재 결의, 내용보다 실천에 더 역점을 둘 듯」, 『자유아시아방송』, 2016. 10. 21(Stephen Haggard 인터뷰).

25 「중국 상무부, '기업들에 북한 석탄 경보 발령'」, 『자유북한방송』, 2016. 12. 27.

금지 품목에 추가되었다.

신규 금지 품목은 일종의 부식 방지용 강철, 세라믹 구성 요소, 그리고 소듐과염산염, 폭발물 제조에 사용되는 무기화학물질을 포함한다. 북한이 제작하는 조형물이나 헬리콥터, 선박 등의 판매도 금지되었다. 사치품 목록에는 유엔결의안 2321호에 이미 명시된 두 품목이 추가되었는데, 고가의 직물과 본차이나 자기를 북한에 수출하는 것도 유엔 제재 위반 사항이다.[26]

중국 정부가 2017년 1월 25일에 유엔안보리 대북 제재 2321호 결의에 대한 추가 이행 조치로 북한이 재래식 무기 개발에 사용할 수 있는 이중 용도 물자의 수출을 금지하는 시행령을 발표했다. 중국 상무부는 공업정보화부, 국가원자력기구, 해관총서 등 5개 부서와 공동으로 '대북 수출 금지 이중 용도 물품 및 기술 추가 목록에 대한 2017년 제9호 공고'를 통해 이 같은 내용을 공개했다. 이 시행령은 '특수 재료와 관련 장비', '재료 처리 장비', '전자제품', '통신' 등 총 8개 항목이 상세히 기술돼 있다. 또한 핵 및 탄도미사일 관련 15가지 종류의 이중 용도 품목과 원심분리기 등 생화학무기 전용 가능 품목, 재료 처리 설비 등 재래식 무기 이중 용도 품목이 포함되었다. 안보리가 처음 이 목록을 공개할 당시 눈에 띄었던 이동통신 전파 방해 장비나 수심 1,000미터에서 운용이 가능한 수중 장비, 센서를 이용해 로봇을 제어할 수 있는 시스템 등도 시행령에 포함되었다.[27]

---

26 위의 기사.

27 「中, 대북 금수 품목 추가 공고… 재래식 무기 포함」, 『데일리NK』, 2017. 1. 26.

표 3 북·중 교역 현황(2013~2015년)

(단위 : 100만 달러, %)

연도	북한의 대중 수출		북한의 대중 수입		합계		무역수지
	금액	증감률	금액	증감률	금액	증감률	
2013년	2,914	17.3	3,633	3.0	6,547	8.9	-719
2014년	2,841	-2.5	4,023	10.7	6,864	4.8	-1,182
2015년	2,484	-13	3,226	-20	5,710	-16.8	-742

* 중국해관통계에는 2014년 1월부터 북한에 대한 원유 수출을 제로로 기재함. 하지만 KOTRA는 2013년과 동일한 물량에 당해 연도의 원유 국제 가격을 곱한 금액(2015년에는 2억 8,000만 달러, 50만 톤) 수출을 가정하고 북·중 무역 통계를 추정함.

4. 북·중 교류와 교역의 변화

이 장에서는 2000년대 중반 이후부터 중국이 북한의 핵실험과 장거리 미사일 발사에 대응해 취해 온 대북 제재 조치가 중국과 북한 간의 인적 교류와 교역에 어떠한 영향을 미쳤는지 살펴본다.

북한의 제3차 핵실험 이후 중국 정부는 UN안보리결의안 2094호 채택에 찬성하고 철저한 이행을 하달했다고 알려졌다. 대북한 전략물자 수출 경로이자 주요 밀수 통로였던 중국 다롄항의 통관 절차는 단기적이나마 엄격한 통제가 이루어졌다. 통관 검사, 북한주민 출입경조사 강화, 중국 내 미인가 영업이나 환치기 단속이 시행되었다. 또한 북한 식당, 노동자 파견과 같은 사업에 대해서도 '엄격한 법 집행'을 강조하며 감시와 통제를 강화했다. 중국인들의 북한 관광도 일시적으로 중단되었다.[28]

2015년 북·중 무역은 2000년대 이후 처음으로 두 자릿수인 큰 폭으로 감소했다. KOTRA는 전년 대비 16.8%, 중국해관통계는 14.7% 감소한 것으로 추정한다. 특히 북한의 대중對中 수입 감소폭이 대중 수출 감소폭을 상회하는 것으로 보인다. 2016년 북·중 교역액은 약 58억 2,000만 달러로 전년도보다 증가했다.[29]

2013년 북한의 제3차 핵실험 도발에 대해 중국 당국은 전례 없이 학계는 물론이고 일반인들의 대북 비판과 시위를 허용했다. 국경 무역을 포함해 중국 내 북한의 금융 활동에 대해서도 압력을 강화해 김정은 정권을 겨냥하고 있다.[30] 그리고 중국은 항공유 공급을 사실상 중단해 2013년에 항공등유 600톤(66만 달러)을 수출했다. 2015년 중국해관총서에 따르면, 2014년에 중국은 북한에 항공등유 1만 3,630톤(1,402만 달러)을 수출했다. 2014년의 원유 공급도 2011~2012년에 비해 3분의 1 수준에 불과하다.[31]

2015년 6월 두 차례에 걸쳐 중국은 훈춘에서 북한 나진항을 거쳐 상하이로 컨테이너를 보냈다. 당월 11일에 훈춘에서 컨테이너 42개, 24일에 컨테이너 38개를 싣고 북한 나진항을 거쳐 상하이에 3일 만에 도착했다. 중국 동북지역에서 광물뿐 아니라 곡물, 목재 등을 중국 남동부 연안 공업지역으로 운송하는 주요 통로로 나진항을 활용할 수 있다.[32]

광물 수출은 북한 경제의 중요한 부분을 차지하며 군비를 충당하는 자금

---

28 김유리, 「북·중 경제 관계 현황 및 향후 남·북·중 협력에 대한 시사점」, 『수은북한경제』, 2016. 가을, p. 87.

29 「지난해 북·중 무역, 제재에도 7% 증가」, 『미국의 소리』, 2017. 2. 14.

30 김흥규, 「새로운 북중관계의 시대, 어떻게 인식할 것인가」, 정덕구·추수롱 외, 『기로에 선 북중관계』, 중앙북스, 2013, pp. 37~64.

31 「안보리 대북 제재 결의와 러시아 나진-하산 구하기」, 『한겨레』, 2016. 3. 7.

32 「중, 컨테이너 수송에 나진항 이용 본격화」, 『자유아시아방송』, 2015. 6. 30.

원으로 알려져 있다. 핵실험 등으로 국제사회의 제재를 받는 북한은 중국에 석탄(수출액 비중 34%), 철광석(6.6%), 철강(3.9%) 등의 광물을 수출해 연간 15억 달러의 외화를 벌어들였다.[33] 특히 북한의 대표 수출 품목인 석탄과 철광석은 2010~2014년 기간에 전량이 중국으로 수출되었다. 2015년에 북한 1,960만 톤의 석탄을 수출해 10억 5,000만 달러의 수입을 거두었다.

중국 상무부가 대북 제재 방안으로 북한으로부터 광물 수입을 금지한 이후에도 북·중 국경에서는 광물로 보이는 물자를 가득 채운 북한 트럭이 중국 쪽으로 지속적으로 반입되었다. 북한의 대형 트럭 한 대가 세관 검사를 받은 후에 허룽和龍시 난핑南坪 쪽으로 진입해 유사한 대형 트럭 13대와 합류하는 모습이 보였다. 중국은 "완전히 민생 목적의 경우 핵·탄도미사일 개발과 관련 없음이 증명되는 것은 수입 금지에서 제외했다"라고 했는데, 광물 적재량이 많지 않고 지급액도 적을 경우 중국이 '민생 관련'으로 판단했을 가능성이 있다.[34]

2016년 북한의 대중 교역 규모를 보면, 1/4분기에는 전년 동기 대비 6.2% 증가했으나 대북 제재가 본격화된 2/4분기에는 3.8%가 감소했다. 2/4분기 교역 규모의 감소를 견인한 것은 대중 수출 감소였다. 수입은 3.4% 증가한 반면 대중 수출은 전년 동기 대비 12.6%가 감소한 5억 4,754만 달러에 머물렀다. 3/4분기에는 4.7%가 증가했다. 2016년 7월에 중국 언론이 한국의 고고도미사일방어체계인 사드THAAD 배치를 비판하면서 단둥의 세관 검사가 다소 완화된 것으로 보인다.[35]

---

33 「중, 중앙정부, 대對북 제재 공식화 … 석탄·항공유 등 금지 품목 발표」, 『연합뉴스』, 2016. 4. 5.

34 「일 언론, 북한 광물 실은 트럭 여전히 중국으로 들어가」, 『연합뉴스』, 2016. 4. 10.

35 Anthony Michell, "Cross-Border Relations and North Korea : The Age of Sanctions," *Consensus Toward a Northeast Asian Economic Community*, Sejong : Korea Institute for

표 4 북한의 분기별 대중 수출입 현황(2015~2016년 3/4분기)

(단위 : 100만 달러, %)

연도	2015년			2016년					
	수출	수입	총계	수출		수입		총 계	
	(금액)	(금액)	(금액)	(금액)	(증가율)	(금액)	(증가율)	(금액)	(증가율)
1/4분기	545.5	563.3	1,109	568.7	4.2	608.3	8.0	1,177	6.2
2/4분기	626.2	769.6	1,396	547.5	-12.6	795.6	3.4	1,343	-3.8
3/4분기	730.0	774.9	1,505	758.0	3.8	817.0	5.4	1,575	4.7

* 한국무역협회

북·중 간의 2016년 10월 교역 총액은 5억 2,524만 달러로 지난 9월보다 21.1%가 증가했다. 특히 중국은 북한으로부터 수입액이 2억 3,838만 달러로 전년 대비 27.6%의 증가를 나타냈고, 대북 수출도 16.1% 증가했다.

품목별로 대중 수출의 40% 이상을 차지하는 무연탄의 경우, 2/4분기 수출 금액은 전년 동기 대비 수출량 감소와 가격 하락으로 28.4%가 감소했다. 최근 석탄 가격이 오르기 시작하며 2016년 10월 현재 톤당 62달러에 중국에 수출되고 있다.[36] 2016년 대북 경제제재에도 불구하고 무연탄 수출액은 약 11억 달러로 전년에 비해 소폭 증가했다.[37] 반면에 철광석은 대북 제재

International Economic Policy, 2016, p. 69.

36 「대중 수출 북 석탄가격 1톤당 20달러↑ 통치자금 확보 여유」, 『자유아시아방송』, 2016. 10. 12.

37 「지난해 북-중 무역, 제재에도 7% 증가」, 『미국의 소리』, 2017. 2. 14.

표 5 북한의 분기별 대중 광물 품목별 수출 현황(2016년 상반기)

(단위 : 100만 달러, %)

	무연탄				철광석			
분기	수출	증가율	(전년 동기 대비)		수출	증가율	(전년 동기 대비)	
	(금액)	수출금액	수출물량	수출단가	(금액)	수출금액	수출물량	수출단가
1/4분기	250.3	4.2	45.2	-28.3	9.3	-50.0	-28.8	-29.7
2/4분기	234.5	-28.4	-13.3	-17.4	26.2	82.3	82.1	0.1

* 한국무역협회

대상 품목임에도 2/4분기 수출 금액이 전년 동기 대비 82.3%나 증가했다.[38] 2016년 철광석은 2억 달러어치를 수출해 수출품 3위를 차지했다.

2016년 초에 국제사회의 대북 제재가 본격화하면서 중국 기업들의 대북한 투자와 교역이 위축되고 있다. 함경북도 청진시에서 중국 기업들의 임가공 상품을 전문적으로 생산하던 공장들은 주문 물량이 감소하고 있다고 한다. 청진시에는 '청진피복공장', '편직물공장', '관공장', '그물공장', '냉동공장' 등 많은 북한 기업소들이 중국 기업들의 임가공을 맡아 가동되어 왔다. 이들 북한 공장들은 공장 부지, 설비, 인력을 제공하는 대가로 임가공비를 받는다. 이같이 임가공 주문 물량이 대폭 줄어 교역이 감소하는 반면, 투자 약속도 취소하는 사례가 생겨나고 있다.[39]

---

38 홍제환, 「대북 제재 이후의 북 · 중 교역, 다각적 검토가 필요하다」, 『Online Series』 CO 16-21, 2016. 8. 8, pp. 2~3.

39 「중 대북 사업 대북 제재로 크게 위축」, 『자유아시아방송』, 2016. 4. 3. 이곳의 북한 노동자들은 기술 숙련도에 따라 중국 인민폐 130~250위안의 월급을 차등 지급 받는다. 예컨대 함경북도

2016년 9월 초에 제5차 북핵 실험 이후 북·중 무역 거래에 중요한 기업인 중국 단둥의 홍상鴻祥실업집단이 대북 불법 거래로 조사를 받았다. 이 그룹은 6개 자회사로 구성되어 있는데, 중·북 합작 회사로 선양의 칠보산호텔과 평양 류경식당을 운영하고 있다. 이 그룹의 핵심 계열사인 단둥홍상산업개발회사는 2011년 1월에서 2015년 9월까지 3억 6,000만 달러를 북한에서 수입했고 같은 기간에 1억 7,000만 달러어치를 북한에 수출했다.[40] 특히 북한에 알루미늄잉곳과 산화알루미늄, 암모늄파라텅스테이트APT, 삼상화텅스텐 등은 지속적으로 수출해 왔다. 이 회사는 이 기간 동안에 산화알루미늄 25만 3,219달러어치를 두 번에 걸친 선박 운송으로 북한에 팔았다. 수출된 물질은 핵과 미사일 개발에 전용될 수 있는 것들이다.[41] 이 회사가 받고 있는 혐의는 북한의 핵 및 미사일 개발 등 군수품 제조 설비를 허위 포장해 반입하고 허위 신고한 것, 탈세, 불법 자금 세탁, 위조 달러 거래, 마약 거래 등으로, 결국 그룹 자산이 동결되고 수사가 착수되었다.[42]

북·중 교역을 위해 홍상그룹은 광물을 운송하는 데 최소 10척의 선박을 중국과 북한 간에 정기적으로 운행했다. 2016년 3월 유엔안보리결의 2270호가 채택된 직후인 4월까지도 이들 선박은 북한 남포항과 중국 룽커우항을 정기적으로 오갔다. 단둥홍상산업개발회사는 2011년 1월부터 2013년 12월까지 북한에서 약 2억 3,000만 달러어치의 광물을 수입했다. 이 중 7척이 캄보디아 국적이고, 각각 1척이 시에라리온, 토고, 몽골 국적이다.[43] 2016년 3

무역국이 주선해 농촌경영위원회와 중국 기업이 합작으로 설립한 '관모봉회사' 도 북한으로 농기계를 반입하겠다는 약속을 취소했다고 한다.

40 Asan Institute for Policy Studies & C4ADS, *In China' s Shadow*, August 2016, p. 26.

41 위의 책, p. 34.

42 「中 랴오닝홍상, 사과박스에 核 물자 숨겨 北에 대량 밀매」, 『자유아시아방송』, 2016. 9. 20.

표 6 랴오닝 홍샹기업 집단

기업명	사업
단둥홍샹실업발전유한공사	북한에서 물품 99.9% 수입
랴오닝홍샹국제화운대리유한공사	
랴오닝홍샹국제여행사	
단둥홍샹변경무역정보자문서비스유한공사	
선양칠보산호텔	2010~2011년 리모델링 북 · 중 합작 기업
평양류경식당	북 · 중 합작 기업

* Asan Institute for Policy Studies & C4ADS(2016, 25)

월 이후 북한은 소유한 50여 척의 선박을 탄자니아 국적으로 바꿨다고 한다. 이들 선박 중에는 유엔안보리와 미국의 제재를 받는 선박들이 포함되어 있다.[44]

앞서 언급한 선양 소재의 칠보산호텔에서 홍샹그룹은 북한 정찰총국 산하의 해커 부대 '121국' 비밀 사무실에도 투자하며 운영한 것으로 추정된다. 이 비밀 사무실은 2014년 소니 해킹에 관여한 것으로 보도된다. 칠보산호텔은 중국계 실리sili은행의 인터넷 계정을 사용하기도 하는데, 이 은행의 도메인도 홍샹그룹 산하 부동산개발업체의 소유로 알려졌다.[45]

미국 법무부는 단둥홍샹실업발전유한공사가 대북 거래 대상인 조선광선

43 Asan Institute for Policy Studies & C4ADS, 앞의 책, pp. 39~40.

44 「북 선박 50여 척 탄자니아로 국제 세탁」, 『자유아시아방송』, 2016. 10. 7.

45 Asan Institute for Policy Studies & C4ADS, 앞의 책, pp. 36~37.

은행에 금융 지원 또는 지불 보증을 받았으면서 이 은행의 존재를 감추기 위해 위장 회사를 동원한 것으로 본다. 따라서 조선광선은행은 2016년 3월에 유엔안보리가 채택한 대북 제재 결의 2270호를 통해 북한의 핵 개발과 관련된 기관으로 지정되어 제재 대상이 되었다.[46]

2015년 말까지 중국 옌지延吉에서 일하다가 닝보寧波의 북·중 합작 기업인 북한 식당에 파견되어 일하던 남성 지배인 1명과 여성 종업원 12명이 집단탈북을 감행해 2016년 4월 7일 한국에 귀순했다. 그 영향으로 북한의 해외 식당들이 폐업하거나 경영난을 겪는 등 제재 효과가 나타나고 있다.[47] 특히 중국 내 북한 식당은 주요 고객인 한국 고객이 줄어들면서 영업에 커다란 타격을 입고 있다. 옌지에 있는 북한 식당 5곳이 한국 고객들이 찾지 않으면서 심각한 운영난을 겪고 있다.[48] 선양에는 북한 식당이 총 30개가 있는데 지난 2월부터 선양한인회는 북한 식당에 출입하지 말자고 촉구하는 운동을 펼쳐 북한 식당이 영업에 어려움을 겪고 있다.[49] 단둥의 북한 식당 15곳 가운데 3곳이 최근 문을 닫았다.

2016년 5월 현재 중국 노동당국은 중국 내 북한 식당에서 일하는 북한 비자를 소지한 종업원에게는 비자 연장을 해 주지만, 신입 종업원에게는 비자를 내주지 않겠다고 통보했다. 이는 북한 직원을 고용하는 IT 기업도 동일하게 적용된다.[50] 이 같은 중국의 조치는 북한으로 귀국하는 노동자들이

46 「美, 北에 핵물자 지원, '中홍샹' 에 초강력 제재」, 『데일리NK』, 2016. 9. 27.

47 정성윤, 「대북 제재의 평가 및 전략적 고려 사항」, 『Online Series』 CO 16~10, 2016. 4. 21, pp. 1~5.

48 북한 식당 고객 중에 한국인이 차지하는 비중이 평상시에는 30~40%, 백두산 관광객이 몰리는 여름에는 최고 80%로 이른다.

49 「중국 내 북한 식당 한국 고객 발길 뚝」, 『뉴포커스』, 2016. 4. 8.

외화 운반 역할을 하는 것을 어느 정도 사전에 차단하는 효과가 있는 것으로 평가한다.

그러나 2017년 들어서면서 중국의 인건비 상승과 북한 당국의 외화벌이 목적으로 중국으로 송출되는 노동력이 지속적으로 증가하는 추세에 있다. 지린성 훈춘에 4,500명, 구경지역인 카이산툰開山屯에 100여 명이 일하고 있다. 중국 동북3성뿐만 아니라 산둥성이나 내륙으로 파견된다고 한다.[51]

2016년 9월 30일부터는 각종 자재들을 운송하던 컨테이너 대형 차량이 대폭 감소했다. 특히 단둥 주재 북한 무역회사 간부들이 공안의 조사를 받자 아예 북한에서 무역회사 간부들이 나오지 않아 물동량에 영향을 미치는 것으로 분석된다.[52] 그러나 최근에 북·중 교역이 예전과 비슷한 수준에 회귀한 것으로 평가된다. 2016년 10월 북한 남포항에 대형 컨테이너 선박 2척이 정박한 것이 확인되었다. 약 1.5km 떨어진 남포의 석탄 수출항에서도 선박 3척이 석탄을 싣고 있는 것이 목격되었다.[53] 이는 유엔안보리결의 2270호에 중국의 요구로 석탄 수출입 금지 등이 올라 있지만 "민생과 관련된 거래는 예외로 한다"라는 조항이 삽입되었기 때문으로 추정된다.

게다가 한국과 미국이 사드THAAD를 배치하기로 하면서 국면이 전환되었다. 이에 반발한 중국이 대북 제재의 실행 속도를 훨씬 더 늦춘 것으로 알려지고 있다. 2016년 8월 이후 중국은 대북 원유 수출이 증가한 것으로 파악된다. 압록강변에 있는 83저유소에서 평북 피현군 백마화학공장까지

---

50 「中, 대북 제재 고삐 조인다… 北 식당 종업원 · 근로자 신규 비자 불허」, 『연합뉴스』, 2016. 5. 9.

51 「北, 해외 노동자 탈북 가능성에도 파견 확충 움직임」, 『데일리NK』, 2017. 1. 31.

52 「홍샹 무역 조사로 북 · 중 무역 주춤」, 『자유아시아방송』, 2016. 10. 4.

53 「대북 제재 불구 北 남포항 물자 교역 변화 없어」, 『데일리NK』, 2017. 1. 20.

11km 구간에 송유관을 통해 원유가 정상적으로 공급되고 있다. 그 결과, 같은 해 9월 24일 북한은 외국인을 초청해 강원도 원산 갈마국제공항에서 '원산국제항공친선축전'을 개최했다.[54]

2016년 12월 중국이 수입한 석탄은 200만 톤, 금액으로는 1억 6,800만 달러(약 1,960억 원)에 달하는 것으로 집계되어 유엔 대북 제재 위반 논란에 휩싸였다. 통일부는 중국의 북한 석탄 수입 상한선 초과에 대해 중국 정부의 수입 중단 조치 이전에 북·중 간 사전에 합의한 할당량이 있어 이를 이행한 것으로 보고 있다. 2017년에는 중국 당국에서 석탄을 수입하던 부분이 대폭 감소할 것으로 예상된다.

외부에는 국제사회의 대북 제재로 조선의 광물 수출이 거의 중단된 것처럼 알려졌지만, 실제로 철광석은 더 많이 수출되고 있다고 한다. 무산광산의 철광석 수출에 수십 개의 외화벌이 기관들이 몰려 있어 회사마다 채석장과 선광장을 차려놓고 철광석 생산에 힘을 쏟고 있다고 한다. 철광석 생산이 본격화되면서 매월 주기적으로 중국에서 식량을 실은 20톤 대형 트럭들이 줄지어 넘어오고 있다.[55] 그럼에도 중국 기업이 철수한 상황에서 철광석 함량이 담보되지 않는 상태여서 중국 측의 철광석 수입이 지속될지 의문시된다.

이와 같은 광물자원에 대한 대북 경제제재로 인해 북한은 의류나 해산물 가공 무역에 역점을 두면서 이 난국을 대처해 나가려고 한다. 북·중 간의 가공 무역은 2003~2010년 동안 미미한 수준에 머물러 있다가 2011년부터 빠르게 증가하기 시작했으며, 위탁 가공 무역은 주로 의류와 수산물 분야에서 이루어지는 것으로 나타났다. 보세 무역은 한국의 대북 제재가 시작

54 「중, 대북 원유 수출 정상화했다」, 『자유아시아방송』, 2016. 10. 13.

55 「북, 제재 불구 중국에 대규모 철광석 수출」, 『자유아시아방송』, 2017. 1. 27.

된 2010년부터 빠른 속도로 증가하였는데, 이는 북한이 중국지역 내 창고를 이용하여 한국, 일본 등 제3국으로 우회 수출을 할 가능성이 있다는 점에서 주목할 만하다. 동북2성과 북한의 주요 비교 우위 품목을 살펴본 결과, 북한과 다롄 사이에 생산 분업이 나타나고 있었다. 다롄의 대북한 현시비교우위지수RCA는 섬유 또는 의류 가공에 필요한 원재료를 중심으로 높게 나타났고, 북한의 대對다롄 RCA는 원재료보다 완제품 의류를 중심으로 높게 나타났다.[56]

2016년 상반기 북한의 대중 수입 중 전년 동기 대비 크게 증가한 제품은 합성필라멘트사 직물이고 대중 수출 품목 중 남성 및 여성 재킷, 여성코트 등 복장 의류 제품들은 전년 동기 대비 각각 41.2%, 26.6%, 19%로 크게 증가하였다. 이는 북한이 합성필라멘트사를 수입해 완제품으로 가공해 중국에 수출한 것에 기인한다.[57]

한편 2016년 1월에서 11월까지 중국에 수출한 수산물 규모는 약 1억 7,000만 달러로 전년 동기 대비 75%가 증가했다. 이는 북한 전체 대중 수출에서 7% 비중을 차지하며 대중 수출 품목별 순위에서 4위에 해당한다. 수산물은 석탄이나 철광석과 달리 유엔안보리가 대북 교역을 제한하거나 금지하는 품목이 아니어서 북한이 국제사회의 제재 가운데 북한이 수산물 수출을 새 외화벌이 원천으로 삼는 한편, 훈춘 수산물 가공업체가 꾸준히 북한산 수산물을 구매했기 때문이다.[58] 그리고 유엔 대북 제재가 시행된 지 약 1년이 지난 2017년 기준 오히려 내부 시장화 진전 및 중국과의 활발한 교역

56 최장호 외, 『북 · 중 분업 체계 분석과 대북 경제협력에 대한 시사점』, 대외경제정책연구원, 2015, p. 8.

57 림금숙, 「대북 제재가 북 · 중 경협에 미치는 영향」, 『수은북한경제』, 2016. 겨울, p. 21.

58 「북 · 중, 수산물 가공 교역 활발 … 대북 제재 속 활로 모색」, 『데일리NK』, 2017. 1. 20.

등으로 북한 시장에서 쌀 가격이 오히려 1,000원 가량 하락했다.[59]

유엔안보리의 경제제재 조치에도 불구하고 북·중 간의 교역은 조치가 단행된 분기에 다소 변동이 있지만 전반적으로 증가 추세에 있다. 그러나 북·중 접경지역 랴오닝성의 2016년 지역총생산GRDP은 −2.5% 성장을 기록했다. 이는 신성장 동력 부족, 실업 문제, 대북 제재 등이 복합적으로 작용했다고 본다.[60]

2017년 2월 13일 말레이시아에서 북한 공작원에 의해 김정남이 피살되자 중국 상무부, 해관총서 2016년 제81호 공고에 근거해 중국 정부는 당해 12월 31일까지 북한으로부터 석탄 수입을 전면 중지시켰다. 그러나 이와 같은 중국 중앙정부의 석탄 수입 금지 조치에도 불구하고 중국 세관의 규제가 심한 단둥의 둥강東港항 대신에 규제가 느슨한 산둥성의 르자오日照항을 통한 북·중 거래가 활발하다고 한다. 북·중 석탄 무역은 개인 상인들 간의 거래로 외교 질서나 제재를 무시한 채 공공연히 밀수가 자행되고 있는 것이 현실이다.[61]

중국이 대북 위탁 생산을 확대해 북한의 외화벌이 숨통이 트일 것으로 예상된다. 중국 소방대원의 복장, 군화, 자원선 차단 크림, 향수, 중장비 부품, 정밀기계, 유압 설비 부품에 이르기까지 다양한 형태의 위탁 생산과 기술협력이 강화되고 있다. 다른 한편 옌볜자치주의 허룽에 국가급 변경경제합작구를 건설해 북한 노동력을 활용하는 방안을 계획하고 있다.[62] 이와 같

59 「北, 쌀값 작년 比 1000원 하락 … 시장화 · 中교역 확대 영향」, 『데일리NK』, 2017. 1. 31.

60 「홀로 뒷걸음 성장 … 랴오닝성의 눈물」, 『동아일보』, 2017. 2. 10.

61 「'北 석탄 수입 중지' 조치에도 석탄 밀무역 활발」, 『데일리NK』, 2017. 2. 23.

62 「中의 '노골적' 대북 제재 역행 … 연변서 北 인력 활용 경협 추진」, 『연합뉴스』, 2017. 3. 29.

은 북·중 간의 산업협력이 지속적으로 증가할 것으로 보인다.[63]

중국은 북한 핵 문제가 중국의 대북정책 실패 때문이라는 미국의 입장을 반박하며 오히려 미국의 대북 압박이 그 이유가 되었다고 주장해 이에 대한 자국의 책임을 부정해 왔다. 중국은 북한 핵을 용인할 수 없지만 그렇다고 중국 스스로 강력한 대북 제재에 나설 의도가 없으며, 다자적 접근에 입각해 문제 해결을 꾀하겠다는 입장을 비치고 있다.[64]

5. 나가며

제5차 북핵 실험으로 중국이 대북 제재에 적극 동참할 것을 공포함에 따라 북·중 간 교류와 교역의 확대는 당분간 기대하기 어려울 것으로 예상된다. 북한의 군수물자 지원과 연루된 중국 기업과 북한 기업에 대한 제재가 한층 강화되고 신속하게 금융업계에 통보되어 자산동결로 이어질 가능성이 커졌다. 북한은 석탄 등 자원 수출의 어려움에 봉착하면서, 동북3성의 기업들과 의류나 해산물 등 가공 무역으로 부족한 외화를 메우려 할 것이다. 최근 탄도미사일 발사로 중국 은행은 북한 자금줄이나 북한의 해외 노동자 문제 등에 더욱 압박 수위를 높일 것으로 예상된다. 북한은 한국·일본과의 관계망 단절과 중국에 대한 제재 위협과 러시아와의 취약한 경제 관계로 인해 경제적 압박을 받으면서, 결국 구조적 공백이 심화되는 사면초가의 형국에 놓여 있다.

63 「중국, 대북 위탁 생산 확대」, 『자유아시아방송』, 2017. 2. 28.

64 최화식, 「북한의 4차 핵실험과 중국, 러시아 요인」, 『2016 러시아는 어디로 가는가』, 김현택 · 김선래 · 최우익 편저, 한국외국어대학교 지식출판원, 2016, pp. 104~105.

북한의 제4차 북핵 실험 이후 고고도미사일방어체계인 사드THAAD의 한국 배치를 놓고 미·중 간에 갈등이 재현되고 있다. 중국은 한국의 사드 배치에 대한 반발과 함께 중국의 대북 제재 수위를 점차 완화하고 있다. 사드의 전진 배치는 북핵 위협에 대한 효과적인 대응 수단이지만, 문제는 방어 수단이라는 점이다. 따라서 미·중이 북한의 비핵화에 서로 공감대를 형성하고 적극적으로 대처하지 않는 한 근본적인 문제 해결이 어려울 전망이다.[65]

관계망 이론network theory은 인위적인 경제제재나 새로운 관계망 형성 등의 관계망 변화를 상정하고 있지 않다. 예컨대 동북아의 국세 관계를 보면 사이버 공격이나 핵실험 등을 위해 국제사회가 인정하지 않는 불법 무기를 운반하는 행위로 인해 국제사회로부터 제재가 가해져 정치·경제적 관계망이 훼손되는 것이 목도된다. 그러나 환동해지역에서 북한과 이웃 국가인 한국 및 일본 그리고 러·북·남의 삼각 경제 관계가 중단된 결과로서 환동해권 경제구조의 변화, 즉 중·북·러 또는 러·일 경제 관계가 강화되는 새로운 변화가 모색되고 있다.

65 조한범, 「북한의 비핵화가 본질이다」, 『Online Series』, 2016. 2. 4, pp. 1~4.

제7장

몽골-중국 동북3성 경제협력과 환동해지역 : 몽골 수입 대체·수출 지향 산업의 최우선 분야에서의 협력을 중심으로

김보라

1. 서론

몽골과 중국 동북3성은 지리적으로 가까운 위치에 있다. 이 측면에서 경제협력을 추진하는 데 우호적인 여건을 가진다. 그 밖에 몽골과 중국 동북3성의 경제협력은 첫째로 몽골과 중국의 경제협력을 확대시키고, 둘째로 몽골, 중국과 환동해지역 국가들의 경제협력을 활성화·확대시키는 측면에서 중요하다. 그 이유는 몽골이 동부지역과 중국 동북3성을 통해 환동해지역 국가들에 몽골산 광물과 제품을 수출하고, 또한 이 방향으로 환동해지역 국가들과 경제협력을 발전시키는 이해관계를 가지는 데 있다. 그리고 중국 동북3성은 환동해지역에 포함되기도 하지만 몽골과 환동해지역 사이에 위치하여 몽골과 환동해지역 국가들 양측과 협력을 추진하고 확대시킬 수 있는 기회를 가지고 있다. 이러한 맥락에서 몽골과 동북3성의 경제협력은 몽골, 중국과 환동해지역 국가들의 협력이 발전하는 데 중요한 의의를 지닌다. 따라서 몽골과 중국 동북3성이 경제적 측면에서 어떻게 협력하는지에 대해 연구하는 것은 몽골과 중국 동북3성의 경제협력, 나아가 몽골, 중국과 환동해지역 국가들의 경제협력이 활성화되고 확대되는 것과 관련해 매우 중요한 문제이다.

현재 몽골과 중국 동북3성의 경제협력과 관련하여 필연적으로 다루고 살펴볼 사항은 몽골의 수입 대체·수출 지향 산업에서 이루어지는 협력이다. 그 이유는 몽골이 그동안 광물과 원자재를 원료 형태로 수출해서 이들을 활용하여 생산한 제품을 수입하고 소비하는 정책을 추구했다면, 2015년 이후에는 광물과 원자재를 가공하고 최종 제품을 만들어 국내 수요를 충족시키고, 또한 수출하는 정책 혹은 수입 대체·수출 지향 산업개발정책에 중점적으로 주의를 기울이고 있다는 데 있다.

이는 몽골과 중국의 경제협력을 광물과 원자재를 수출하는 전통적 경제협력이 아닌 제조업 분야 협력 측면에서 살펴볼 필요성을 유발시킨다. 또한 몽골과 중국 동북3성의 경제협력을 이 같은 몽골의 주요 경제정책과 연관지어 살펴보는 것은 이 두 지역의 협력을 합리적이며 효과적으로 추진하는 하나의 방안이 될 수 있을 것이다.

수입 대체·수출 지향 산업개발정책과 관련하여 몽골은 현재 몇몇 분야들을 우선적으로 개발하는 데 중점을 두고 있으며, 이러한 분야들을 중국 등 외국의 투자와 경제협력으로 개발하고자 하는 입장을 가지고 있다. 이와 관련하여 몽골과 중국 동북3성의 경제협력을 수입 대체·수출 지향 산업의 최우선 분야들을 범위로 하여 살펴보는 것이 타당해 보인다. 따라서 이 글에서는 몽골과 중국 동북3성의 경제협력을 몽골의 수입 대체·수출 지향 산업의 최우선 분야에서 이루어진 협력을 중심으로 살펴보고자 한다. 또한 몽골과 중국 동북3성의 경제협력이 두 지역과 환동해지역 국가들의 경제협력이 활성화되고 확대되는 것과 관련될 수 있다는 점을 감안할 때 이 두 지역의 경제협력이 몽골, 중국과 환동해지역 국가들의 경제협력에 미치는 영향 문제가 자연스럽게 제기될 수 있다. 이와 관련해 몽골과 중국 동북3성의 수입 대체·수출 지향 산업에서의 협력이 이 세 지역의 협력에 어떻게 영향을 미칠 수 있는지 살펴보는 것을 또 다른 목적으로 한다.

이에 따라 이 글은 다음과 같은 순서로 진행된다. 제2절에서는 몽골의 수입 대체·수출 지향 산업개발정책과 이 정책으로써 최우선적으로 개발하고자 하는 분야들에 관하여 살펴본다. 제3절에서는 몽골의 수입 대체·수출 지향 산업의 최우선 분야에서 몽골과 중국 동북3성이 어떻게 협력할 수 있는지 살펴본다. 제4절에서는 몽골의 수입 대체·수출 지향 산업의 최우선 분야에서 몽골과 중국 동북3성의 협력이 몽골, 중국과 환동해지역 국가들의 경제협력에 어떤 영향을 미칠 수 있는지, 또는 몽골의 수입 대체·수출 지향 산업의 최우선 분야에서 몽골과 중국 동북3성의 협력 및 몽골, 중국과 환동해지역 국가들의 경제협력 간의 연관성에 관해 살펴본다. 제5절에서는 연구 결과를 요약하여 제시한다. 또한 몽골과 중국 동북3성의 경제협력이 이와 같은 방향으로 실질적으로 추진되는 데 필요한 정책 방안을 제시한다.

2. 몽골의 수입 대체·수출 지향 산업개발정책과 최우선 분야

몽골은 2009년과 2014년에 외환위기에 당면했다. 이것은 몽골 경제에 심각한 어려움을 가져왔다. 외환위기와 이로 인한 경제적 어려움의 원인을 몽골 정부는 몽골이 광물과 목축업 원자재를 원료 형태로 수출하고, 그 원자재가 가공된 최종 제품을 수입하는 것, 또한 광물과 목축업 원자재를 활용한 수출 제품을 적게 생산하는 것과 관련 지어 보았다. 따라서 몽골 정부는 2015년부터 광물과 목축업 원자재를 가공하고 최종 제품을 생산하여 국내 시장 수요를 충족하고, 또한 수출하는 산업 또는 수입 대체·수출 지향 산업을 개발하는 측면에 주의를 기울이고 이 방향의 정책을 근본적으로 시행하게 되었다.

예컨대 2015년 6월부터 산업화 최초의 정책을 통과시키는 것,[1] 산업화 정책 시행 중기 전략을 시행하는 것,[2] '생산지원법'을 통과시키는 것,[3] '정부와 지방정부 소유 자금으로 상품과 서비스를 구입하는 것에 관한 법',[4] '부가가치세법'(개정법)[5]과 '수입품 관세율을 제정하는 것'에 관하여 제74호 국회령을 수정하는 것,[6] '몽골의 지속적 개발 개념 — 2030'에 2016~2030년에 수

---

1 몽골 국회는 2015년 6월에 몽골 최초의 산업화 정책인 '국가산업정책' 을 통과시켰다. 이 정책의 목적은 2030년까지 몽골에 수입 대체 · 수출 지향 산업을 3단계로 개발하는 데 있다. 몽골 정부는 2015~2020년(1단계)에 기본적인 원자재를 국내에서 가공하고 수입 대체 · 수출 지향 산업을 개발하며, 2020~2025년(2단계)에 수출 주도적 산업을 개발하고 2025~2030년(3단계)에 제품의 서비스와 기술 수출 지향 산업을 개발하는 것을 목표로 하고 있다(Монгол Улсын Их Хурлын 2015 оны 62 дугаар тогтоолын хавсралт, "Төрөөс аж үйлдвэрийн салбарт баримтлах бодлого," 2015. 6. 19).

2 '국가산업정책' 의 1단계 시행과 관련하여 몽골 정부는 2015년 10월부터 '국가산업정책 시행 중기 전략(2015~2020년)' 을 시행하고 있다. 이 전략에 수입 대체 · 수출 지향 산업을 개발하는 것과 관련하여 법적 환경 마련, 운송 · 로지스틱스망 개발, 관련 사업들 개시, 인적 자원 양성, 정보 체계 개선 등 조치를 취하는 것으로 반영했다(Монгол Улсын Засгийн Газрын 396 дугаар тогтоолын хавсралт, "Төрөөс аж үйлдвэрийн талаар баримтлах бодлогыг хэрэгжүүлэх дунд хугацааны стратеги(2015-2020 он)," 2015. 10. 5).

3 몽골 국회는 2015년 7월에 '생산지원법' 을 통과시켰으며 본 법에 수출 지향 산업을 대출금 지원, 연구개발비 지원과 수출 지원 각종 수단, 특히 팩토링 서비스로 지원하는 것, 또한 생산 지원 기금을 설립하는 것을 반영했다("Үйлдвэрлэлийг дэмжих тухай хууль," 2015. 7. 9).

4 몽골 국회는 2015년 7월에 '정부와 지방정부 자금으로 상품과 서비스를 구입하는 것에 관한 법' 을 수정했다. 본 법의 수정으로 정부와 지방정부 기관들이 품질과 표준 요구 기준을 충족시키며 국내에서 생산이 가능한 상품을 외국산이 아닌 국내산 상품으로 구입하는 것으로 명시했다("Төрийн болон орон нутгийн өмчийн хөрөнгөөр бараа, ажил, үйлчилгээ худалдан авах тухай хууль," 2015. 7. 9).

5 몽골 국회는 2015년 7월에 '부가가치세법'(개정법)을 수정하여 광업 분야 수출용 최종 제품을 부가가치세에서 면제하는 것으로 명시했다("Нэмэгдсэн өртгийн албан татварын тухай хууль(Шинэчилсэн найруулга)," 2015. 7. 9).

6 몽골 국회는 2015년 7월에 '수입품 관세율을 제정하는 것에 관하여' 제74호 국회령을 수정하여 국내에서 생산할 수 있는 30개 상품군의 370가지 상품의 수입 관세율을 20퍼센트까지 인상시킬 권리를 몽골 정부에 부여했다(Монгол Улсын Их Хурлын 74 дүгээр тогтоол, "Импортын

입 대체·수출 지향 산업을 단계적으로 개발하는 것으로 명시하는 것,[7] '몽골 정부 시행계획(2016~2020년)'에 수입 대체·수출 지향 산업개발 조치들을 반영하는 것[8] 등의 조치들을 취하고 있다.

몽골은 이 같은 수입 대체·수출 지향 산업개발정책으로 현재 몇몇 분야를 우선적으로 개발하고자 한다. 이 분야에는 정유, 제철, 육제품과 유제품 제조 분야들이 들어간다. 이것에 관하여 살펴보면 다음과 같다.

(1) 정유 분야

몽골은 약 3억 3,000만 톤의 매장량이 확보된 석유와 약 4,300만 톤의 개발 가능성이 확보된 석유를 보유하고 있다.[9] 현재 몽골에는 정유 및 석유제품 생산 공장이 없으며,[10] 오늘날 필요한 석유제품을 100퍼센트 수입하여 소비한다. 몽골 정부는 정유 산업을 개발하여 우선적으로 국내 석유제품 수요를 100퍼센트 충족시키고, 나아가 외국으로 수출하는 것을 목표로 하고 있다.

барааны гаалийн албан татварын хувь, хэмжээг батлах тухай," 2015. 7. 9).

7 Монгол Улсын Их Хурлын 2016 оны 19 дүгээр тогтоолын хавсралт, "Монгол улсын тогтвортой хөгжлийн үзэл баримтлал-2030," 2016. 2. 5.

8 Монгол Улсын Их Хурлын 2016 оны 45 дугаар тогтоолын хавсралт, "Монгол улсын Засгийн газрын 2016-2020 оны үйл ажиллагааны хөтөлбөр," 2016. 9. 9.

9 Газрын тосны хэрэг эрхлэх газар(ГТХЭГ), "Газрын тосны олборлолтын өнөөгийн байдал," http://www.pam.gov.mn/page/2622.shtml?sel=4830(2016년 10월 27일 검색).

10 몽골 정부는 2012년에 다르항오올도, 2016년 초에 헨티도에서 정유 공장을 건설하는 사업을 개발하고 계획했다. 그러나 이들 사업은 아직까지 시행되지 않은 상태이다(Монгол Улсын Засгийн Газрын 9 дүгээр тогтоол, "Дархан-газрын тос боловсруулах үйлдвэр байгуулах төслийг хэрэгжүүлэх тухай," 2013. 1. 12 ; Монгол Улсын Засгийн Газрын 75 дугаар тогтоол, "Газрын тос боловсруулах үйлдвэр, дамжуулах хоолой барихтай холбогдуулан авах зарим арга хэмжээний тухай," 2016. 2. 1).

(2) 제철 분야

몽골은 약 110억 톤으로 추정되는 철광석 매장량을 보유하고 있다.[11] 이 중에서 개발 가능성이 확보된 철광석이 약 6억 8,000만 톤이다.[12] 현재 몽골에는 철광석을 가공하는 제철 공장이 없다. 몽골의 철제품 연간 소비량은 약 50만 톤이며 이것의 80퍼센트를 수입하여 사용한다.[13] 제철 분야를 개발함으로써 몽골 정부는 우선 국내 철제품 수요를 완전히 충족시키고, 나아가 해외로 수출하고자 한다.

(3) 육류 및 육제품 제조 분야

몽골은 2015년을 기준으로 약 5,600만 두수 가축을 가지고 있으며 1년에 약 36만 8,000톤의 육류를 생산할 수 있다. 이 중에서 23만 9,000톤을 국내에서 소비하고 12만 9,000톤을 수출할 수 있다고 본다.[14] 현재 몽골에 총 21개의 육류 공장이 있으며 이 공장들은 2014년과 2015년을 기준으로 1년에 1만 1,700~1만 6,800톤의 육류를 가공하고 육류와 육제품을 제조한다.[15] 이는 몽골에서 1년에 생산할 수 있는 육류의 3.1~4.6퍼센트에 불과하다. 몽골 정부는 육류와 육제품 제조 분야를 개발하여 국내 시장에서 육류와 육제품의 수요를 충족시키고 또한 외국 시장으로 수출하고자 한다.

---

11 Үндэсний хөгжлийн газар, "Төмрийн хүдрийн таамаг нөөц 11 тэрбум тонн," http://investmongolia.gov.mn/?page_id=53(2016년 11월 2일 검색).

12 Б. Баяртогтох, "Төмрийн хүдрээ төрийн мэдэлд авья," *Саак News*, 2013. 1. 7.

13 У. Болор, "Хөгжлийн шатандаа яваа төмөрлөгийн үйлдвэрлэл," *NNews*, 2013. 11. 14.

14 Т. Жанцан, "И.К.Азизов : Монгол мах экспортлох асуудлаа яаравчлах хэрэгтэй," *ASSA*, 2015. 9. 24.

15 ХХААЯ, "Цаг үеийн мэдээлэл," Дугаар 12, 2015 он, p. 7의 내용을 바탕으로 산출했다.

(4) 우유 및 유제품 제조 분야

몽골은 2014년을 기준으로 1년에 약 7억 6,000만 리터의 우유를 생산한다. 이 중에서 약 700만 1,000리터를 공장에서 가공한다.[16] 즉 몽골은 생산하고 있는 우유의 9.3퍼센트만 가공하여 우유와 유제품을 제조한다. 또한 우유 제조업이 제대로 발달되지 않아 몽골은 2014년을 기준으로 1년에 약 3,530만 리터 상당의 유제품을 수입하고 소비한다. 몽골은 우유와 유제품 제조 분야를 개발하여 국내 우유와 유제품 수요를 충족시키는 것 외에 외국으로 수출하는 것을 목표로 하고 있다.

3. 몽골 수입 대체·수출 지향 산업의 최우선 분야와 몽골-중국 동북 3성 경제협력

몽골 정부는 현재 수입 대체·수출 지향 산업의 최우선 분야를 개발하기 위하여 외국의 투자와 협력을 지원하고 있다.[17] 이와 연관 지어 몽골과 중국 동북3성의 경제협력을 몽골 수입 대체·수출 지향 산업의 최우선 분야에서의 투자와 협력 측면에서 살펴볼 수 있을 것이다.

(1) 정유 분야

중국 동북3성은 몽골의 수입 대체·수출 지향 산업의 최우선 분야 중 하나

16 이 부분의 통계와 관련하여 다음을 참조하였다. Хүнс, хөдөө аж ахуй, хөнгөн үйлдвэрийн яам(ХХААХҮЯ), "Хүнсний үйлдвэр : Сүүний үйлдвэрлэл," http://mofa.gov.mn/new/index.php?option=com_content&view=article&id=123&Itemid=195(2016년 12월 11일 검색).

17 Монгол Улсын Засгийн Газрын 396 дугаар тогтоолын хавсралт, 앞의 글, 2015 ; Монгол Улсын Их Хурлын 2015 оны 62 дугаар тогтоолын хавсралт, 앞의 글, 2015.

인 정유 분야에 풍부한 경험과 기술을 가졌다. 중국 동북3성은 1950년대부터 석유화학 분야가 발달하였으며 현재 지린석유그룹, 지린석유화학(지린성), 다칭스화, 헤이룽장룽신화학공(헤이룽장성) 등 대기업과 중소기업이 활동한다.[18] 이런 점으로 보아 동북3성은 몽골의 정유 분야에 투자하고 협력할 잠재력이 있다.

동북3성 기업들은 몽골 정유 분야에 투자를 하고 제조한 제품을 몽골 국내 시장에 공급할 수 있다. 또한 중국 시장으로 수출할 수 있다. 이렇게 하는 것은 한편으로는 수입 대체·수출 지향 산업을 개발하고자 하는 몽골의 정책에 부합된다. 다른 한편으로는 중국 동북3성이 '동북3성진흥전략'[19] 범위 내에서 중국의 타 지역에 석유 등 원자재를 공급하는 기지가 되려는 목적에 부합한다.

정유 분야에 투자할 때 중국 동북3성 기업들이 몽골의 동부지역[20]에 투자하고 공장을 건설하는 것에 관하여 검토해 볼 수 있을 것이다. 그 이유로는, 우선 몽골 동부지역이 중국 동북3성과 지리적으로 가장 가깝게 위치한다는 것을 들 수 있다.

둘째, 몽골 석유 매장량의 대부분이 몽골 동부지역에 있다. 현재 동부지역 도르노드도道의 탐삭 광산, 토송올 광산 등의 유전에서 석유가 채굴되고 있다. 그 밖에 동부지역에 석유가 매장된 것으로 추정되는 몇몇 개의 유전

18 이 장에서 살펴본 동북3성 정유, 제철, 육제품 및 유제품 제조 분야 현황과 기업들과 관련하여 다음을 참조하였다. 코트라, 『차이나 마켓 31』, 2011 ; 코트라, 『중국 지방 성 · 시별 진출 정보』, 2015.

19 이 장에서 살펴본 2003~2020년에 시행될 '동북3성진흥전략'의 내용과 관련하여 다음을 참조하였다. 김주영 외, 『중국 동북3성 재건과 우리의 진출 방향』, 한국수출입은행, 2004, pp. 33~36 ; 신호윤, 「동북3성진흥전략과 한 · 동북3성 경제협력 방안」, 『조산 · 연구』 2, 2008, pp. 10~12.

20 몽골 동부지역에는 도르노드도, 헨티도와 수흐바아타르도가 포함된다.

이 있다.[21] 그리고 동부지역과 인접하는 몽골 중부지역의 도르노고비도, 돈드고비도와 투브도에 석유가 매장된 것으로 추정되는 유전들과 석유가 채굴되고 있는 유전이 있다. 현재 도르노고비도의 '생산분배계약-97' 유전에서 석유가 채굴되고 있다.

셋째, 몽골의 '동부지역개발계획(2006~2016)'에는 동부지역 석유 매장지를 기반으로 하여 동부지역에서 정유 공장을 건설하고, 몽골 석유제품의 수요를 충족하고 동시에 수출하는 것에 관하여 명시되어 있다.[22] 그리고 '도르노드도개발종합정책(2009~2016)'에는 이 도의 마타드군郡에 2013~2016년에 정유 공장을 건설하는 것이 계획된 바 있다.[23] '헨티도개발종합정책(2010~2021)'에는 이 도에 있는 석유 광산 세 곳과 연계하여 정유 공장을 건설하는 내용이 반영되어 있다.[24] 이와 같이 몽골 동부지역개발 주요 정책에서 정유 분야 개발에 관하여 살펴보았을 때 중국 동북3성 기업들은 몽골 동부지역에 정유 공장을 건설할 기회와 여건이 있다.

넷째, 동북3성 기업들이 생산한 석유제품으로 몽골 석유 시장 수요를 충족시킬 경우 몽골 동부지역은 석유제품의 주요 소비자인 울란바토르시市와 비교적 가깝다. 예컨대 헨티도의 중심지인 웅두르하앙시는 울란바토르시에서 330km, 도르노드도의 중심지인 초이발상시는 655km, 수흐바아타르도의 바룽오르트시는 556km 거리에 위치한다. 또한 동부지역 헨티도와 수흐바아타

---

21 ГТХЭГ, "Бүтээгдэхүүн хуваах гэрээт талбайнууд," http://www.pam.gov.mn/content/--%D0%91%D0%A5%D0%93-%D1%82--%D1%82%D0%B0%D0%BB%D0%B1%D0%B0%D0%B9%D0%BD%D1%83%D1%83%D0%B4-13094.shtml(2016년 11월 7일 검색).

22 "Зүүн бүсийн хөгжлийн хөтөлбөр(2006-2015 он)," 2015 он, p. 10.

23 "Дорнод аймгийн хөгжлийн цогц бодлого(2009-2016 он)," 2009 он, p. 14.

24 "Хэнтий аймгийн хөгжлийн цогц бодлого(2010-2021 он)," 2009 он, p. 31.

르도는 울란바토르시와 포장도로로 연결된다. 도르노드도는 2016~2020년에 울란바토르시와 포장도로로 완전히 연결되는 것으로 계획되어 있다.

다섯째, 동북3성 기업들이 동부지역 정유 분야에 투자할 경우에 향후 상대적으로 많은 경로를 통해 제품을 중국 시장으로 수출할 수 있다. 몽골 정부는 '철도 운송 부문 국가정책'에 따라 몽골의 동부지역에서 후우트-초이발상, 후우트-누므룩, 후우트-비칙트 구간 신철도를 건설하기로 계획한 상태이다.[25] 이들은 몽골을 중국과 연결하는 노선들이다. 이들 철도 건설과 관련하여 현재 후우트-누므룩 구간 철도 타당성 조사, 지질학과 측지학 조사 관련 양해각서를 중국 측과 체결,[26] 후우트-비칙트 구간 철도 타당성 조사 수행, 이 구간 철도 사업의 투자 유치,[27] 타왕톨고이-사잉샨드-후우트-초이발상 구간 철도 타당성 조사, 지질학과 측지학 조사 사업을 마무리하고,[28] 사업을 일본 측에 소개하는 등의 일들이 추진되고 있다.[29]

여섯째, 몽골 정부는 '투자법'을 통해 기업들이 몽골 동부지역 정유 분야에 투자할 경우에 7~17년의 기간 동안 안정화 증명서를 부여하고 4가지 종류의 세금과 로열티 수준을 안정화시키기로 명시한 바 있다.[30] 이와 같은 투자 인센티브는 동북3성 기업들이 몽골의 동부지역 정유 분야에서 활동을

---

25 Монгол Улсын Их Хурлын 2010 оны 32 дугаар тогтоолын хавсралт, "Төрөөс төмөр замын тээврийн талаар баримтлах бодлого," 2010. 6. 24.

26 "Төлөвлөсөн төмөр замууд гацаад байна," *VIP 76*, 2016. 4. 11.

27 Д. Гансаруул, "Х.Хэрлэн : Хөөт-Бичигтийн төмөр замын техник-эдийн засгийн үндэслэл боловсруулагдаж байна," *Өдрийн сонин*, 2016. 10. 30.

28 Зам, тээврийн хөгжлийн яам, "Б.Артур : Тавантолгой-Гашуунсухайтын төмөр замыг 2018 оны эцсээр ашиглалтад оруулахаар төлөвлөсөн," 2016. 10. 18.

29 Д. Гансаруул, 앞의 글.

30 "Хөрөнгө оруулалтын тухай хууль," 2013. 10. 3.

하는 데 우호적인 여건을 조성한다.

(2) 제철 분야

중국 동북3성은 몽골 수입 대체·수출 지향 산업의 최우선 분야인 제철 분야에 풍부한 경험과 기술을 가지고 있다. 동북3성에서는 제철 및 장비 제조 분야가 1950년대부터 발달했으며 현재 선양공작기계공장, 선양선반공장, 선양비행기제조창, 다롄기차제조공장(랴오닝성), 이중그룹, 하덴그룹, 하항그룹, 치중수치제어장비유한회사, 중국제일중형기계그룹, 하얼빈전기그룹 등 5,000여 개 기업들(헤이룽장성)이 활동하고 있다. 이런 점에서 중국 동북3성 기업들은 몽골 제철 분야에 투자하고 협력할 잠재력을 가지고 있다고 볼 수 있다.

동북3성 기업들은 몽골에서 철광석을 가공하여 생산한 철과 철제품을 몽골 시장에 공급할 수 있다. 그리고 중국으로 수출하여 장비 제조 원자재로 활용할 수 있다. 몽골에서 생산한 철제품을 이와 같이 몽골과 중국 시장에 공급하는 것은 한편으로 수입 대체·수출 지향 제품 제조를 개발하고자 하는 몽골 정책에 부합되고, 다른 한편으로는 '동북3성진흥전략'에 따라 동북3성이 중국의 기계 설비 제조 기지가 되려는 목적에 부합될 수 있을 것이다.

중국 동북3성 장비 제조 기업들은 몽골의 제철 분야에 투자할 때 몽골 동부지역을 선택하여 공장을 설립하는 것에 대해 고려할 수 있다. 그 이유는, 먼저 동부지역에 몽골 철광석 매장량의 19퍼센트가 매장되어 있기 때문이다.[31] 예컨대 몽골의 39개의 후보 전략 광산들 중 하나인 바르길트 철광석 광산이 동부지역 헨티도 다르항군에 있다. 이 광산에서 추정되는 철광석 매

31 М. Сувд, "Л. Наранбаатар : Төмрийн хүдрийн баяжмалаас 1.2 тэрбум ам.доллар олох боломжтой," *Eagle.mn*, 2013. 11. 10.

장량은 약 4,300만 톤이며, 이 중 확보된 매장량은 약 2,300만 톤이다.[32] 현재 이 광산에서 철광석이 채굴되고 있다. 그리고 수흐바아타르도 바양올군에 있는 철광석 약 8,800만 톤이 매장된 차히오르트오보 등 철광석 광산들이 몽골 동부지역에 있다.

둘째, 동부지역 '도르노드도개발종합정책(2009~2016)'에는 헤를렝군의 철제품 제조 공장 건설 문제가 반영되어 있다.[33] 이 정도로 이 지역은 제철공장을 건설할 여건과 잠재성이 있다고 할 수 있다.

셋째, 동북3성 기업들이 생산한 제품을 몽골 시장에 공급하는 경우 철제품의 주요 소비자인 울란바토르시와 비교적 가깝다는 장점이 있다. 또한 동부지역은 몽골 신정부가 추진을 계획한 타왕톨고이-가숑소하이트, 후우트-비칙트, 주웅바양-항기 구간의 철도, 복드항 철도, '저렴한 아파트' 등[34] 철제품이 많이 필요한 인프라와 건설 사업들과 지리적으로 가깝게 위치하는 장점을 지닌다.

넷째, 동부지역에 공장을 설립했을 경우 랴오닝성과 헤이룽장성에 가공한 철과 철제품을 운송할 수 있는 철도 노선들이 몽골 '철도 운송 부문 국가정책'에 따라 건설이 계획되어 있으며, 이와 관련하여 시행 조치들이 현재 취해지고 있다.

(3) 육류 및 육제품 제조 분야

중국 동북3성은 식품 가공 산업이 매우 발달했다. 동북3성 지린성에는 육

---

32 Б. Бямбадагва·Ц.Цэгц·Ч.Навчаа, "Төмрийн хүдэр олборлолт ба зах зээлийн хэтийн төлөв," Ашигт малтмалын газар, 2013 он, p. 22.

33 "Дорнод аймгийн хөгжлийн цогц бодлого(2009~2016 он)," 2009 он, 14.

34 Монгол Улсын Их Хурлын 2016 оны 45 дугаар тогтоолын хавсралт, 앞의 글, 2016.

제품 제조 분야에서 하오웨皓月와 더다得大를 비롯한 34개의 국가급 선도 기업, 381여 개의 성급 선도 기업들이 활동하고, 헤이룽장성에서는 지우싼량유九三粮油, 베이다황미업北大荒米業 등의 기업들이 활동하며 이 분야에 많은 경험과 기술을 가지고 있다. 이런 점에서 동북3성 기업들은 몽골의 육류 및 육제품 제조 분야에 투자하고 협력할 수 있는 잠재력을 가진다고 볼 수 있다.

중국 동북3성 기업들은 몽골에서 제조한 육류와 육제품을 몽골 국내시장에 공급할 수 있다. 또한 중국 시장으로 수출할 수 있다. 이렇게 하는 것은 한편으로 국내시장의 수요를 가공한 육류 및 육제품으로 충족시키며 해외시장으로 수출하고자 하는 몽골의 정책에 부합되고, 다른 한편으로는 중국 '동북3성진흥전략'에 반영된 동북3성을 식량 생산 기지로 만드는 목적에도 부합된다. 몽골은 중국으로 육류와 육제품을 수출하는 데 많은 관심을 가지고 있으나[35] 중국의 검사, 제조와 위생 표준을 충족시키는 국내 기업이 아주 적다.[36] 따라서 동북3성 식품 기업들은 중국의 검사, 각종 표준 등을 충족시키며 또한 중국 소비자들의 특징과 선호도를 감안한 육류와 육제품을 제조하여 중국 시장에 공급할 기회가 있다.

중국 동북3성 기업들은 몽골의 육류 및 육제품 제조 분야에 투자할 때 몽골 동부지역을 선택할 수 있다. 그 이유는 첫째, 몽골 동부지역에 몽골 전체 가축의 14.6퍼센트가 있기 때문이다.[37] 2015년을 기준으로 동부지역에는 말이 약 70만 4,000두수, 소가 약 64만 8,000두수, 양이 약 390만 두수,

---

35 Монгол улсын Засгийн газрын 2015 оны 492 дугаар тогтоолын хавсралт, "'Мах' хөтөлбөр," 2015. 12. 14.

36 Г. Хулан, "Хятад руу мах экспортлох боломжтой боллоо," *Mongolian economy*, 2016. 2. 4.

37 다음에 기초하여 산출했다. Монгол улсын Үндэсний статистикийн хороо(МҮҮСХ), Статистикийн мэдээллийн үндсэн сан, "Мал аж ахуй : Малын тоо(төрлөөр, бүс, аймаг, сум, нийслэлээр)," http://www.1212.mn/statHtml/statHtml.do(2016년 11월 27일 검색).

염소가 약 280만 두수가 있다.[38] 이 중에서 도르노드도道에는 말이 약 19만 6,000두수, 소가 약 16만 3,000두수, 양이 74만 5,000두수, 염소가 44만 5,000두수가 있고, 헨티도에는 말 약 24만 8,000두수, 소 27만 1,000두수, 양 170만 두수, 염소 약 170만 두수가 있다. 수흐바아타르도에는 말이 약 26만 두수, 소가 21만 4,000두수, 양이 150만 두수, 염소가 약 170만 두수가 있다. 동부지역은 이와 같은 육류 자원을 가지고 있다. 또한 육류 자원을 가진 도르노고비도, 돈드고비도, 셀렝게도, 투브도 등의 중부지역 도들이 동부지역과 인접해 있다.

둘째, 몽골의 '동부지역개발계획(2006~2016)'에 몽골 동부지역은 1년에 소고기 약 3,000~3,600톤, 말고기 2,200~2,500톤과 양고기 1,200~1,400톤을 수출할 가능성 외에 육류 제조업을 개발할 여건과 잠재성이 있는 것으로 언급되어 있다.[39] 또한 '도르노드도개발종합정책(2009~2016)'에 이 도의 육류 자원에 기반하여 세르겔렝, 다쉬발바르, 헤를렝, 할흐골, 고르왕자갈, 바양동 등의 군에서 육류 공장을 건설하는 것이 가능한지 명시되어 있다.[40] 이들 정책 외에도 '수흐바아타르도개발계획(2007~2015)'에 육류 및 육제품 제조 설비 용량을 증가시켜 육류·육제품 수출을 지원하는 것,[41] '헨티도개발종합정책(2010~2021)'에 육류 공장을 건설하여 국내외 시장에 공급하는 것이 명시되어 있다.[42] 동부지역개발계획에 이와 같이 명시했듯이 동부

38 위의 글.

39 "Зүүн бүсийн хөгжлийн хөтөлбөр(2006~2015 он)," 2005 он, p. 13.

40 "Дорнод аймгийн хөгжлийн цогц бодлого(2009~2016 он)," 2009 он, p. 15.

41 "Сүхбаатар аймгийн хөгжлийн хөтөлбөр(2007~2015 он)," 2007 он, p. 11.

42 "Хэнтий аймгийн хөгжлийн цогц бодлого(2010~2021 он)," 2009 он, p. 27.

지역에서는 육류 및 육제품 제조 활동을 할 수 있는 기회가 중국 동북3성 기업들에 있다.

셋째, 동북3성 기업들이 생산한 제품을 몽골 국내시장에 공급할 경우 몽골 동부지역이 육류와 육제품 주요 소비자인 울란바토르시와 가깝고 포장 도로로 연결되어 유리하다.

넷째, 동북3성 기업들이 제조한 제품을 중국 시장으로 수출할 경우 몽골 동부지역에 중국 시장과 가깝게 연결되는 철도 노선 건설이 계획되어 있다. 현재 이들 노선을 건설하는 것과 관련된 다각적 조치들이 시행되고 있다.

다섯째, 몽골 국회는 2015년 7월에 동부지역 도르노드도 할흐골군에 '할흐골농목축업자유지대'를 건설하는 국회령을 통과시켰다.[43] 이 자유지대에 육류 산업을 개발하여, 육류·육제품 수출을 지원하는 것에 관한 계획을 세웠다. 이러한 상태는 동북3성 기업들이 몽골 동부지역에 육류 제조를 하는데 우호적인 영향을 미칠 것으로 보인다.

(4) 우유 및 유제품 제조 분야

중국 동북3성은 식품 분야 중에서 우유 및 유제품 제조 분야가 매우 발달했다. 중국 동북3성 기업들은 이 분야에 풍부한 경험과 기술을 가지고 있다. 현재 지린성에 하오웨, 더다, 화정華正, 광쩌廣澤 등의 기업들, 헤이룽장성에 페이허飛鶴유업, 솽청네슬레雙城Nestle, 완다산完達山유업, 베이인메이貝因美유업 등 많은 기업들이 유제품 분야에서 활동하고 있다. 따라서 중국 동북3성 기업들은 몽골의 우유 및 유제품 제조 분야에 투자할 잠재력을 가지고 있다고 볼 수 있다.

---

43 Монгол Улсын Их Хурлын 75 дугаар тогтоол, "Хөдөө аж ахуйн 'Халхгол' чөлөөт бүс байгуулах тухай," 2015. 7. 9.

중국 동북3성 기업들은 몽골에서 제조한 우유와 유제품을 몽골과 중국의 양국 시장에 공급하는 것에 관해 고려해 볼 수 있다. 이것은 한편으로 수입 대체·수출 지향 산업을 지원하는 몽골의 산업화 정책에 부합된다. 다른 한편으로는 동북3성을 식량 생산 기지로 만드는 '동북3성진흥전략'의 목적에 부합된다. 현재 몽골의 우유 및 유제품 제조 분야에 투자한 중국 기업이 거의 없으며 몽골의 테서그룹이 중국 네이멍구 시장에 유제품을 공급하고 있다.[44]

중국 동북3성 기업들이 몽골의 우유 및 유제품 제조 분야에 투자할 때는 몽골 동부지역에 투자하여 공장을 건설하는 것에 관해 검토해 볼 수 있다. 그 이유는 다음과 같다. 첫째, 몽골 우유의 적지 않은 양이 동부지역에서 생산된다. 2014년을 기준으로 몽골은 우유 약 760만 리터를 생산했는데, 약 120만 리터는 동부지역에서 생산되었다.[45] 그리고 동부지역은 도르노고비, 돈드고비, 셀렝게, 투브 등 우유가 많이 생산되는 중부지역 도와 가깝게 위치한다. 이 도들이 울란바토르시와 포장도로로 연결되어 있으며 동부지역의 3개 도와 포장도로로 연결될 수 있다. 또한 동부지역과 중부지역에서 생산되는 우유량이 몽골 전체 지역에서 생산되는 우유량의 40.2퍼센트를 차지한다.

둘째, 몽골 동부지역에 우유 및 유제품 제조를 개발하는 계획이 수립되어 있다. 예컨대 '동부지역개발계획(2006~2016)'에는 유제품 제조를 증가시키기 위해 목장을 동부지역 도의 모든 군에 설립하는 사업을 시행하는 것에

---

44 "Тэсо корпораци албан ёсны төлөөлөгчийн газраа нээж Хятадын зах зээлд нэвтэрлээ," *NNews*, 2016. 3. 23.

45 МУҮСХ, Статистикийн мэдээллийн үндсэн сан, "Мал аж ахуй : Хөдөө аж ахуйн бүтээгдэхүүний үйлдвэрлэл(төрлөөр, бүс, аймаг, нийслэлээр)," http://www.1212.mn/statHtml/statHtml.do(2016년 11월 21일 검색).

대해 명시되어 있다.[46] '도르노드도개발종합정책(2009~2016)'에는 우유 및 유제품 제조 공장을 헤를렝, 볼강, 바양올, 바양투멘과 셀겔렝 군에 설립하는 것이 계획되어 있다.[47] 또한 '수흐바아타르도개발계획(2007~2015)'에 우유 가공 공장을 투자와 차관 정책으로 지원하여 설립하는 것, 우유 및 유제품 제조 공장의 설비 용량을 증가하여 수출을 지원하는 것이 계획되어 있다.[48] '헨티도 개발종합정책(2010~2021)'에는 웅두르하앙시에 우유 공장을 건설하는 것, 너러블링과 바양아드락 군에 젖소 목장을 건설하는 것, 우유 및 유제품 운송, 보관과 유통망을 구축하는 것이 명시되어 있다.[49] 동부지역 도의 개발 계획에 우유 및 유제품 제조 분야를 지원하는 것에 대해 이와 같이 계획된 것으로 볼 때 이 지역은 우유 및 유제품 분야에 투자할 여건과 환경이 마련되어 있다고 할 수 있다.

셋째, 동북3성 기업들이 생산한 제품을 몽골 국내시장에 공급할 경우 동부지역은 몽골에서 가장 큰 유제품 시장인 울란바토르시와 가깝다. 수흐바아타르도와 헨티도가 울란바토르시와 포장도로로 연결되어 있다. 도르노드도는 2020년까지 울란바토르시와 포장도로로 연결될 계획이다.

넷째, 몽골은 '철도 운송 부문 국가정책'으로서 몽골의 동북3성을 경유하는 철도 노선 건설을 계획하여 관련 조치들을 취하고 있다. 이들 노선이 향후 누므룩-이얼스, 비칙트-주웅하타브츠 방향으로 우유 및 유제품을 중국 시장으로 수출할 기회를 마련해 준다.

다섯째, 몽골 국회는 동부지역 도르노드도 할흐골군 지역에 '할흐골농·

---

46 "Зүүн бүсийн хөгжлийн хөтөлбөр(2006~2015 он)," 2005 он, p. 21.

47 "Дорнод аймгийн хөгжлийн цогц бодлого(2009~2016 он)," 2009 он, p. 15.

48 "Сүхбаатар аймгийн хөгжлийн хөтөлбөр(2007~2015 он)," 2007 он, p. 16.

49 "Хэнтий аймгийн хөгжлийн цогц бодлого(2010~2021 он)," 2009 он, pp. 28~29.

목축업자유지대'를 설립하는 국회령을 2015년 7월에 통과시켰다. 이 자유지대 활동이 몽골 동부지역에서 농·목축업을 개발하고 농·목축업 제품을 몽골과 중국 시장으로 수출하는 것인데, 우유 제조업을 개발하는 문제도 반영되어 있다. 이러한 상태는 동북3성 기업들이 몽골의 동부지역 우유 및 유제품 제조 분야에 투자하는 데 우호적 영향을 미칠 수 있을 것이다.

4. 몽골 수입 대체·수출 지향 산업의 최우선 분야에서 몽골-중국 동북3성 협력과 환동해지역

중국 동북3성 기업들은 몽골 동부지역 정유, 제철, 육류와 유제품 제조 분야 등 수입 대체·수출 지향 최우선 분야들에 투자를 하고, 생산한 제품을 몽골 동부지역과 중국 동북3성을 경유하는 몇몇 철도 노선을 통하여 중국 시장에 공급할 수 있다. 이것은 궁극적으로 몽골, 중국과 환동해지역 국가들의 협력이 향후 활성화되고 확대되는 결과를 가져올 수 있을 것이다. 이것에 관하여 살펴보면 다음과 같다.

첫째, 중국 동북3성 기업들은 몽골에서 생산한 제품을 후우트-누므룩-이얼스-만저우리-치치하얼-하얼빈-무단장-수이펀허 구간 철도 노선[50]을 통하여 중국 시장에 공급할 수 있다. 또는 이 철도 노선을 통해 석유, 철제품 등

50 이 노선은 2016년 6월에 우즈베키스탄의 수도 타슈켄트시에서 개최된 상하이협력기구 정상회담 때 몽골, 중국과 러시아 3국 정상이 협력하기로 합의한 중-몽-러 경제회랑 조성 계획에 포함된 '해안-1 회랑' 혹은 초이발상-후우트-누므룩-이얼스-만저우리-치치하얼-하얼빈-무단장-우수리스크-블라디보스토크-나호트카 구간 철도 노선이다. 여기에서 살펴본 철도 노선들과 관련하여 다음을 참조하였다. Монгол улсын Гадаад харилцааны яам, "Монгол-Орос-Хятадын эдийн засгийн коррherидор байгуулах хөтөлбөрийн төслийн жагсаалт," http://www.mfa.gov.mn/?p=35087(2016년 11월 16일 검색).

중공업 제품들을 하다치공업벨트 및 헤이룽장성의 기타 국가·성급 개발구들에 공급할 수 있다.[51] 중국 동북3성 기업들이 몽골에서 제조한 제품을 중국 내 시장에 공급할 뿐만 아니라 수이펀허-우수리스크-블라디보스토크-나호트카 구간 철도와 블라디보스토크와 나호트카 항구들을 통해 환동해지역 국가들의 시장으로 수출할 수 있다. 이렇게 함으로써 한편으로 몽골, 중국과 환동해지역 국가들의 협력이 운송과 교역 측면에서 활성화되어 확대될 수 있다. 다른 한편으로 환동해지역 국가들과 몽골 간의 협력이 활성화될 수 있다. 예컨대 환동해지역 국가들은 몽골의 수입 대체·수출 지향 산업에 투자와 경제협력을 시행하도록 할 수 있다.

둘째, 중국 동북3성 기업들이 후우트-누므룩-이얼스-우란호트-창춘-옌지-훈춘 구간 철도[52]로 몽골에서 제조한 석유, 철, 육제품과 유제품을 중국 시장에 공급할 수 있다. 이 중에서 석유, 철제품 등 중공업 제품을 창지투 개발개방선도구 및 지린성의 국가·성급 기타 개발구들에 공급할 수 있다. 중국 동북3성 기업들은 더 나아가 몽골에서 제조한 제품을 훈춘-자루비노 구간 철도와 자루비노 항구를 통해 환동해지역 국가들에 수출할 수 있다. 이러한 것은 몽골, 중국 동북3성과 환동해지역 국가들의 경제협력이 운송, 교역 등 측면에서 활성화되고 확대되는 하나의 요소가 될 수 있다. 또한 궁극적으로 환동해지역 국가들과 몽골의 경제협력을 증가시키는 요소가 될

---

51 여기에서 살펴본 동북3성 개발구들과 관련하여 다음을 참조하였다. 코트라, 앞의 책, 2011 ; 서종원 외, 『중국 동북지역 교통체계 발전 전망과 우리의 대응 방안』, 대외경제정책연구원, 2012 ; 코트라, 앞의 책, 2015.

52 이 노선은 2016년 6월에 우즈베키스탄의 수도 타슈켄트시에서 개최된 상하이협력기구 정상회담 때 몽골, 중국과 러시아 3국 정상이 협력하기로 합의한 중-몽-러 경제회랑 조성 계획에 포함된 '두만강운송회랑(해안-2)' 또는 초이발상-누므룩-이얼스-우란호트-창춘-옌지-훈춘-자루비노 구간 철도 노선이다.

수 있다.

셋째, 중국 동북3성 기업들이 후우트-비칙트-시린궈러(주웅 하타브츠)-츠평-차오양-진저우 구간 철도노선[53]을 통해 몽골에서 생산한 제품을 중국 시장에 공급할 수 있다. 또한 몽골에서 가공·생산한 중공업 제품들, 특히 석유와 철제품을 랴오닝연해경제벨트 및 랴오닝성의 국가·성급 기타 개발구에 공급할 수 있다. 그 외에 중국 시장에 공급하지 않은 제품들을 진저우 항구를 통해 환동해지역 국가들로 수출할 수 있다. 이렇게 함으로써 몽골, 중국과 환동해지역 국가들의 경제협력이 운송, 교역 등의 측면에서 확대되는 결과를 가져올 수 있다. 또한 환동해지역 국가들과 몽골의 경제협력이 제고되는 결과도 나올 수 있다. 예컨대 환동해지역 국가들이 몽골의 수입대체·수출 지향 산업 최우선 분야들, 그리고 환동해지역 국가들의 기업이 경쟁력을 가진 몽골의 기타 분야에 투자하는 결과를 발생시킬 수 있다.

중국 동북3성 기업들이 몽골의 동부지역 수입 대체·수출 지향 산업 최우선 분야들에 투자하여 제조한 제품을 중국 내 시장, 더 나아가 환동해지역 국가들에 공급하는 이 노선들은 몽골, 중국 동북3성과 환동해지역 국가들의 경제협력이 이루어질 주요 노선들이며, 이 노선들을 활용한 협력이 결국 몽골, 중국과 환동해지역 국가들의 협력이 활성화되고 확대되는 결과를 발생시킬 것이다.

53 이 노선은 2016년 6월에 우즈베키스탄의 수도 타슈켄트시에서 개최된 상하이협력기구 정상회담 때 몽골, 중국과 러시아 3국 정상이 협력하기로 합의한 중-몽-러 경제회랑 조성 계획에 포함된 ‘동부회랑’ 또는 보르자-솔로베프스크-애래앵차브-초이발상-후우트-비칙트-시린궈러(주웅 하타브츠)-츠평-차오양-진저우/판진 구간의 철도 노선이다.

5. 결론

이 글에서는 먼저 몽골과 중국 동북3성의 경제협력을 몽골의 수입 대체·수출 지향 산업 최우선 분야를 중심으로 살펴보고, 다음으로 몽골의 수입 대체·수출 지향 산업에서 몽골과 중국 동북3성의 협력이 몽골, 중국과 환동해지역 국가들의 협력에 미치는 영향을 살펴보았다.

그 결과 첫째로 중국 동북3성 기업들이 몽골의 수입 대체·수출 지향 산업 최우선 분야인 정유, 제철과 육제품 및 유제품 제조 분야에 투자할 수 있으며, 특히 지리적으로 가까운 위치, 이 분야에서의 잠재력, 이 분야 제품을 몽골 국내시장에 공급하고 중국 시장에 수출할 수 있는 여건, 기타 우호적 요소(투자인센티브, 농·목축업지대 설립 프로그램 등)를 기반으로 몽골의 동부지역에 투자할 수 있음을 확인했다. 둘째, 중국 동북3성 기업들이 이 분야에 투자하고 제조한 제품을 몽골 동부지역과 중국 동북3성(헤이룽장성, 지린성, 랴오닝성)을 경유하는 철도 노선으로 중국 시장에 공급하고, 또한 이 세 노선을 환동해지역 국가들과 연결시킨 철도와 해상로를 통해 이들 국가에 수출함으로써 몽골, 중국과 환동해지역 국가들 간의 경제협력이 확대되고 활성화되는 결과가 발생할 수 있음을 확인했다. 따라서 결론적으로 몽골과 중국 동북3성은 몽골의 수입 대체·수출 지향 산업 최우선 분야에서 협력할 수 있으며, 이와 같은 협력은 몽골, 중국과 환동해지역 국가의 경제협력이 확대되고 활성화되는 결과를 가져올 수 있다.

이 글에서는 중국 동북3성과 몽골의 경제협력 및 몽골, 중국과 환동해지역 국가들의 협력이 확대되고 활성화되는 문제와 관련하여 현재 건설되지 않은 몽골 동부지역 철도 노선들을 살펴보았다. 몽골 동부지역 철도는 아직 건설되지 않은 상태이지만 건설하기로 계획되어 있고, 또한 건설과 관련하여 다각적 조치들이 취해지고 있다. 이 밖에도 몽골 동부지역 경유 철도 노선은 2016년 6월에 우즈베키스탄의 타슈켄트시에서 개최된 상하이협력기구 회담에서 몽골, 중국과 러시아 3국이 협력하기로 서명한 경제회랑 조성 계획에 포함되었다. 이러한 맥락에서 이 노선들을 건설하는 일이 가까운 시일 내에 실현될 가능성이 있다.

그리고 몽골과 중국 동북3성이 이상과 같이 협력하고, 환동해지역 국가들과의 협력을 확대시키는 데 다음과 같은 조치들이 필요한 것으로 판단된다. 먼저 몽골 측이 몽골 동부지역의 수입 대체·수출 지향 산업 분야에 투자하고 협력하는 것과 관련된 기회와 여건에 관한 정보를 마련하고 동북3성 측에 제공할 필요가 있다. 예컨대 몽골 동부지역 도르노드도, 헨티도와 수흐바아타르도 지자체, 몽골 국립개발청 등 유관 기관 웹사이트에 이들과 관련된 자세한 정보가 거의 없다. 그리고 몽골 동부지역 3개 도에서의 투자 기회와 관련된 자료도 별로 없다.

둘째, 몽골 동부지역과 중국 동북3성 간 관계가 가까워지도록 하고 정기화하는 등의 방법으로 투자와 경제협력이 이루어질 여건을 조성하는 조치들을 취할 필요가 있다. 언론 매체 보도에 따르면, 2013년 10월에 알탕호약 몽골 국무총리의 중국 방문 시 바트소오리 수흐바아타르도지사가 랴오닝성에서 '수흐바아타르도 소개 및 건설 개발'이란 주제로 발표하고 몽골, 수흐바아타르도와 랴오닝성의 투자와 협력에 관하여 논의했다.[54]

그리고 이 방문에서 수흐바아타르도와 랴오닝성의 우호적인 관계협력 양해각서가 체결되었다.[55] 또한 2015년 8월에 오용바아타르 헨티도지사가 랴오닝성을 방문하고, 랴오닝성 진저우시 대표단이 2015년 5월에 헨티도를 방문

54 О. Одноо, "Ж.Батсуурь БНХАУ-ын Ляонин мужид айлчиллаа," *NNews*, 2014. 4. 10.

55 Монгол улсаас БНХАУ-д суугаа Элчин сайдын яам, "Монгол улсын Ерөнхий сайд Н.Алтанхуяг БНХАУ-д албан ёсны айлчлал хийв," 2013. 11. 10.

하여 경제협력에 관하여 의논하는 등의 조치들이 취해졌다.[56] 몽골의 동부지역과 중국 동북3성의 지자체들이 서로 가까워지도록 하고 정기적으로 협력함으로써 두 지역의 투자와 경제협력을 합리화하고 조정하는 차원의 중요한 조치들을 취할 수 있다.

셋째, 몽골 정부는 동부지역 투자 환경을 개선하는 것과 관련된 조치들을 취할 필요가 있다. 예컨대 동부지역 경유 철도 노선 건설 사업을 가속화하고 2015년 7월에 몽골 국회에서 승인된 '할흐골농·목축업자유지대 건설' 국회령을 시행하는 것과 관련된 조치들을 취할 수 있다.

넷째, 1990년 이전에 몽골의 동부지역에서는 제조업이 비교적 잘 발달했다. 예컨대 동부지역 도르노드도 초이발상시는 울란바토르, 다르항, 에르데네트 다음으로 산업화된 도시이다. 몽골 동부지역에 현재 1990년대 이전에 활용되었으나 현재 활용되지 않고 있는 중·경공업 공장들이 있다. 몽골 측은 동북3성 기업들의 투자를 이 시설들과 연결하는 조치를 취할 수 있다. 또한 석유 등 광물 채굴과 탐사 분야에서 현재 몽골 동부지역에서 활동하는 몇몇 중국 기업이 있다. 이들 기업을 중국 동북3성의 정유 분야 투자와 연결하고 연계하는 조치도 취할 수 있다.

몽골의 수입 대체·수출 지향 산업 최우선 분야에서 몽골과 중국 동북3성의 협력을 지원하는 이 같은 조치를 취함으로써 몽골, 중국과 환동해지역 국가들의 경제협력이 활성화되고 확대될 가능성이 높아질 수 있다.

이 글은 다음과 같은 학문적·정책적 기여도가 있을 것으로 기대된다. 첫째, 몽골과 중국 동북3성의 경제협력을 전통적 광물과 원자재 분야가 아닌 제조업 분야, 요컨대 몽골 정부가 2030년까지 개발하고자 하는 수입 대체·

---

56 "Аймгийн засаг дарга Ж.Оюунбаатар Шилийн гол аймаг, Жинжөү хотод ажлын айлчлал хийлээ," http://khentii.mn/web/%D0%B0%D0%B9%D0%...B8/(2016년 12월 9일 검색).

수출 지향 산업에 대한 협력 측면에서 살펴보았다. 이러한 점은 몽골과 중국 동북3성, 나아가 환동해지역 국가들의 경제협력과 그 방향성을 살펴보는 하나의 접근이 될 수 있다.

둘째로, 몽골과 중국 동북3성의 협력 방안을 몽골의 동부지역 수입 대체·수출 지향 산업의 협력 측면에서 살펴보았다. 이러한 점은 몽골과 중국 동북3성, 더 나아가 환동해지역 국가들의 경제협력망 구성 및 경제협력 확대 전략을 수립하는 데 참고가 될 수 있다.

또한 앞으로 이 글에서의 연구를 좀 더 확대해 발전시킬 필요가 있다. 첫째, 이 글에서는 몽골과 중국 동북3성의 협력을 난시 몽골의 수입 대체·수출 지향 산업 최우선 분야 범위 내에서 살펴보았다. 몽골 정부는 앞으로 많은 중·경공업 분야의 개발을 계획하고 있다. 따라서 이 두 지역의 협력을 몽골의 수입 대체·수출 지향 산업의 기타 많은 분야로 확대하는 연구가 필요하다.

둘째, 몽골과 중국 동북3성이 몽골의 수입 대체·수출 지향 산업 최우선 분야에서 어떻게 협력할 수 있는지 살펴보았다. 따라서 다음 연구에서는 몽골의 수입 대체·수출 지향 산업의 최우선 분야별로 몽골과 중국 동북3성이 협력하는 방향과 전략을 살펴볼 필요가 있다.

제IV부

중국 동북 접경지역의 생태환경 문제와 협력

제8장

중국 동북지역과 북·러 접경지역의 생태환경 문제

이송림李松林

1. 서언

중국의 동북지역은 랴오닝성, 지린성, 헤이룽장성 등 3개 성과 네이멍구자치구 동부의 지펑赤峰시, 퉁랴오通辽시, 후룬베이얼呼伦贝尔시와 싱안멍兴安盟을 포함한다. 동북지역의 면적은 125만 km^2로 중국 총면적의 13%, 인구는 약 1억 1,800만 명으로 전국 총인구의 8.4%를 차지한다.[1] 동북지역은 건국 이후 반세기가 넘는 건설을 거쳐 강철, 기계, 석유, 화학공업과 석탄 등 중공업 중심의 산업 체계를 형성하여, 중국에서 중요한 장비제조업 기지인 동시에 주요 식량 산지이며 생태 보전구이다. 20세기 이전 동북지역의 생태환경은 중국 내 기타 지역에 비해 양호한 편이었다. 그러나 20세기에 걸친 대규모 자원개발과 건국 이후의 대규모 공업개발로 동북지역은 점차 자원이 풍부하고 산천이 수려한 지역에서 자원을 과다 소모하고 생태환경이 악화되는 지역으로 변했다. 일부 학자들은 동북지역 생태환경이 2003년 동북진흥전략 실시 이전으로 복구가 불가능한 임계 상태에 처했고, 단기간에 인간활동이 자연환경에 최악의 영향을 미친 전형적인 지역 중 하나라고 지적한

1 刘文新等,「东北地区生态环境态势及其可持续发展对策」,『生态环境』16(2), 2007, p. 709.

다.[2]

동북지역은 러시아, 북한과의 접경지역이도 하다. 동북지역의 중·러 변경선은 4,300km에 달하며, 특히 헤이룽강(러시아에서는 아무르강) 상류와 중류, 헤이룽강 남쪽 지류인 어얼구나허额尔古纳河와 헤이룽강 동쪽지류인 우수리강乌苏里江 등 경계하천과 변계호수인 싱카이호兴凯湖와 수상변계를 이루고 있다. 동북지역의 중·북 변경선은 1,420km에 달하며, 육지 경계산맥인 장백산(북한에서는 백두산)을 중심으로 하여 서남쪽으로 압록강과 동북쪽으로 두만강이 경계하천으로 인접해 있다. 두만강 하류 입해구까지 약 15km는 북·러 경계하천으로 두만강 하구지역은 중·북·러 3국 접경지역이기도 하다.

이 글에서는 동북지역의 전체적인 생태환경의 변화 추세를 압력 요인과 현 상태 시각에서 분석함과 동시에 동북 접경지역을 헤이룽강, 두만강, 압록강 유역으로 나누어 구체적인 지역 생태환경 문제를 분석하고 향후 과제를 제시하고자 한다.

2. 동북지역 생태환경의 변화

동북지역의 생태환경은 전형적인 압력 요인과 현 상태로의 변화된 특징을 갖고 있다. 지역 경제사회 활동에 의한 환경과 자연자원에 대한 압력 요인은 지역의 생태환경에 거대한 변화를 가져왔다. 비록 근 20여 년간 동북지역은 상대적으로 경제성장 속도가 전국에 비해 느려 경제적 지위가 떨어지고 있으나, 그 원인을 보면 경제체제적 원인 외에도 장기간에 걸친 자원 의

2 宋玉祥, 「东北地区生态环境保育与绿色社区建设」, 『地理科学』 22(6), 2002, p. 655.

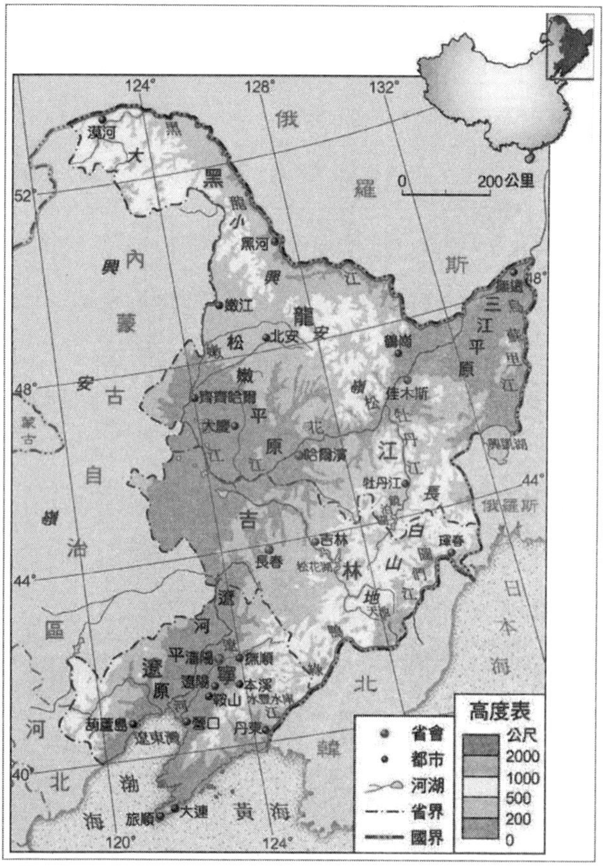

* 百度地图

그림 1 중국 동북지역 지도

존과 자연환경 손해를 대가로 하는 경제성장 방식에 의한 생태환경 문제가 동북지역의 발전에 미치는 영향이 크다고 볼 수가 있다. 이 글에서는 2000년 이후의 동북지역의 생태환경 데이터를 통해 동북지역의 생태환경 변화 및 그 특징과 주요 문제를 짚어 보고자 한다. 연구 지역의 대표성과 데이터 수집의 정확성을 고려하여 연구 범위는 동북3성으로 한다.

표 1 동북지역의 폐수 배출량과 폐수 중 COD 배출량

(단위 : 폐수 배출량 - 억 톤, COD 배출량 - 만 톤)

지역	2005년		2009년		2011년		2014년	
	배출량	COD	배출량	COD	배출량	COD	배출량	COD
랴오닝성	21.9	64.4	21.7	56.27	23.2	134.3	26.3	121.7
지린성	9.8	40.7	11.0	36.1	11.6	82.5	12.2	74.3
헤이룽장성	11.4	50.4	11.1	46.2	15.1	157.7	15.0	142.4
동북3성	43.1	155.5	43.8	138.57	49.9	374.5	53.5	338.4
전국	524.5	1,414.1	589.1	1,277.5	659.2	2,499.9	716.2	2,294.6

* 중국 국가통계국(각 연도별) 참고

(1) 동북지역의 경제 발전 현황 : '동북 현상'과 '신동북 현상'

동북지역은 중국의 전통적인 공업 구역으로 전국에서 가장 크고 제일 전형적인 노공업기지이며, 중국이 독립적이고 완전한 공업 체계를 형성하는 데 장기간 큰 공헌을 했다. 하지만 1990년대 들어 경제체제의 전환과 시장화 과정에서 일시 곤경에 빠져 '동북 현상'으로 불리게 되었다. 2003년 중국 정부는 지역 간 균형 발전을 촉진하기 위해 '동북 등 노공업기지 진흥전략'(동북진흥)을 반포, 실시했다. 동북진흥정책으로 동북지역의 경제는 현저한 성장을 이루었으며, 2003~2012년 사이의 10년간 연평균 경제성장률이 12.7%에 달하는 등 전국 평균 수준을 초과하는 고속 성장을 달성했다. 그러나 2013년부터 동북지역의 경제성장이 급속한 속도로 하강하여 2015년 지역 총생산액은 5조 8,057억 8,000만 위안, 경제성장률은 4.6%에[3] 머물렀다. 이런 현상은 '신동북 현상'으로 불리게 되었다.

표 2 동북지역의 대기 중 주요 오염물질 배출량

(단위 : 만 톤)

지역	2005년		2009년			2011년		2014년		
	이산화황	미세먼지	이산화황	미세먼지	이산화황	질소산화물	미세먼지	이산화황	질소산화물	미세먼지
랴오닝성	119.7	119.8	105.2	83.9	112.62	106.28	69.32	99.46	90.2	112.07
지린성	38.3	55.0	36.3	45.0	41.32	60.47	43.22	37.23	54.92	47.51
헤이룽장성	50.8	67.2	49	53.4	52.19	78.38	65.59	47.2	73.06	79.35
동북3성	208.8	242	190.5	182.3	206.13	245.13	178.13	183.91	218.18	238.93
전국	2,549.4	2,093.7	2,214.4	1,371.3	2,217.9	2,404.3	1,278.8	1,974.4	2,078	1,740.8

* 중국 국가통계국(각 연도별) 참고

(2) 동북지역 생태환경 압력의 변화

2000년 이후 동북지역의 공업폐수와 생활폐수를 포함한 총 폐수 배출량은 2005년의 43억 1,000만 톤에서 2014년의 53억 5,000만 톤으로 점차 증가하는 추세에 있다. 폐수 중 각종 수질오염물질의 배출도 증가하고 있는데, 그 중 대표적인 화학적 산소수요량COD은 155만 5,000톤에서 338만 4,000톤으로 대폭 증가하는 추세에 있다(표 1).

동북3성의 대기 중 오염물질 배출량은 전체적으로 감소 추세에 있으나, 기타 지구의 낮은 경제 발전 수준에 비하면 배출 강도는 높은 편이다. 특히

3 2015년 랴오닝성, 지린성, 헤이룽장성의 지역총생산액GDP은 각기 2조 8,700억 위안, 1조 4,274억 1,000만 위안, 1조 5,083억 7,000만 위안이며, 경제성장률은 각기 3.0%, 6.5%, 5.7%로 전국 순위는 최하위로 마지막 4위와 마지막 3위였다.

표 3 동북지역의 공업폐기물 배출량

(단위 : 만 톤)

지역	2000년	2005년	2009년	2011년	2014년
랴오닝성	84	9.39	2.75	8.18	5.93
지린성	22	1.86	0	0	0
헤이룽장성	-	0.03	0.98	6.76	3.29
동북3성	106	11.28	3.73	14.94	9.22
전국	3,186	1,654.7	710.5	433.31	59.38

* 중국 국가통계국(각 연도별) 참고

랴오닝성의 대기 중 오염물질 배출량은 다른 성에 비해 크게 높은 편이다(표 2).

동북지역의 공업폐기물 관리는 잘되고 있는 편이다. 비록 공업용 고체 폐기물 발생량은 증가하고 있지만, 재이용량도 증가하여 배출량은 감소 추세에 있다. 공업폐기물 배출량은 2005년의 11만 2,800톤에서 2014년의 9만 2,200톤으로 감소되었다(표 3).

생활폐기물 운반량은 감소 추세에 있고 무해화 처리 비율은 증가 추세에 있지만, 전국 평균 수준에 비하면 낮은 편이다. 특히 지린성과 헤이룽장성의 무해화 처리 비율은 전국 수준에 비해 크게 낮은 편이다(표 4).

동북지역의 에너지 소비량을 보면 2000년대의 증가 추세에서 현재 점차 감소 추세에 있으나, 에너지 소비 총량 및 1인당 소비량은 전국 평균 수준에 비해 높은 편이며, 1인당 소비량은 점차 증가하는 추세에 있다. 특히 랴오닝성의 에너지 소비량 및 1인당 소비량은 지린성과 헤이룽장성에 비해 크게

표 4 동북지역의 생활폐기물 운반량과 무해화 처리율

(단위 : 만 톤, %)

지역	2005년		2009년		2011년		2014년	
	운반량	무해화 처리율	운반량	무해화 처리율	운반량	무해화 처리율	운반량	무해화 처리율
랴오닝성	768	50	813.3	59.9	876	80.5	917.1	91.6
지린성	580.4	40.2	521.3	38.4	493	49.2	504.6	61.9
헤이룽장성	1,125.8	32.3	912.4	29.9	796.6	43.7	553.4	58.9
동북3성	2,474.2	40.8	2,247	42.7	2,165.6	57.8	1,975.1	70.8
전국	15,576.8	51.7	15,733.7	71.4	16,395.3	79.7	17,860.2	91.8

* 중국 국가통계국(각 연도별) 참고

높은 수준이다(표 5).

최근 생태자원환경에 대한 중요시로 인해 동북지역의 지역 경제활동에 의한 생태환경 압력은 점차 완화되는 추세에 있으나 전국 수준에 비하면 여전히 높은 편이며, 연도에 따라 변화가 크다. 특히 랴오닝성의 생태환경 압력은 지린성과 헤이룽장성에 비해 현저히 높은 수준이다.

(3) 동북지역 생태환경의 상태 변화

20세기 100여 년간의 대규모 개발로 동북지역의 생태환경은 크게 변화했다. 20세기 초기와 중기의 러시아, 일본 식민지 시기에 있었던 철광, 석탄 및 삼림자원에 대한 대량 약탈은 동북지역의 자원과 생태환경에 극심한 파괴를 가져왔다. 건국 이후 동북지역은 중국의 전략적인 중공업기지로서 대규모 공업 개발과 오염에 대한 방치, 자원의 과대 소모로 인해 생태환경이 더

표 5 동북지역의 에너지 소비량

(단위 : 만 tce)

지역	2000년	2005년	2009년	2011년	2014년
랴오닝성	10,656	13,611	19,112	22,712	21,803
지린성	3,766	5,315	7,698	9,103	8,560
헤이룽장성	6,166	8,050	10,467	12,119	11,955
동북3성	20,588	26,976	37,277	43,934	42,318
전국	138,570	229,037	286,092	340,178	360,000

* 중국 국가통계국(각 연도별) 참고

욱 심하게 악화되었다. 2000년 이후 동북진흥전략의 실시로 동북지역에 대한 투자가 증가됨과 동시에 생태환경 건설 및 환경보호 조치는 강화되고 있으나, 장기간에 걸친 역사적 원인으로 조성된 생태환경 문제는 여전히 엄중하며 자원환경의 임계 능력은 지속적으로 시련을 겪고 있다.

① 삼림자원

동북지역은 국내 최대의 목재 생산 기지로 장기간에 걸친 남벌에 의해 1980년대 중기부터 채벌 가능한 삼림자원이 고갈 위기에 처해 있다. 동북지역의 천연림 면적은 건국 초기의 6,500만 hm^2에서 5,787만 hm^2로 줄었고, 축적량도 헥타르당 $173m^3$에서 $84m^3$로 크게 내려갔다. 또한 대부분의 천연 원시림은 차생림으로 변해 질량이 현저히 떨어졌고 생태 기능도 눈에 띄게 퇴화되었다.[4] 2000년 이후 동북3성의 전체 삼림 면적과 삼림 피복률은 증가하

4 李汝资等,「近10a来东北地区生态环境演变及其特征研究」,『地理科学』33(8), 2013, pp. 937~938.

표 6 동북지역 생태환경 추이

(단위 : 만 hm^2, %)

지역	전체 삼림 면적		인공림 면적		삼림 피복률(%)		습지 면적	
	2005년	2014년	2005년	2014년	2005년	2014년	2005년	2014년
랴오닝성	480.53	557.31	32.97	307.08	32.97	38.24	122.0	139.5
지린성	720.12	763.87	38.13	160.56	38.13	40.38	120.3	99.8
헤이룽장성	1,797.5	1,962.13	39.54	246.53	39.54	43.16	431.5	514.3
동북3성	2,998.15	3,283.31	36.88	714.17	36.88	40.59	673.8	753.6
전국	17,490.92	20,768.7	5,364.99	6,933.38	18.21	21.63	3,848.6	5,360.3

* 중국 국가통계국(각 연도별) 참고

는 추세에 있으나 인공림 면적이 증가되는 동시에 천연림은 여전히 줄어드는 추세에 있다(표 6). 랴오닝성을 예로 들면, 다년간의 채벌로 천연림 면적이 현저히 줄어들고 원시림이 거의 사라졌을 뿐만 아니라, 수령 구조가 불합리하여 성숙림이 천연림의 20%도 채 되지 않아 생태 기능이 매우 약화되었다.

② 습지자원

동북지역은 중국의 중요한 습지 분포구이다. 동북지역의 습지는 주요하게 싼장평원三江平原, 쑹넌평원松嫩平原, 요하하류평원과 입해구, 후룬베이얼 고원과 다싱안링大興安嶺·샤오싱안링小兴安岭, 장백산지역에 분포되어 있으며, 동북지역의 중요한 생태계이다. 하지만 건국 이후의 대규모 농업 개간으로 습지 면적은 격감했고, 수리 공정 건설 등 인위적 영향으로 습지 경관이 상실되고 영소화되었다. 그로 인해 습지의 홍수와 가뭄 방지, 유량 조절, 기후 조설,

표 7 동북지역의 토지이용 변화 추이

(단위 : 만 hm^2)

지역	농용지		경작지		부지		목초지		건설용지	
	2005년	2014년	2005년	2014년	2005년	2014년	2005년	2014년	2005년	2014년
랴오닝성	1,122.8	1,155.3	417.5	498.9	59.8	47.1	35.0	0.3	137	159.8
지린성	1,639.7	1,661.6	557.5	700.7	11.6	6.6	104.6	23.8	105	107.4
헤이룽장성	3,778.5	3,993.6	1,177.3	1,586.4	6	4.5	222.6	109.9	147.4	160
동북3성	6,541	6,810.5	2,152.3	2,786.1	77.4	58.2	362.2	134.00	389.4	427.2
전국	65,704.7	64,574.11	13,003.9	13,505.7	1,154.9	1,437.8	26,214.4	21,946.6	3,192.2	3,811.4

* 중국 국토자원부(각 연도별) ; 중국 국가통계국(각 연도별) 참고

수토 유실 방지와 생물다양성 유지 등 생태 기능이 현저히 퇴화되었다. 싼장평원 유역을 예로 들면, 1950년부터 습지에 대한 인간 활동의 영향이 선명히 드러났고 1960년대와 1980년대는 더욱 뚜렷하게 나타났다. 대규모의 황무지 개간은 기본상 천연 습지에 대한 개간으로서, 습지 면적이 1949년의 534만 hm^2에서 지금의 95만 hm^2 정도로 감소했다.[5] 2000년 이후 습지보호 조례 등 법률법규의 시행으로 동북지역의 습지는 어느 정도 회복 추세에 있다(표 6).

③ 토지자원

동북지역의 토지 총면적은 7,879만 hm^2로 전국 총면적의 약 8.2%를 차지한

5 刘文新等, 앞의 논문, p. 710.

표 8 동북3성 식량 생산량

(단위 : 만 톤)

지역	2000년	2005년	2009년	2011년	2014년
랴오닝성	1,140	1,745.8	1,591	2,035.5	1,753.9
지린성	1,638	2,581.2	2,460	3,171	3,532.8
헤이룽장성	2,545.5	3,092	4,353	5,570	6,242.2
동북3성	5,323.5	7,419	8,404	10,776.5	11,528.9
전국	46,217.5	48,402.2	53,082.1	57,120.8	60,702.6

* 중국 국가통계국(각 연도별) 참고

다. 동북지역의 토지이용은 주요하게 농용지, 건설용지와 미이용지로 나뉠 수 있다. 표 7의 2013년 수치를 보면 동북지역 토지이용 유형 중 농용지가 가장 면적이 넓으며, 그 면적이 6,810만 5,000hm^{2}로 토지 면적의 약 86%를 점하고 있다. 농용지 중 경작지는 면적이 2,786만 1,000hm^2(전국 경작지 면적의 약 20.6%)로 2000년 이후 점차 증가하는 추세에 있는 반면에 부지, 목초지는 점차 감소하는 경향에 있으며, 특히 목초지의 감소가 뚜렷하다. 건설용지 면적은 지역의 도시화城镇化, 城市化와 함께 점자 늘어나는 추세에 있다.

경작지 면적의 증가와 함께 식량 생산량도 점차 늘어나 동북3성의 식량 생산량은 2000년의 5,323만 5,000톤에서 2014년의 1억 1,528만 9,000톤으로 2배 이상 증가했다. 전국 식량 총생산량에서 차지하는 비중도 2000년의 11%에서 2014년의 18%로 7% 정도 증가했다(표 8).

식량 생산은 대량의 화학비료와 농약 사용을 동반한다. 동북3성의 2014년 농용 화학비료 사용량은 8,407만 6,000톤에 달해, 2005년에 비해 51%

표 9 동북3성 화학비료와 농약 사용량

(단위 : 만 톤)

지역	2005년		2009년		2011년		2014년	
	화학비료	농약	화학비료	농약	화학비료	농약	화학비료	농약
랴오닝성	1,527.1	4.58	1,509.6	6.94	1,588.4	5.66	1,474	6.03
지린성	1,613.7	2.89	1,684.8	4.28	1,807.5	4.56	1,628.4	6
헤이룽장성	2,394.1	4.75	3,405.9	7.37	4,332.7	7.8	5,305.2	8.7
동북3성	5,534.9	12.22	6,600.3	18.59	7,728.6	18.02	8,407.6	20.73
전국	55,028.3	146	59,261.4	170.9	61,681.6	178.7	64,539.5	180.7

* 중국 국가통계국(각 연도별) 참고

증가했으며, 농약 사용량은 20만 7,300톤에 달해 2005년에 비해 69% 증가했다. 그중 식량 생산량이 가장 많은 헤이룽장성은 화학비료와 농약 사용량도 제일 많아 5,305만 2,000톤과 8만 7,000톤에 달한다. 화학비료와 농약의 대량 사용은 지역의 하천과 호수의 부영양화에 지속적으로 큰 영향을 미칠 것으로 보인다.

인간 활동에 의한 동북지역 서부의 토지 황폐화는 매우 심각한 상태다. 동북지역 서부에 미친 인간 활동의 강한 영향은 1930년대의 농업 개발로 시작되었다. 특히 1980년대 초기의 대규모 농업 개간으로 초원 경관이 크게 변화되었고, 식생이 심하게 파괴되었다. 동북지역 서부의 토지 황폐화는 주요하게 토지 사막화와 토양 알칼리화로 나타나고 있다. 동북지역 서부의 토지 사막화 면적은 72,280.6km^2에 달해 토지 총면적의 22.2%를 차지한다. 1990년대에 들어서 사막화는 일부 반전 추세를 보이고 있으나 전체적으로 사막화 진전은 여전한 것으로 나타나고 있다. 또한 동북지역 서부의 토양 알칼리화 면적은 33,850.8km^{2}에 달하고 토지 총면적의 10.44%를 차지하며, 매년 1.4~2.5%의 속도로 늘어나고 있다. 그중 지린성이 가장 심각한 것으로 나타나고 있다. 통계에 따르면, 전체 성의 수토 유실 면적은 315만 hm^{2}에 달해 전체 성 면적의 16.5%를 점하고 있으며, 서부초원 면적 136만 hm^2 중 알칼리화 면적이 47.2만 hm^{2}에 달해 전체 초원 면적의 36.7%를 차지하고, 사막화 면적은 15.8만 hm^{2}로 전체 초원 면적의 11.6%를 차지한다.[6]

④ 대기환경

동북지역의 대기오염은 대부분 전형적인 매연성 오염의 특징을 갖고 있어, 겨울철 난방기의 도시부 대기 질은 기타 계절에 비해 오염이 매우 심한 경향을 보인다. 미립자는 대기 질에 영향을 미치는 주요한 오염물질이다. 랴오닝성 도시부의 겨울철 대기 중 미립자 농도는 기타 계절의 1.3~1.5배이며, 봄철에는 또한 황사의 영향이 더해져 총 미세입자 농도가 겨울철의 1.6배, 여름철의 1.9배이다. 지린성의 도시부 대기 질의 매연성 오염은 지금까지 근본적인 해결이 이루어지지 못하고 있으며, 난방기의 석탄 연소로 인한 대기오염은 대기오염 원인의 40% 이상을 차지하고 있다.[7]

『헤이룽장성 환경정황공보』에 따르면, 2015년 전체 성 평균 대기 질 우량 날짜의 비율은 85.9%이며, PM10 평균 농도는 1.5% 감소, 이산화황SO_2 평균 농도는 16% 감소, 이산화질소NO_2 평균 농도는 왕년 수준을 유지하는 것으로 나타나고 있다. 전체 성의 13개 주요 도시 중 국가 대기 질 표준에 도달한 날짜는 227~339일이며 따칭大庆, 쌍야산双鸭山, 허강鹤岗, 헤이허黑河와

---

6 刘文新等, 앞의 논문, p. 710.

7 위의 논문, 같은 쪽.

다싱안링大興安嶺 등 5개 도시의 이산화황 평균 농도는 16% 감소, 이산화질소 평균 농도는 증가 추세에 있다.

『랴오닝성 환경정황공보』에 따르면, 2015년 성 전체에서 도시부의 대기 질 우량 날짜 비율은 평균 71.5%이며, 중도 오염 날짜 비율은 4%이다. 성 전체에서 도시부의 대기 중 이산화황, 이산화질소의 평균 농도는 국가 2급 표준에 부합되나 PM2.5와 PM10은 표준을 초과한 수준이다. 2006~2015년 사이 도시부의 대기 질 변화를 보면, 대기 중 주요 오염물질인 PM10의 연평균 농도는 10.6% 감소, 이산화황 농도는 23.1% 감소, 이산화질소는 2006년 수준을 유지하는 것으로 나타났다.

『지린성 환경정황공보』에 따르면, 2015년 성 전체에서 9개 도시의 각종 대기 질 오염물질 평균 농도는 국가 2급 표준에 부합되며, 대기 질 우량 날짜 비율은 평균 73.7%이다. 또한 오염 날짜 중 오염물질별로 보면 PM2.5 비율이 76.8%로 가장 높고, 다음으로 오존 14.9%, PM10 8.6%로 나타났다. 2015년 성 전체에서 각 도시 강수 PH 평균치는 6.53으로 중성이며, 산성비는 투먼시와 훈춘시에 집중되어 있다.

3. 중·러 접경지역의 생태환경 문제

중·러 양국은 서로 최대 인접국으로서 대부분은 헤이룽장성 경내의 수상변계로 변계선을 형성하고 있다. 헤이룽강은 중·러 양국의 경계하천이다. 헤이룽강 상류와 중류를 포함해 헤이룽강 서쪽 지류인 어얼구나허와 헤이룽강 동쪽지류인 우수리강, 그리고 우수리강 발원지이자 경계호수인 싱카이호가 현재 동북지역의 중·러 변계를 형성하고 있다. 이 글에서 중·러 접경지역은 헤이룽강 유역을 가리키며, 헤이룽강과 그 유역의 중·러 변계지역을

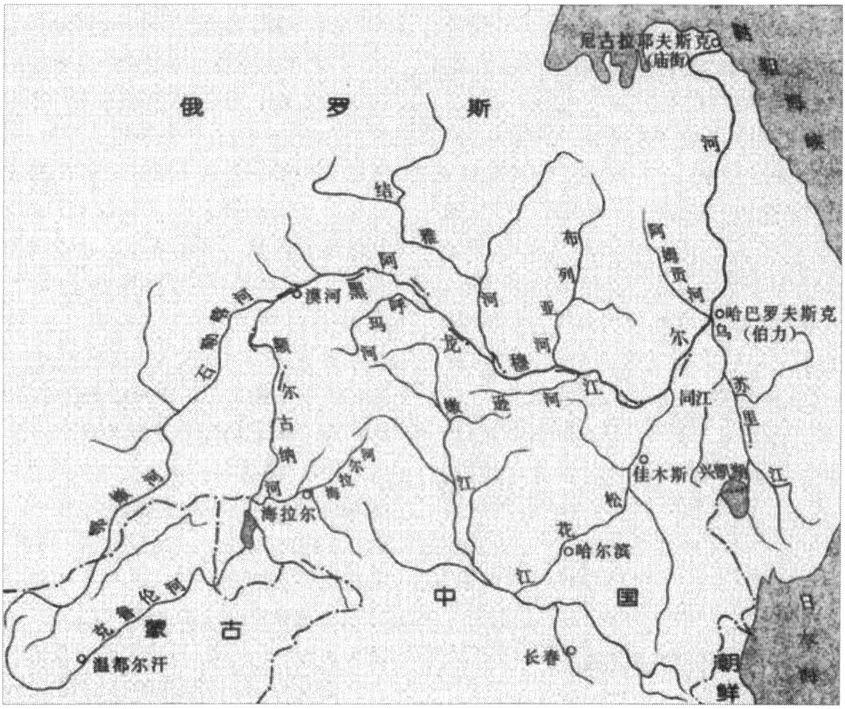

* 邹春燕等(2014)

그림 2 헤이룽강 유역 수계도

주요 연구 범위로 한다.

(1) 헤이룽강 유역의 자연환경과 사회경제 개요

헤이룽강은 중국 제3대 하천이며 중국, 러시아, 몽골 3국을 거쳐 총길이는 4,370km, 유역 총면적은 183.3km^{2}에 달한다. 그중 중국 경내가 48%, 러시아 경내가 50%, 몽골 경내가 2%를 점하고 있다. 헤이룽강 본류는 머허漠河에서 헤이허黑河까지 894km가 상류이고, 헤이허에서 헤이룽강과 우수리강의 합류 지점인 하바롭스크까지 996km가 중류이며, 하바롭스크 이하는 러시아 경내에 속한다. 헤이룽강 본류 중 상류와 중류는 중·러 경계하천이다.

헤이룽강은 크고 작은 91개의 지류를 갖고 있으며, 남안의 주요 지류로는 어무얼허额木尔河, 후마허呼玛河, 순허逊河, 쑹화강松花江, 우수리강乌苏里江 등이 있다(그림 2). 헤이룽강 상류의 주요 지류인 어얼구나허 본류는 970km에 달하며, 역시 중·러 경계하천이다. 어얼구나허와 헤이룽강 상류, 중류를 포함한 중·러 양국의 변계하천 길이는 2,854km, 유역 면적은 145.2km²로, 전체 유역 면적의 77.6%를 차지한다. 헤이룽강 남쪽 지류인 우수리강은 싱카이호에서 발원하여 헤이룽강에 흘러들기까지 764km가 중·러 경계하천이다. 싱카이호는 중·러 경계호수로서 호수 면적은 4,380km²에 달하며, 중국에서 가장 큰 경계호수이다. 그중 러시아 경내에 속하는 면적은 3,030km²이며 러시아 극동지구에서 최대의 담수호이다.

헤이룽강은 수량이 풍부하고 강폭이 넓고 수심이 깊으며 흐름이 평온하여 항운에 유리하다. 때문에 머허 이하의 헤이룽강 본류와 싱카이호 이하의 우수리강은 통항이 가능하다. 하지만 기후의 원인으로 매년 결빙기가 6개월에 달한다. 결빙 후에는 빙층이 깊어 차량과 썰매가 달릴 수 있으므로 헤이룽강은 사실상 수륙양용의 운수선이기도 하다.

헤이룽강 양안의 토양은 대부분 부식질을 대량 포함한 흑토로 형성되어 있다. 강물에 씻겨 내린 흑토로 물색이 검어 헤이룽강黑龙江이라는 이름의 유래가 되고 있다. 헤이룽강 유역은 삼림 및 석탄, 황금 등 광물자원이 풍부하며 금광이 많은 것으로 유명하다. 또한 헤이룽강은 세계에서도 어업자원이 풍부하고 어류의 종류도 가장 많은 하천의 하나로 연어, 철갑상어 등 특산을 갖고 있다.

건국 이후 헤이룽강 유역은 전국에서도 경제가 가장 발달한 지역으로, 계획경제 시기에 정부의 지속적인 투자로 전국의 중공업기지와 식량기지가 되었다. 하여 헤이룽장성은 점차 자원형, 기지형, 기초형을 특징으로 하는 산업구조가 형성되었으며, 지금의 헤이룽장성 경제와 산업의 기본 틀을 형성했다. 또한 건국 이후 유역 인구가 급속히 성장했다. 헤이룽장성의 통계만을 보더라도 1950년대에 20여만 명, 1960~1970년대에 192만 명이 정책 이민되었고, 그 외에도 건국 이후 30여 년에 걸쳐 400~500만 명의 인구가 자유이동에 의해 유입되었다. 지린성과 네이멍구지역의 헤이룽강 유역 이민과 지역의 인구 자연 성장을 포함하면 현재 헤이룽강 유역의 인구는 6,000만 명에 이를 것으로 짐작된다.[8] 인구의 급속한 성장과 지역의 대규모 개발, 경제발전과 공업화, 도시화의 진전으로 헤이룽강 유역은 경제 발전과 번영을 이룩했으나 점차 생태·자원·환경 문제가 대두되었고, 그 문제는 지금에 이르기까지 점진적으로 악화되었다.

(2) 헤이룽강 유역의 주요 생태환경 문제

① 헤이룽강 유역의 수자원오염 문제

『헤이룽장성 환경상황공보』(2015)에 따르면 헤이룽장성 지역의 지표수 수질은 전체적으로 경미한 오염 수준에 있으며, 기준에 도달한 비율은 67% 좌우이다. 그중 I~III급의 수질이 60%, IV급 수질이 30%, V 이하가 5.6%를 점하고 있다. 구체적으로 보면, 쑹화강 수계 수질은 부분적으로 경미한 오염 수준에 처해 있으며, 주요 오염물질은 COD, 과염소산, 린 등이다. 눈강嫩江, 무단강牡丹江 유역은 수질이 양호한 상태이다. 헤이룽강 수계 수질은 경미한 오염 수준이며, 주요 오염물질은 COD, 과염소산 등이다. 우수리강 수계 수질은 경미한 오염 수준이며, 주요 오염물질은 과염소산, COD와 암모니아성 질소NH_3-N 등이다. 싱카이호 수질은 IV급 수준이며 중도中度 부영양

---

8 强连红等, 「建国以来中国黑龙江流域生态环境现状及保护对策」, 『中国林业产业』 8, 2016, p. 263.

화에 처해 있다. 전체 성지역에서 음료수 수원지 수질은 85%가 기준에 도달한 상태이며, 징보호镜泊湖, 마반산저수지磨盘山水库, 롄화저수지莲花水库 등 저수지의 수질은 III~IV급 수준의 중도 부영양화에 처해 있다.

헤이룽강 유역의 인구 증가와 공업화는 대량의 공·농업폐수와 폐기물을 헤이룽강 유역의 수체에 대량 배출함으로써 수질오염을 악화시켰다. 2007년 6월부터 7년간 연속으로 진행된 헤이룽강 수질에 대한 중·러 양국의 연합조사에 따르면, 전체적으로 양호한 편이나 일부 지역의 오염은 비교적 위중한 상태이다. 러시아 전문가의 예측에 따르면, 쑹화강은 헤이룽강 하류 수질 오염물질의 50~90%를 제공하고 있다. 쑹화강과 헤이룽강의 회합 지점으로부터 하류 270km 지역의 철, 동, 아연, 질소, 벤젠 등 함유량은 기준치의 2~12배에 달한다.[9]

헤이룽강 오염의 원인을 보면 다음과 같다. 첫째로 헤이룽강 중·상류 지역의 금광 폐수의 유입으로 인한 수질의 손상이다. 둘째는 헤이룽강 수계는 대부분 식량 산지를 흘러 지나기 때문에 화학비료, 농약의 오염이 심각하며, 셋째로 공장폐수와 도시생활용·폐수로 인해 헤이룽강 양안의 식피가 파괴된 점이며, 넷째로 헤이룽강 유역은 고위도의 한냉지역에 속하기 때문에 수온이 낮아 유입된 오염물의 증발과 분해가 늦고, 결빙기에는 수량이 적어 오염물 농도가 증가하는 한편 대처가 힘들기 때문이다.[10]

② 헤이룽강 유역의 삼림 식피와 습지 파괴 문제

중·러 접경지역의 삼림자원은 극히 풍부하다. 헤이룽장성은 국가급 중점 임구로 삼림 총면적은 2,007만 hm^2에 달하고, 활립목 축적량은 16만

---

9 腾仁, 「中俄毗邻地区生态安全合作研究」, 『西伯利亚研究』 4, 2010, p. 89.

10 强连红等, 앞의 논문, 같은 쪽.

표 10 헤이룽장성과 인접한 러시아 연해주의 삼림자원 현황

	단위	빈해변강구	하바롭스크 변강구	아무얼주	치타주
삼림 총면적	만 hm^2	1,191.34	7,370.86	3,053.74	3,130.35
삼림 식피 총면적	만 hm^2	1,144.16	5,117.21	2,282.74	2,709.04
실제 채벌량과 계획 채벌량의 비율	%	41.5	33.6	14.7	11.3
성숙림 축적량	만 m^3	52,225	141,628	78,472	71,405

* 腾仁(2010)

5,000m^3, 삼림 피복률은 43.6%에 달한다. 헤이룽장성과 인접한 러시아의 변강구도 삼림자원이 매우 풍부하다(표 10 참조).

삼림자원 외에 우수리강 유역과 싱카이호 일대에는 대면적의 습지생태계가 존재한다. 이곳은 많은 멸종 위기종의 서식지이자 철새의 중요한 도래지이기도 하다. 습지생태계와 진귀조류를 보호하기 위해 중국은 싱카이호 국가급 자연보호구를 설립했다. 자연보호구 총면적은 22만 2,488hm^2에 달해 저습지, 소택, 호수와 삼림으로 구성된 완전한 생태계를 형성했다. 생물다양성도 매우 풍부하여 싼장평원의 중요종 개체군을 거의 대부분 포함하고 있다.

최근 들어 농업 오염과 공농업 발전으로 인한 수자원 이용의 증가로 헤이룽강 유역의 삼림자원과 습지생태계의 환경이 급속히 악화되고 있다. 그 외에 삼림 벌목과 파괴, 삼림 화재, 황무지 개간으로 헤이룽강 유역 삼림자원 총량은 점차 감소하는 추세에 있으며, 습지생태계 면적도 축소하고 있다. 그 중 헤이룽장성의 수토 유실 면적은 11.2km^2로, 성 전체 토지 총면적의 25%에 달하고 있다. 삼림 피복률도 건국 초기의 63.2%에서 43.16%로 감소했다. 성숙림 면적과 목재 축적량도 건국 초기의 4분의 1, 5분의 1로 축소했

다. 습지 면적도 건국 초기의 850만 hm^2, 전체 성 면적의 18.6%에서 현재의 434hm^2와 9.18%로 축소했다. 특히 싱카이호 습지는 지역 기후에 직접적인 영향을 미치고 헤이룽강 중·하류의 지속적인 수공급에 주도적 역할을 하고 있으나, 습지 경관이 급속히 퇴화해 사막화되는 속도가 빨라지고 있다. 농경지 확대로 인한 습지 점거는 보편적 현상이 되었으며, 경작지를 습지로 전환해야 할退耕还湿 면적은 67.27만 hm^2에 달하고 있다.[11]

③ 헤이룽강 유역의 생물다양성 감소 문제

중·러 접경지역은 독특한 지리적 위치로 많은 야생동물이 서식하고 있다. 조류를 예로 들면, 해마다 260만 마리의 철새가 습지지역에서 생식하고 있으며 종류도 240여 종에 달한다. 하지만 최근의 산업 발전과 생태환경의 변화로 야생동물의 생존 환경은 날로 악화되어 많은 야생동물이 멸종 위기에 처해 있다. 서식 동물 중 국가 1급 보호 동물이 17종, 국가 2급 보호 동물은 65종에 달하며, 그중 승냥이, 사슴, 동북범, 두루미, 흑두루미 등 희귀 동물의 분포 구역과 개체 수량은 점점 감소하고 있다.

또한 헤이룽강 유역은 예로부터 어업자원이 풍부하기로 유명하다. 헤이룽강 본류, 특히 중국 내에서도 담수어 생산지로 유명한 우수리강에는 40여 종의 담수어종, 싱카이호에는 74종의 어류가 생식하고 있다. 그중 연어는 헤이룽강 유역에만 서식하는 대표적인 특유 어종이다. 하지만 수질의 파괴와 과잉어획으로 헤이룽강 유역의 어업자원은 점차 고갈될 위기에 처해 있다. 그로 인한 생물 사슬의 파괴는 기타 종의 생존 위기를 초래하여 유역 내의 전반적인 생태환경을 파괴할 가능성이 크다.[12]

---

11 腾仁, 앞의 논문, p. 90.

4. 중·북 접경지역의 생태환경 문제

동북지역에 위치한 중·북 변경선은 1,420km에 달하며, 38선(250km)보다 1,170km, 러·북 변경선(17km)보다는 1,403km 더 길다. 중·북 변경선은 주요하게 두만강, 장백산, 압록강 등으로 경계선을 형성하고 있다. 이 글에서 중·북 접경지역은 두만강 유역과 장백산지역, 압록강 유역을 의미한다.[13]

(1) 두만강 유역의 주요 생태환경 문제

① 두만강 유역의 자연환경과 사회경제 개요

두만강은 장백산 동쪽 기슭에서 발원하여 동북쪽으로 흘러 동해(일본해)에 유입된다. 두만강의 총길이는 525km에 달하며, 그중 510여 km는 중·북 경계하천이며 하류의 15여 km는 북·러 경계하천이다. 두만강 유역 총면적은 3만 3,168km^{2}에 달하며, 그중 중국 경내 유역 면적은 2만 2,861km^2, 주요 지류로는 홍치하红旗河, 가야하嘎呀河, 해란강海蘭江, 부르하통하布尔哈通河, 훈춘하珲春河 등이 있다. 두만강은 중국 지린성 옌볜지역의 허룽和龙시, 옌지延吉시, 투먼图们시와 훈춘珲春시를 경유하며, 북한의 양강도, 함경북도와 러시아 변해변강구의 하쌍구를 경유한다. 이 글에서는 중국 경내의 전체 옌볜지역[14]을 두만강 유역으로 간주하고 연구 대상으로 설정한다.

『지린성 환경상황공보』(2015)에 따르면, 2014년 지린성 전체 생태환경 상

---

12 邹春燕等,「中俄界河黑龙江生态环境保护与治理的对策研究」,『林业经济研究』34(3), 2014, p. 195.

13 지면 제한으로 이 글에서는 장백산지역과 북한 측에 대한 연구는 생략한다. 장백산지역 생태환경에 관해서는 강택구 외(2013), 추장민(2016) 등 학자들의 연구를 참조하기 바란다.

14 옌볜지역은 옌지시, 돈화시, 훈춘시, 투먼시, 룽징시, 허룽시, 안투현, 왕칭현 등 8개 현시를 포함하며, 총면적은 4만 2,700km^{2}로 지린성의 4분의 1 정도를 차지한다.

* 지린성 환경보호청(2015)

그림 3 2014년 지린성 생태환경 현황

황지수EI는 양호한 수준이며, 그중 두만강 유역(옌볜지역)은 유일하게 우수한 편이다(그림 3 참조).

두만강 유역은 삼림자원이 매우 풍부하여 2015년 전 유역의 삼림 피복률이 81%에 달하며, 활립목 총 축적량은 4만 1,520만 m^3에 달한다. 유역 수자원도 비교적 풍부한 편이며 하천 총 경유량은 88.6억 m^3에 달한다.[15] 2015년 유역 대기환경 질량은 국가 2급 표준에 도달했으며, 주요 도시인 옌지시의 이산화황과 PM10 농도가 각기 0.018mg/m^3와 0.055mg/m^3, 대기환경 질량 국가 2급 수준에 도달한 기간은 314일로, 전년의 86%를 차지한다.[16]

2015년 두만강 유역의 총인구는 213만 6,000명이며, 그중 도시 인구는 150만 명으로 총인구의 70%를 차지한다. 지역총생산액GRDP은 859억 위

---

15 옌볜주통계국, 『옌볜통계연감』, 2016.

16 옌볜주 환경보호국, http://www.yb-hb.gov.cn/SubPages/Zxdt/ZxdtDetail.aspx?id=67&mno=znyw(2016년 11월 26일 검색).

안으로, 그중 1차 산업이 75억 2,000만 위안, 2차 산업이 425억 5,000만 위안, 3차 산업이 358억 1,000만 위안을 차지하고 있다. 지역재정수입은 161억 2,000만 원, 재정지출은 303억 9,000만 위안에 달한다.[17]

② 두만강 유역의 주요 생태환경 문제

가. 두만강 수질오염 문제

두만강 유역은 농·공업 발전과 인구의 증가로 유역 수체에 유입되는 공업폐수, 생활폐수, 쓰레기 등 오염물질이 증가하게 되었으며, 그로 인해 1950년대부터 오염이 시작되어 1970년대에 들어서 오염 상황이 점차 뚜렷이 나타나게 되었다.

『지린성 환경상황공보』(2015)에 따르면, 두만강 본류의 수질 상황은 두만강 상류의 충산崇善(허룽시 경내) 단면 수질의 경우 III급 수준으로 양호한 편이며, 난핑南坪(허룽시 경내) 단면 수질은 V급 이하 수준, 투먼·허동河东·취안허圈河(훈춘시 경내) 단면 수질은 IV급 수질이다. 2015년 두만강 유역의 공업폐수 배출량과 도시생활폐수 배출량은 각기 4,560만 3,100톤과 8,374만 9,700톤에 달하고 있다.[18]

다년간 두만강 오염의 주요 원인으로 중국 측의 제지공장 두 곳과 북한 측의 무산철광에 의한 폐수 배출이 지적되어 왔다. 중국 측 옌볜지역의 제지공장은 최근 들어 폐수 배출을 규제하고 있어 수질환경이 현저히 개선된 것으로 나타난다. 하지만 두만강 본류의 무산에서 출해구까지 350km 사이는 무산철광에서 배출한 고체 부유물로 인한 오염이 심한 것으로 나타난다.

그 외에도 두만강 유역은 농업 생산 과정에서 화학비료, 농약 등 시용량

17 옌볜주통계국, 앞의 책.

18 위의 책.

표 11 두만강 유역 옌볜지역의 폐수 중 오염물질 배출 현황(2015년)

지역	공업폐수 배출량(만 톤)	공업COD 배출량(톤)	공업NH_3-N 배출량(톤)	도시생활폐수 배출량(만 톤)	생활COD 배출량(톤)	농업NH_3-N 배출량(톤)
옌볜	4,560.31	13,074.37	270.56	8,374.97	19,345.35	3,292.1
지린성	38,771.79	62,737.74	3,842.31	88,026.71	17,8928.4	30,830.37

* 지린성 통계연감

의 증가로 면원面源 오염이 심각하다. 2015년 농업NH_3-N(암모니아성 질소) 배출량은 3,292.1톤에 달하고 있다(표 11). 두만강 본류의 취안허구역(두만강 하류지역)의 과망간산염 지수는 10.5mg/L에 달해 지표수 V급 수준이다.[19]

나. 수토 유실 문제

중국의 개혁·개방 이후 기후변화와 인간 활동에 영향을 받는 동시에 무분별한 토지자원 이용, 삼림 채벌, 경사지 개간, 약탈적인 경영 등이 원인이 되어 두만강 유역 하천들의 함사량 증가와 비교적 엄중한 수토 유실이 초래되었다. 2012년 통계 수치에 따르면, 두만강 유역의 수토 유실 면적은 36만 hm^2에 달하며, 그중 경작지가 27.6%, 황산황지가 37.2%, 소림지疏林地가 23%를 차지한다.[20] 특히 두만강의 주요 지류인 부르하통하와 해란강 유역은 다년간의 경사지 개간으로 인해 수토 유실이 심하다. 수토 유실은 두만강 본류와 부르하통하 등 하천 함사량의 보편적 증가를 가져왔으며, 수로가

19 王茉, 「图们江地区经济社会与生态环境协调发展水平评价」, 『长春工程学院学报』 17(2), 2016, p. 55.

20 위의 논문, 같은 쪽.

얕게 변하고 저수지 등의 토사 침적을 가져와 지표수 관리의 부담이 증가했다. 또한 식피 파괴와 토양층의 유실은 지표수와 지하수의 불평형 및 토양 함수량 감소, 가뭄 등 두만강 유역의 원래 수량水量 균형을 파괴했다.

다. 생물다양성 감소 문제

두만강 유역은 장기간에 걸친 천연림에 대한 대량 채벌과 소택지 개간, 수자원의 과도한 이용으로 야생동식물의 생존 환경이 날로 파괴 및 소실되고 있다. 또한 야생동물 남획과 야생식물 과잉 채집으로 생물다양성이 격감했고, 동식물 종류가 감소되어 심지어 일부는 멸종에 이르게 되였다. 통계에 따르면, 두만강 유역의 야생경제식물은 1,460여 종, 야생동물은 550여 종에 달하며, 수량이 많고 분포가 광범위할 뿐만 아니라 일부는 전국에서도 진귀하고 희소한 종류에 속한다. 하지만 현재 100여 종의 식물과 70여 종의 동물이 국가 1급 보호 목록에 등록되어 있으며, 천연 산삼, 동북범, 연어 등의 동식물은 멸종 위기에 처해 있고, 생물다양성은 날로 감소되고 있다.[21]

(2) 압록강 유역의 주요 생태환경 문제

① 압록강 유역의 자연환경 개요

압록강은 중·북 경계하천으로 장백산 남쪽 기슭에서 발원하여 중국 경내 지린성의 바이산白山시(창바이조선족자치현, 린장시, 산차지구, 빠다오강구), 퉁화通化시(얼다오강구, 둥창구, 퉁화현, 지안시)와 랴오닝성의 부쉰抚顺시(신빈만족자치현), 번시本溪시(환런만족자치현, 번시만족자치현), 단둥丹东시(관전만족자치현, 펑청鳳城시, 천안구, 왼보구, 진훙구, 둥항구) 등 2개 성 5개 시

21 金永焕等, 「图们江地区生态安全与区域可持续发展的思考」, 『沈阳农业大学学报』 7(2), 2005, p. 207.

17현을 경유하며, 단둥시 다둥大东항 부근에서 황해로 흘러든다. 북한 측에서는 양강도, 자강도, 평안북도를 경유하게 된다. 압록강 본류는 총길이가 795km, 그중 575km가 지린성 경내, 220km가 랴오닝성 경내에 속한다. 유역의 총면적은 6.19만 km^2이며, 그중 중국 경내 면적이 3만 2,500km^2에 달한다.[22]

압록강 주요 지류는 중국 경내의 훈강浑江, 푸석하, 아이허艾河와 북한 측의 허천강, 장진강, 자성강, 충만강, 토로강秃鲁江 등이다. 압록강은 수량이 풍부하고 낙차가 커서 현재 영풍, 태평 만등 수력발전소가 건설되어 연안 중·북 양국에 필요한 수자원과 전력을 공급하고 있다.

압록강 유역은 삼림 면적이 크고 삼림 피복률이 62~77%에 달하여 지린성과 랴오닝성, 북한 북부의 천연 생태보장구이자 생태저수지이며 생태공기 청정기이다. 압록강 유역은 동식물자원이 풍부하며 장백산 구식물계와 화북구 식물계의 과도 지역으로 동북지역의 중요한 생물종 유전자구역이다. 또한 광물자원도 풍부하며 종류가 많고(60여 종) 매장량도 크다.[23]

② 압록강 유역의 주요 생태환경 문제

가. 홍수 등 빈번한 자연재해

단둥시 자료에 따르면 근 100년간 압록강 유역은 평균 2.5년에 한 번꼴로 홍수 재해가 발생했으며, 최근 50년 동안에는 평균 2.2년에 한 번꼴로 발생하고 있다. 식피 파괴 등 원인으로 하천 경유량은 감소하는 추세이며, 홍수기와 갈수기 및 예년의 유량 변화도 크다.[24]

---

22 尹韶汉等,「鸭绿江中下游地区生态环境演变分析」,『地理科学』6(6), 2001, p. 544.

23 위의 논문, 같은 쪽.

24 曹亚乔等,「鸭绿江流域生态环境保护与建设的问题和对策」,『丹东海工』12, 2008, p. 24.

나. 수토 유실의 심화

압록강 유역의 수토 유실 면적은 전체 유역 면적의 30% 정도에 달하며, 가옥·농지·도로의 매몰, 경작지의 감소와 토지 비옥도의 하강을 초래하고 있다. 랴오둥 산구의 조사에 따르면, 지역 경작지 면적은 건국 초기보다 40% 감소되었다. 수토 유실이 심각한 지역은 토양층이 매년 평균 2.5cm 유실되는 정도이며, 회복되기까지는 몇 백 년이 걸릴 것으로 예측하고 있다.[25]

다. 일부 유역의 수질오염

2010~2013년의 수질 관측 자료에 따르면, 2010년 압록강 중·상류지역의 연평균 수질은 III급 수준이며, 2011년은 창바이長白, 스쓰다오거우十四道溝 등의 구간이 IV급 수질로 악화를 보였다. 2012년은 전년 평균 II급 수준, 2013년은 지안지역이 III급 수준, 그 외 기타 지역은 II급 수질로 일정한 호전을 보였다. 『지린성 환경상황공보』(2015)와 『랴오닝성 환경상황공보』(2015)에 따르면, 압록강 본류와 지류의 수질은 II급 수준으로 비교적 양호한 편이다.

하지만 압록강 유역의 일부지역은 대량의 공장, 광산 폐수와 농업오수, 생활폐수의 유입으로 오염이 심하게 나타나고 있다. 주요 오염물질은 과망간산염, COD, 석유류, 휘발성 페놀 등으로 압록강 하류지역에 위치한 단둥지역에서 7~8월에 오염이 비교적 심하게 나타나고 있다. 수질오염으로 인해 압록강 유역의 어류 종류는 1950년대의 69종에서 47종으로 감소했고, 황해 북부의 근해 어업자원도 어류의 멸종 위기를 겪고 있다.[26]

---

25 위의 논문, 같은 쪽.

26 曹亚乔等, 앞의 논문, 같은 쪽.

라. 생물군락의 퇴화와 야생동식물종군의 감소

압록강 유역은 국내의 중요한 임산업기지로, 단둥은 청조 시기 목재의 수도로 불릴 정도로 삼림 면적은 2,500여 무, 삼림 피복률은 86.6%, 목재 축적량은 8억 m^3에 달했다. 하지만 몇 차례의 대규모 채벌로 건국 이전 삼림 면적은 678만 1,000무, 삼림 피복률은 23.5%, 삼림 축적량은 1,551만 m^3로 대폭 감소했다.[27] 개혁·개방 이후 한동안 약탈적 개발과 생태환경보호에 대한 인식 부족으로 유역 내의 수토 유실과 생태환경의 악화를 초래했다.

압록강 유역의 동북범, 사슴 등 대형동물은 1930년대에 멸종했으며, 표범, 시라소니, 사향, 자초, 수달 등은 1960년대에 자취를 감추었다. 곰, 멧돼지, 황양, 여우, 담비, 선학, 꿩 등도 종군 수량이 대폭 줄었다. 압록강 유역에는 60여 종의 야생 희소식물이 존재하지만 현재 멸종 위기에 처해 있다.[28]

5. 동북 접경지역의 생태환경이 직면한 향후 과제

'신동북현상'에서 볼 수 있듯이 최근 중국 동북지역이 직면한 난관을 극복하기 위해 중국 정부는 동북지역에 대한 투자와 정책적 지원을 한층 더 강화할 것으로 보인다. 2016년 8월 22일 중국국가발전개혁위원회는 '동북지구 등 옛 공업기지 진흥을 위한 3년 연속 실시 방안推进东北地区等老工业基地振兴三年滚动实施方案'(2016~2018년)을 반포하여, 127개의 중점 프로젝트와 3년간 1억 6,000만 원을 투자할 것을 공포했다. 11월 16일에는 국무원이 '진일보한 새로운 동북진흥전략을 실시하고 동북지구 경제의 활성화를 추진하는

27 위의 논문, 같은 쪽.

28 위의 논문, 같은 쪽.

주요 조치에 관한 의견国务院关于深入推进实施新一轮东北振兴战略加快推动东北地区经济企稳向好若干重要举措的意见'을 발표하여, 2016년 내에 동북지역 국유기업의 개혁을 심화하는 데 대한 전문 방안을 내올 것을 결정했다. 이상의 새로운 동북진흥정책은 물론 생태자원 환경에 대한 더욱 세심한 보호를 기초로 실시될 것이지만 향후 동북지역과 접경지역의 생태안전과 환경협력은 더욱 큰 압력과 새로운 국면을 맞이할 것으로 예측된다. 앞에서 논의한 동북지역과 동북 접경지역의 생태환경 문제 이외에 향후 이 지역의 생태환경이 직면한 몇 가지 문제를 추론하면 다음과 같다.

(1) 접경지역 자연재해와 환경사고에 대한 대처 문제

동북지역과 러·북 접경지역은 최근 빈번한 홍수 등 자연재해에 직면해 있다. 2013년 여름, 헤이룽강 유역은 1998년 이래 최대의 홍수 피해를 입었다. 헤이룽장성의 수재水災 인구는 524만 7,800명에 이르렀고, 농작물 피해 면적은 252만 2,000hm², 파손된 가옥은 1만 8,300채, 직접적 경제 손실은 190억여 원에 달했다. 이 홍수는 러시아 극동지구에서도 100년 만에 맞는 홍수로 수재 면적은 100만 km², 140여 개 거주지역이 물에 잠겼고, 60% 이상의 농작물 수확이 전무했고, 수재 인구는 5만 명 이상, 아무르주의 경제 손실만 100억 루블에 이르렀다.[29] 2016년 8월 말, 두만강 유역은 사상 최대의 홍수가 발생해 옌볜지역의 4개 현시 15개 향진이 물에 잠겼고, 피해 인구는 3만 5,000명, 4만 4,000명이 긴급 대피했고, 농작물 피해 면적은 7,800hm², 농업의 직접적 경제 손실만 4,500만여 위안에 달했다.[30] 이 홍수로 인해 북한의 함경북도지역에도 극심한 인명 및 재산 피해가 발생했다. 함경북도에

29 邹春燕等, 앞의 논문, p. 194.

30 『腾讯新闻』, 2016. 9. 1.

서 8,670여 동, 1만 7,180여 세대의 살림집이 완전 및 부분 파괴돼 4만여 명의 이재민이 발생했고 15명이 실종되었다.[31]

이 지역은 환경사고도 빈번하다. 2005년 11월 13일 지린석유화학공장의 폭발사고로 쑹화강 오염 사건이 발생하여, 하류지역의 헤이룽강의 오염과 하얼빈, 하바롭스크 등지에 물 위기가 발생하여 엄중한 국제분쟁을 일으켰다. 2010년 7월 28일에는 홍수의 영향으로 지린성 융지永吉시 씬아챵화학공장의 화학 원료통 3,000여 개가 쑹화강으로 떠내려가는 사고가 발생했다.[32]

북한의 함경북도에 위치한 핵실험장은 중국의 지린성, 특히 옌볜지역에 가까워(중국 변계선까지 약 105km) 생태환경, 생태안전에 대한 잠재적 위협이 크다. 핵실험이 활화산인 장백산에 미칠 영향이나 동북지역의 생태환경과 주민에 대한 핵 복사 영향, 사고가 발생할 경우 동북지역에 미칠 영향은 향후 동북지역 생태환경 안전에서 주시해야 할 점이다.[33] 동북 접경지역의 자연재해와 환경사고는 향후 관련 각국의 긴밀한 협력이 필요하다.

(2) 기후변화가 동북 접경지역 생태환경에 끼친 영향

최근 50년간 기후변화가 동북지역에 끼친 영향은 매우 선명한 것으로 드러나고 있다. 1951~2000년 사이 동북지역의 평균 온도는 0.38도/10년 정도로 상승하고 있으며, 1991~2000년 사이에는 0.55도/10년 정도로 상승하여 전국 평균보다 현저히 높다. 동북지역의 강수량은 점차 감소하고 있으며, 특히 여름철 강수량 감소가 뚜렷하고 강수량의 계절성 변화가 심하다. 온도의 상승으로 증발량의 증가와 토양 함수량의 하강으로 동북지역의 수자원 공급

31 『조선중앙통신』, 2016. 9. 3.

32 李雪松, 「东北亚区域环境跨界污染的合作治理研究」, 吉林大学博士学位论文, 2014.

33 关庆涛, 「浅谈朝鲜第四次核试验对辽宁省辐射环境影响」, 『环球人文地理』 4, 2016, p. 86.

과 수요와의 모순은 커질 것으로 예측되고 있다.[34]

동북지역은 1인당 경작지 면적이 전국에서 가장 크고(전국 평균 수준의 2.6배) 국내에서 중요한 식량 산지이다. 기후변화가 동북지역 농업에 끼치는 영향은 점차 강화되고 있다. 온도의 상승으로 농업 재배 구조가 점차 변화하여 밀의 파종 면적은 감소하고 옥수수와 벼의 파종 면적이 증가하여 옥수수, 벼, 콩을 중심으로 하는 식량 생산 구조가 형성되었다.[35]

강수량의 감소와 수자원 이용의 확대로 동북지역의 수자원 부족은 가속화되고 있다. 1990년대에 들어서 동북3성은 각기 3~4차례의 극심한 가뭄을 경험했으며, 2000년대에 들어서는 10년 사이에 8차 정도의 극심한 가뭄을 경험했다. 가뭄은 수전 농사 위주인 동북지역의 농업 생산에 큰 피해를 가져왔다.[36]

기후변화로 인한 동북지역 서부의 사막화, 토양의 염적화, 습지생태계의 감소, 병충해의 발생도 점차 심화되고 있다. 향후 동북지역은 기후변화에 대한 강화된 대응책을 마련해야 할 것이다.

(3) 중·러·북 간의 환경협력 강화

동북지역의 중·러·북 3국은 수상변계와 육지산맥변계를 통한 생물권과 환경영향권을 공유하고 있어 생태환경협력이 중요한 현실적 의의를 갖고 있다. 중·러 양국은 1997년에 환경보호협정을 체결했고, 2014년에는 전략적 협력 성명에 조인하여 수자원 이용과 수질오염, 생물다양성 보호, 변경지역 자연

---

34 居輝等,「气候变化对中国东北地区生态与环境的影响」,『中国农业通报』 4, 2007, p. 346.

35 谢立勇等,「东北地区农业及环境对气候变化的响应与应对研究」,『中国生态农业学报』 1, 2011, p. 198.

36 위의 논문, 같은 쪽.

보호구 설립, 재해 대응, 대기오염 방지 등 주요 협력 내용을 명확히 확정했다. 현재 하얼빈시와 하바롭스크시, 헤이허시와 아무르주는 우호 도시를 맺고 환경협의회를 운영하고 있으며, 자무쓰佳木斯시와 지시鸡西시도 헤이룽강과 싱카이호에 대한 생태 보호와 오염 방지 사업을 진행하고 있다. 중국과 북한은 1998년 환경협력협정을 체결하고 있으나 현재 실질적 진전을 보이고 있지는 않다. 앞으로 중·북 양국은 두만강과 압록강의 생태 보호, 장백산 생물다양성 보호, 황해 해양오염 방지 등 분야에서 생태환경 협력 체제를 형성해야 할 것이다.

| 참고문헌 |

제1장 만주(중국 동북지역)의 지정학과 지경학적 협력의 문제 : 역사·이론·정책의 변증

고지마 신지·마루야마 마쓰유키, 『중국 근현대사』, 박원호 역, 지식산업사, 2000.

구라미에 모리미치, 『새로운 악의 논리』, 최현 역, 범우사, 1980.

김계동, 「한반도 분단·전쟁에 대한 주변국의 정책」, 『한국정치학회보』 35(1), 2001.

김동길, 「1949년 1월 국공國共평화회담 중재에 대한 소련의 태도 및 세계안보전략」, 『역사학보』 202, 2009.

김성회, 「만주 전역, 1945년 8월」, 『군사』, 국방부 군사편찬연구소, 1981. 8.

김영신, 「근대 중국인의 동북 이주와 동북 개발 — 농업경제 발전을 중심으로」, 유지원 외, 『이민과 개발 — 한·중·일 3국인의 만주 이주의 역사』, 동북아역사재단, 2011.

김원수, 「간도 문제와 간도협약의 글로벌 히스토리 1907~1908」, 『사회과 교육』 49, 2010.

김정현, 「20세기 중국의 한국사 서술과 일본의 식민사관」, 『중국학보』 61, 2010.

김종헌, 「러시아의 대외정책과 간도」, 『동북아 국제 관계와 변경 문제』 (학술회의 자료집), 동북아역사재단, 2009.

김태국, 「중국의 변강정책에서 본 연길과 동북」, 『동북아 국제 관계와 변경 문제』 (동북아역사재단 학술회의 자료집), 2009.

동북아역사재단 편, 『동아시아 평화와 초국경협력』, 동북아역사재단, 2013.

______, 『한일 역사 속의 우리 땅 독도』, 동북아역사재단, 2017.

리 나랑고아, 「만주의 지정학 : 정착과 과학기술」, 『만주연구』 5, 2006.

마다정, 『중국의 동북변강 연구』, 이영옥 역, 동북아역사재단, 2004.

미와 기미타다, 「만주의 국제관계」, 나카미 다사오 외, 『만주란 무엇이었는가?』, 박선영 역, 소명출판, 2013.

성황용, 『근대 동양외교사』, 명지사, 1996.

손춘일, 「두만강 개발 계획과 북·중 변경에서의 국제협력 문제」, 『중국 변강 문제와 초국경협력 자료집』 (내부자료), 동북아역사재단.

스테판 다나카, 『일본 동양학의 구조』, 박영재·함동주 역, 문학과지성사, 2004.

알랭 족스, 「무질서의 제국에서의 지정학과 문명들」, 『이론』, 진보평론, 1994. 12.

오모토 케이이치 외, 『바다의 아시아 5 : 국경을 넘은 네트워크』, 김정환 역, 다리미디어, 2003.

유용태, 「중화민족론과 동북지정학 : 동북공정의 논리」, 『환호 속의 경종 : 동아시아 역사인식과 역사 교육의 성찰』, 휴머니스트, 2006.

이삼성, 「동아시아 대분단 체제에서 '역사 문제'의 구조와 출구의 모색」, 『냉전과 동아시아 : 사상, 지식, 질서』 (동북아역사재단 동아시아 이론 연구와 서술 국제학술회의 논문집), 2015.

이완범, 『한반도 분할의 역사 — 임진왜란에서 6.25전쟁까지』, 한국학중앙연구원 출판원, 2013.

이원택, 「성해응의 지정학과 울릉도·우산도 인식」, 『한국사상사학』 41, 2012.

이진일, 「'생존공간Lebensraum'과 '대동아공영권' 담론의 상호 전이 — 카를 하우스호퍼의 지정학적 일본관을 중심으로」, 『독일연구』 29, 2015.

이홍규, 「중국 동북진흥과 연변굴기」 (중국학연구회 학술발표회 발표논문), 2015.

임덕순, 『지정학』, 법문사, 1999.

장 순, 『미국의 한반도 개입에 대한 성찰』, 후마니타스, 2016.

정형아, 「전후 소련의 만주지역 철군 문제와 미·중·소의 이해관계(1945~1946)」, 『역사와 실학』 61, 2016.

조명철, 「청일·러일전쟁의 전후 처리와 한국 문제」, 『한일관계사연구』 36, 2010.

조정우, 「1930년대 제국일본의 식민지 인구 재배치와 선만척식회사」, 서울대학교 박사학위논문, 2014.

진시원, 「동아시아 철도 네트워크의 기원과 역사」, 『국제정치논총』 44, 2004.

차경애, 「의화단운동 진압 전쟁으로 인한 한국의 국제적 환경의 변화와 대응」, 『명청사연구』 24, 2005.

최덕규, 「만주에서의 러시아」, 한석정·노기식 편, 『만주 : 동아시아 융합의 공간』, 소명출판, 2008.

______, 『근대 한국과 동아시아 변경 연구』, 경인문화사, 2016.

최덕수, 「아리가토 아리토모의 제국주의론과 조선」, 이근욱 외, 『제국주의 유산과 동아시아』, 동북아역사재단, 2014.

카를 슈미트, 『땅과 바다 — 카를 슈미트의 세계사적 고찰』, 김남시 역, 꾸리에, 2016.

콜린 플린트, 『지정학이란 무엇인가』, 한국지정학연구회 역, 도서출판 길, 2007.

홍면기, 「동해평화론 서설 : 소통·협력 공간으로서의 동해와 한반도의 역할」 (고구려·발해학회 발표논문), 2010.

______, 「통일 논의에서 신지정학적 담론의 유용성과 확장의 문제」, 서울대학교-연세대학교 통일

대비국가전략연구팀, 『통일의 신지정학』, 박영사, 2017.

_____, 『영토적 상상력과 통일의 지정학』, 삼성경제연구소, 2006.

홍순호, 「한반도 분단 문제 및 중립화론의 역사적 과정」, 『한국정치외교사논총』 7, 1990.

홍웅호, 「1858~1898년 러시아의 동아시아 팽창과 만주」, 『동북아역사논총』 14, 동북아역사재단, 2006.

Brands, Hal and Jeremi Suri (eds.), *The Power of the Past : History and Statecraft*, Washington, D.C. : Brookings Institute Press, 2015.

Dodds, Klaus, *Geopolitics—A Very Short Introduction*, New York : Oxford University Press, 2007.

Jackson, W. A. Douglas, *The Russo-Chinese Borderlands*, New Jersey : D. Van Nostrand Company, Inc., 1962.

Joxe, Alain, "Geopolitics and Civilization in the Empire of Disorder," Tuomo Melasuo (ed.), *National Movements and World Peace*, Aldershot, U.K. : Avebury, 1990.

Kelly, Phil, *Classical Geopolitics : A New Analytical Model*, Stanford, California : Stanford University, 2016.

Mead, Walter Russel, "The Return of Geopolitics : The Revenge of the Revisionist Power," *Foreign Affairs*, May/June, 2014.

Nathan, Andrew J. and Andrew Scobell, *China's Search for Security*, New York : Columbia University, 2012.

Neustadt, Richard E. and Ernest R. May, *Thinking in Time : The Use of History for Decision Makers*, New York : The Free Press, 1986.

Rotberg, Robert I., "Failed States, Collapsed States, Weak States : Causes and Indicators," *State Failure and State Weakness in a Time of Terror*, Washington, D.C : Brookings Institute, 2003.

郭麗萍, 「清末邊疆危機應對與邊疆觀念變化」, 『聊城大學學報(社會科學版)』 1, 山東, 2015.

藤間丈夫, 『動き始めた環日本海經濟圈—21世紀の巨大市場-』, 東京 : 創知社, 1991.

馬大正, 『中國東北邊疆研究』, 北京 : 社會科學出版社. 2003.

米大偉, 『東北歷史 : 黑, 吉, 遼及東蒙通覽』, 哈尔滨 : 黑龍江人民出版社, 2009.

徐　勇, 「20世紀中國地緣戰略與抗美援朝戰爭關係」, 『만주연구』 6, 2007.

_____, 「東北地緣戰略因素與抗美援朝戰爭再探討」, 『中共黨史研究』 6, 北京 : 中共黨校, 2007.

薛衔天, 『中東鐵路護路軍與北邊疆政局』, 北京 : 社會科學文獻出版社, 1993.

王登登·侯永亮, 「建國六十年中蘇(俄)關係的歷史演變」, 『探索爭鳴』, 河南, 2009.

程維榮, 『近代東北鐵路附屬地』, 上海 : 上海社會科學出版社, 2008.

趙海龍, 「論建國初對蘇一邊倒外交政策演變的原因」, 『아시아문화연구』 10, 2006.

中見立夫, 『滿蒙問題の歷史的構圖』, 東京 : 東京外國語大學 アジア·アフリカ言語文化研究所, 2013.

陳芳芝, 『東北史探討』, 北京 : 中國社會科學出版社, 1995.

「'동북아 물류 신거점' 두만강 하구지역을 가다 ①」, 『내일신문』, 2014. 9. 23.
「시진핑, '동북3성-주변국 교류협력 강화' 지시」, 『통일뉴스』, 2015. 3. 10.

제2장 근대 시기 '환동해권'의 경제적 관계 : 일제강점기 조선의 대對'북방권' 무역을 중심으로

강진아, 「식민지 대만과 조선의 對中貿易 구조 비교」, 『大邱史學』 81, 2005,
김경일, 『제국의 시대와 동아시아 연대』, 창비, 2011.
김주용, 『일제의 간도 경제 침략과 한인 사회』, 선인, 2008.
김태웅, 「日帝下 群山府 華僑의 存在形態와 活動樣相」, 『지방사와 지방문화』 13(2), 2010.
송규진, 「일제하 관세정책의 변화가 조선의 대중국 무역에 끼친 영향」, 『아세아연구』 47(2), 2004.
_____, 「일제하 동북아 관세 문제와 조선의 대'중국' 무역」, 『한국사연구』 160, 2013.
_____, 「조선의 '북방권'무역을 통한 경제협력 네트워크 강화 과정」, 『史叢』 76, 2012.
_____, 「중일전쟁 시기 조선의 대제삼국 무역정책과 무역 실상」, 『민족문화연구』 43, 2005.
_____, 『일제하의 조선 무역 연구』, 고려대 민족문화연구원, 2001.
신진숙 외, 『환동해지역의 이해』, 경희대학교출판문화원, 2014.
정재정, 『일제 침략과 한국 철도 : 1892~1945』, 서울대학교출판부, 1999.
Tony Michell, "British Companies and British Commerce with Korea 1609~1984 ; Potential Unfulfilled," Chongwha Chung and J. E. Hoare (eds.), *Korea-British Relations ; Yesterday, Today and Tomorrow*, Vol. 15, No. 4, 1984, p. 92.
菱沼勇, 『戰時經濟と貿易國策』, 東亞政經社, 1941.
東亞經濟調査局, 『最近の關稅問題』, 1930.
東洋拓殖株式會社京城支店, 『間島事情』, 同会社, 1918.
山澤和三郎, 「最近に於ける鮮滿貿易について」, 『朝鮮』 216, 朝鮮總督府, 1933.
澁谷禮治, 「朝鮮對滿洲竝に對支那貿易の消長と其の將來」, 『朝鮮』 217, 朝鮮總督府, 1933.
_____, 「朝鮮貿易と近狀と其の助長發展策」, 『朝鮮貿易協會通報』 34, 1939.
_____, 「朝鮮貿易の新政勢と發展對策」, 『朝鮮貿易協會通報』 46, 1940.
西本計三, 「時局と朝鮮の商工業」, 『朝鮮』 274, 1938.
小林行昌, 『關稅經濟論』, 東京 : 巖松堂書店, 1937.
新田直藏, 『關稅戰上の日本』, 東京 : 大同書院, 1930.
日本經濟聯盟會調査課, 『關稅問題調査資料』, 1932.

全國經濟調査機關聯合會朝鮮支部編, 『朝鮮經濟年報』, 改造社, 1941/1942.

朝鮮東亞貿易柱式會社總務課, 『朝鮮貿易』 2, 1943.

______, 『朝鮮貿易』 4, 1943.

朝鮮貿易協會 天津支部, 「朝鮮米輸入業者協議會概要に就いて」, 『朝鮮貿易協會通報』 38, 1939.

朝鮮貿易協會, 「對關·滿·支輸出入物資の價格調整に就いて」, 『朝鮮貿易協會通報』 55, 1940.

______, 「貿易調査硏究座談會」, 『朝鮮貿易協會通報』 25, 1938.

______, 「密輸取締り問題 日貨排斥に進展」, 『朝鮮貿易協會通報』 3, 1936.

______, 「北京鮮米配給統制」, 『朝鮮貿易協會通報』 42, 1939.

______, 「北京鮮米取扱業者の會合報告」, 『朝鮮貿易協會通報』 37, 1939.

______, 「北京鮮米取扱業者會合」, 『朝鮮貿易協會通報』 37, 1939.

______, 「北支に於ける密輸入」, 『朝鮮貿易協會通報』 1, 1936.

______, 『朝鮮貿易史』, 1943.

朝鮮銀行調査課, 『朝鮮經濟年報』, 1948.

朝鮮總督府, 「關稅法, 關稅定率法, 保稅倉庫法 및 假置場法 등의 조선에 있어서의 특례에 관한 건」, 『朝鮮總督府官報』, 1920. 8. 11.

______, 「關稅法等을 朝鮮에 施行하는 件」, 『朝鮮總督府官報』, 1920. 8. 28.

______, 「稅關長會議」, 『朝鮮』 230, 1934.

______, 「陸接國境에 있어서의 화물의 수출입에 관한 건」, 『朝鮮總督府官報』, 1920. 8. 28.

______, 「支那絹布輸入稅率引上の影響」, 『朝鮮』 78, 1921.

______, 「支那輸入稅改正の朝鮮貿易上に及ばす影響」, 『朝鮮』 167, 1929.

______, 「韓國併合에 관한 條約」, 『朝鮮總督府官報』 1910. 8. 29(호외).

______, 『朝鮮に於ける支那人』, 1924.

______, 『朝鮮貿易年表』, 1914~1936(각 연도별).

______, 『朝鮮總督府官報』, 1934. 5. 3.

______, 『朝鮮總督府官報』, 1944. 2. 15.

______, 『朝鮮總督府施政年報』, 1931/1932.

朝鮮總督府關稅調査會, 『關稅調査事業の經過』, 1921.

朝鮮總督府編, 『朝鮮總督府 帝國議會說明資料』 9, 不二出版, 1994.

川島信太郎, 『本邦通商政策條約史槪論』, 東京 : 巖松堂書店, 1940.

川合彰武, 「ブロック經濟崩壞の兆-國際貿易主流の一變化」, 『朝鮮貿易協會通報』 1, 1936.

荒井賢太郎, 「歐洲戰亂の朝鮮貿易に及ぼせる影響」, 『朝鮮彙報』, 朝鮮總督府, 1917. 4.

「社團法人朝鮮貿易協會設立趣意書」, 『朝鮮貿易協會通報』 1, 朝鮮貿易協會, 1936.

「支那に於ける日貨排斥運動の朝鮮輸移出貿易に及ぼせる影響」,『朝鮮彙報』, 朝鮮總督府, 1920. 5.
「新關稅와 日常生活」,『東亞日報』, 1920. 9. 4.
「日鮮滿統一論」,『每日申報』, 1917. 5. 18~26.
「中國商人大恐慌」,『東亞日報』, 1924. 9. 9.
「合併과 關稅問題」,『每日申報』, 1910. 9. 9.
영국 외무성 Foreign Office 자료.

제3장 중국의 '일대일로' 전략과 동북아경제회랑의 정치경제

서정경,「일대일로, 중화민족의 부흥을 위한 장기적 포석」,『차이나브리프』3(2), 2015.
원동욱 외,『국제운송회랑의 새로운 지정학 : 유라시아 실크로드 구축을 위한 협력 방안 연구』, 대외경제정책연구원, 2015.
윤재영,「동북아 SUPERGRID 구상과 전망」,『세계 에너지 시장 인사이트』13, 2013.
정여천,『신북방 경제협력의 필요성과 추진 방향』, 대외경제정책연구원, 2014.
Denyer, Simon, "China bypasses American 'New Silk Road' with two if its own," *Washington Post*, October 14, 2013.
Liedy, Amy, "The Great Power Rivalry in Central Asia," Kennan Institute, July 7, 2011.
Singh, Zorawar Daulet, "Indian Perceptions of China's Maritime Silk Road Idea," *Journal of Defence Studies*, Vol. 8, No. 4, 2014.
石源華,「倡議中朝韓經濟走廊實現周邊合作全覆蓋」,『世界知识』5, 2015.
王木克,「東北亞經濟走廊的現實可能性」,『世界知识』14, 2015.
신범식,「네트워크론으로 본 동북아 석유·가스 파이프라인망 구축 : 한국 에너지 안보를 위한 설계 시론 1」, http://networkpolitics.ne.kr/userData/board/Seminar5_Shin.pdf(2015년 6월 12일 검색).
Min Ye, "China's Silk Road Strategy : Xi Jinping's real answer to the Trans-Pacific Partnership," http://foreignpolicy.com/2014/11/10/chinas-silk-road-strategy(2015년 12월 3일 검색).
「러시아 극동개발부 장관 '북한 철도 현대화 사업 위한 특별관리회사 설립'」, http://www.voakorea.com/content/article/2511227.html(2015년 6월 21일 검색).
国家发展改革委·外交部·商务部,「推动共建丝绸之路经济带和21世纪海上丝绸之路的愿景与行动」, http://www.gov.cn/xinwen/2015-03/28/content_2839723.htm(2015년 9월 12일 검색).
雪 珥,「'一带一路'上的政商陷阱」, http://www.bwchinese.com/article/1069742.html(2015년 9월 22일 검색).

王敬文,「习近平提战略构想：‘一带一路’打开‘筑梦空间’」, http://www.ce.cn/xwzx/gnsz/szyw/201408/11/t20140811_3324310.shtml(2014년 12월 11일 검색).

「图们江区域中俄经贸合作驶入“快车道”」, http://www.jl.xinhuanet.com/2014-12-03/c_1113489238.htm(2015년 8월 13일 검색).

「商务部部长助理：加强全方位互联互通 积极打造东北亚经济走廊」, http://www.ceweekly.cn/2014/0918/93060.shtml(2015년 8월 13일 검색).

「商务部部长助理：加强全方位互联互通 积极打造东北亚经济走廊」, http ://www.ceweekly.cn/2014/0918/93060.shtml(2015년 8월 13일 검색).

「王毅晒“一带一路”成绩单 30多国签署合作协议」, http://news.sohu.com/20160308/n439758343.shtml(2016년 9월 22일 검색).

「‘개성공단’ 정세 불안으로 성공 못 해, 라선은?」, http://www.dailynk.com/korean/read.php?cataId=nk00100&num=90537(2015년 4월 15일 검색).

「外交部长王毅：“一带一路”不是地缘政治的工具」, http://news.xinhuanet.com/politics/2015-03/08/c_127556752.htm(2015년 9월 12일 검색).

제4장 ‘일대일로’ 시각에서 본 중국 동북3성과 한반도 : 두만강지역 국제협력을 중심으로

김태환, 「‘신북방정책’으로서의 유라시아 이니셔티브 : ‘신지정학적 접근’의 외교전략적 함의」, 『주요국제문제분석』, 2014. 가을호.

김홍규, 「중국 일대일로 전략과 동북아 국제 관계의 변화 : 한계점과 전망」, 『중소연구』 3, 2016.

박동훈, 「동북3성과 한반도 경협의 비전과 과제 : 한중 전략적 협력 관계 내실화의 관점에서」, 『통일과 평화』 5(2), 2013.

______, 「두만강지역개발과 국제협력 : 중국 ‘창지투 선도구’ 건설의 국제환경 분석」, 『한국동북아논총』 57, 2010.

윤승현, 『두만강지역의 신개발 전략과 환동해권 확대 방안』, 강원발전연구원, 2009.

이기현, 「중국의 대북정책과 북·중 동맹의 동학」, 『JPI정책포럼』 15, 2011.

지상현·콜린 플린트, 「지정학의 재발견과 비판적 재구성」, 『공간과 사회』 31, 2009.

Huntington, Samuel, *The Clash of Civilization sand the Remaking of World Order*, New York : Simon and Schuster, 1996.

Luttwak, Edward. N., “From Geopolitics to Geoeconomics : Logic of Conflict, Grammar of Commerce,” *the National interest*, Vol. 20, 1990.

Tow, William, “America’s Asia-Pacific Is Out of Kilter,” *Current History*, 2007, September.

段进军·陆大道,「论大国东亚地缘经济战略与东亚地区经济合作」,『经济地理』2, 1999.

戴二彪,「中国における地域間所得格差の動向(1978~2008年)」, 国際東アジア研究センター, Working Paper Series, Vol. 7, 2010.

刘　英,「金融助力'丝路'战略」,『中国投资』3, 2015.

朴英姬,「韩国·朝鲜及东北亚铁路连接与物流合作」, 王胜今·朱显平 主编,『图们江区域合作开发研究』, 长春 : 吉林人民出版社, 2010.

薛　健,「'一带一路' : 大时代, 大布局, 大战略」,『中国战略新兴产业』1, 2015.

苏　浩,「地缘重心与世界政治的支点」,『现代国际关系』4, 2004.

孙相东,「'地缘政治学'概念研究」,『东方论坛』6, 2008.

倪世雄,「潜旭明新地缘政治与和谐世界」,『清华大学学报(哲学社会科学版)』5, 2008.

吴昊·闫涛,「长吉图先导区 : 探索沿边地区开发开放的新模式」,『東北亞論壇』2, 2010.

王缉思,「中国的国际定位问题与'韬光养晦, 有所作为'的战略思想」,『国际问题研究』2, 2011.

秦亚青,『国际体系与中国外交』, 北京 : 世界知识出版社, 2009.

许勤华,「评批判性地缘政治学」,『世界经济与政治』1, 2006.

石明山,「长吉图开发开放先导区打造东北新增长极」,『科学时报』, 2009. 9. 21.

中国国家发展改革委·外交部·商务部,「推动共建丝绸之路经济带和21世纪海上丝绸之路的愿景与行动」, 2015. 3. 28.

吉林省人民政府,「国务院调研组为图们江地区合作开发献计献策」, http://www.jl.gov.cn(2016. 8. 21. 검색).

제5장 중국 동북3성과 러시아 극동지역·북한의 경제 관계

ARAI Hirofumi, ZHU Yonghao and LI Jinbo, "Toward Expanding Japan-Russia-China Multimodal Transportation," *ERINA REPORT*, No. 125, 2015.

金鳳徳,「遼寧に希望をかける」, 小川雄平編,『中国東北の経済発展 : 九州との交流促進をめざして』, 福岡 : 九州大学出版社, 2000.

李鋼哲,「中朝経済関係の現状と展望」, 小牧輝夫·ERINA編,『経済から見た北朝鮮 : 北東アジア経済協力の視点から』, 東京 : 明石書店, 2010.

三村光弘,「吉林省のロシア·北朝鮮進出構想 : 東北部の発展のカギ握る」,『エコノミスト』85(66), 2007.

新井洋史·朱永浩,「中ロ貿易関係の変化と国境物流の新展開」, *ERINA REPORT*, No. 119, 2014.

日本貿易振興機構,『2015年度 最近の北朝鮮経済に関する調査』, JETRO, 2016.

朱永浩,『中国東北経済の展開 : 北東アジアの新時代』, 東京 : 日本評論社, 2013.

中国国家統計局,『新中国50年統計資料彙編』, 2004.

_____, 『中国工業経済統計年鑑』, 2004.

_____, 『中国統計年鑑』, 2000~2015(각 연도).

한국무역협회, http ://stat.kita.net(2017년 1월 8일 검색).

제6장 UN 대북對北 경제제재 조치가 북·중 교류와 교역에 미치는 영향

김상배, 「서론」, 윤영관 외, 『네트워크로 보는 세계 속의 북한』, 늘품플러스, 2015.

김유리, 「북·중 경제 관계 현황 및 향후 남·북·중 협력에 대한 시사점」, 『수은북한경제』, 2016. 가을.

김중호, 「대북 경제제재의 효과와 대북 정책 시사점」, 『수은북한경제』, 2012. 여름.

김흥규, 「새로운 북·중 관계의 시대, 어떻게 인식할 것인가」, 정덕구·추수롱 외, 『기로에 선 북중 관계』, 중앙북스, 2013.

동용승, 「북·일 경제 관계의 현황과 과제」, 『수은북한경제』, 2007. 봄.

림금숙, 「대북 제재가 북·중 경협에 미치는 영향」, 『수은북한경제』, 2016. 겨울.

민웅기, 「『해양비즈니스』 誌의 연구방법 체계에 대한 탐색적 고찰」, 『해양비즈니스』 29, 2014.

박지연, 「국제사회 대북 금융제재의 현황과 시사점」, 한국수출입은행 북한·동북아연구센터 편, 『북한의 금융』, 오름, 2016a.

_____, 「유엔의 스마트 제재와 북한」, 『수은북한경제』, 2016b. 봄.

_____, 『경제제재 그리고 북한의 선택』, 역락, 2016c.

신범식, 「북·중·러 접경지대 개발협력과 동북아시아 지역정치」, 윤영관 외, 『네트워크로 보는 세계 속의 북한』, 늘품플러스, 2015.

신종호, 「안보리 대북 제재 결의 2270호 이행보고서 평가」, 『Online Series』 CO 16-22, 2016. 9.

우승지, 「탈냉전 시기 북한의 의존 네트워크 분석」, 윤영관 외, 『네트워크로 보는 세계 속의 북한』, 늘품플러스, 2015.

이기현 외, 『중국의 주변외교 전략과 대북정책』, 통일연구원, 2015.

임갑수·문덕호, 『유엔안보리 제재의 국제정치학』, 한울, 2013.

임강택, 「한국의 대북 제재 : 분석과 시사점」, 『수은북한경제』, 2016. 여름.

장형수, 「북한의 핵·탄도미사일 개발과 대북 제재」, 『수은북한경제』, 2016. 봄.

정성윤, 「대북 제재 평가 및 전략적 고려 사항」, 『Online Series』 CO16-10, 2016. 4. 21.

_____, 「한국의 대북 제재 : 분석과 시사점」, 『수은북한경제』, 2016. 봄.

조한범, 「북한의 비핵화가 본질이다」, 『Online Series』, 2016. 2. 4.

최장호 외, 『북·중 분업 체계 분석과 대북 경제협력에 대한 시사점』, 대외경제정책연구원, 2015.

최화식, 「북한의 4차 핵실험과 중국, 러시아 요인」, 『2016 러시아는 어디로 가는가』, 김현택·김선래·최우익 편저, 한국외국어대학교 지식출판원, 2016.

홍제환, 「대북 제재 이후의 북·중 교역, 다각적 검토가 필요하다」, 『Online Series』 CO 16-21, 2016. 8. 8.

황지환, 「3차 핵실험 이후 중국의 대북 제재와 북한의 대응은 어떠했는가」, 정덕구·추수롱 외, 『기로에 선 북중관계』, 중앙북스, 2013.

Asan Institute for Policy Studies & C4ADS, In *China's Shadow*, August 2016.

Martin, Lisa, *Coercive Cooperation : Explaining Multilateral Economic Sanctions*, Princeton, N. J. : Princeton University Press, 1992.

Michell, Anthony, "Cross-Border Relations and North Korea : The Age of Sanctions," *Consensus Toward a Northeast Asian Economic Community*, Sejong : Korea Institute for International Economic Policy, 2016.

「'北석탄 수입 중지' 조치에도 석탄 밀무역 활발」, 『데일리NK』, 2017. 2. 23.

「대북 제재 불구 北 남포항 물자교역 변화 없어」, 『데일리NK』, 2017. 1. 20.

「대중 수출 북 석탄 가격 1톤당 20달러↑ 통치 자금 확보 여유」, 『자유아시아방송』, 2016. 10. 12.

「美, 北에 핵물자 지원, '中홍샹'에 초강력 제재」, 『데일리NK』, 2016. 9. 27.

「북 선박 50여 척 탄자니아로 국제 세탁」, 『자유아시아방송』, 2016. 10. 7.

「北, 쌀값 작년比 1,000원 하락… 시장화·中교역 확대 영향」, 『데일리NK』, 2017. 1. 31.

「북, 제재 불구 중국에 대규모 철광석 수출」, 『자유아시아방송』, 2017. 1. 27.

「北, 해외 노동자 탈북 가능성에도 파견 확충 움직임」, 『데일리NK』, 2017. 1. 31.

「북·중, 수산물 가공교역 활발… 대북 제재 속 활로 모색」, 『데일리NK』, 2017. 1. 20.

「안보리 대북 제재 결의 2770호」, 『자유북한방송』, 2016. 3. 9.

「안보리 대북 제재 결의와 러시아 나진-하산 구하기」, 『한겨레』, 2016. 3. 7.

「유엔 추가 對북 제재 결의, 내용보다 실천에 더 역점을 둘 듯」, 『자유아시아방송』, 2016. 10. 21.

「유엔 제재로 북한 선박 27척 모두 발 묶여」, 『자유북한방송』, 2016. 4. 6.

「일 언론, 북한 광물 실은 트럭 여전히 중국으로 들어가」, 『연합뉴스』, 2016. 4. 10.

「중 대북 사업 대북 제재로 크게 위축」, 『자유아시아방송』, 2016. 4. 3.

「中, 대북 금수 품목 추가 공고… 재래식 무기 포함」, 『데일리NK』, 2017. 1. 26.

「중, 대북 원유 수출 정상화했다」, 『자유아시아방송』, 2016. 10. 13.

「中, 대북 제재 고삐 조인다… 北식당 종업원·근로자 신규 비자 불허」, 『연합뉴스』, 2016. 5. 9.

「중, 중앙정부, 대북 제재 공식화… 석탄·항공유 등 금지 품목 발표」, 『연합뉴스』, 2016. 4. 5.

「중, 컨테이너 수송에 나진항 이용 본격화」, 『자유아시아방송』, 2015. 6. 30.

「중국 내 북한 식당 한국 고객 발길 뚝」, 『뉴포커스』, 2016. 4. 8.

「중국 상무부, '기업들에 북한 석탄 경보 발령'」. 『자유북한방송』, 2016. 12. 27.

「중국, 대북 위탁생산 확대」, 『자유아시아방송』, 2017. 2. 28.

「中 랴오닝훙샹, 사과박스에 核물자 숨겨 北에 대량밀매」, 『자유아시아방송』, 2016. 9. 20.

「中의 '노골적' 대북 제재 역행… 연변서 北인력 활용 경협 추진」, 『연합뉴스』, 2017. 3. 2.

「지난해 북·중 무역, 제재에도 7% 증가」, 『미국의 소리』, 2017. 2. 14.

「홀로 뒷걸음 성장… 랴오닝성의 눈물」, 『동아일보』, 2017. 2. 10.

「훙샹 무역 조사로 북·중 무역 주춤」, 『자유아시아방송』, 2016. 10. 4.

한국무역협회, http://stat.kita.net(2017년 2월 15일 검색).

第7장 몽골–중국 동북3성 경제협력과 환동해지역 : 몽골 수입 대체·수출 지향 산업의 최우선 분야에서의 협력을 중심으로

김주영·탁세영·박세근, 『중국 동북 3성 재건과 우리의 진출 방향』, 한국수출입은행, 2004.

서종원·안병민·노상우, 『중국 동북지역 교통 체계 발전 전망과 우리의 대응 방안』, 대외경제정책연구원, 2012.

신호윤, 「동북3성진흥전략과 한·동북3성 경제협력 방안」, 『조산·연구』 2, 2008.

코트라, 『중국 지방 성·시별 진출정보』, 2015.

_____, 『차이나 마켓 31』, 2011.

Б. Бямбадагва·Ц.Цэгц·Ч.Навчаа, "Төмрийн хүдэр олборлолт ба зах зээлийн хэтийн төлөв," Ашигт малтмалын газар, 2013 он.

Монгол улсаас БНХАУ-д суугаа Элчин сайдын яам, "Монгол улсын Ерөнхий сайд Н.Алтанхуяг БНХАУ-д албан ёсны айлчлал хийв," 2013. 11. 10.

Монгол улсын Засгийн газрын 2015 оны 492 дугаар тогтоолын хавсралт, "'Мах' хөтөлбөр," 2015. 12. 14.

Монгол Улсын Засгийн Газрын 396 дугаар тогтоолын хавсралт, "Төрөөс аж үйлдвэрийн талаар баримтлах бодлогыг хэрэгжүүлэх дунд хугацааны стратеги(2015-2020 он)," 2015. 10. 5.

Монгол Улсын Засгийн Газрын 75 дугаар тогтоол, "Газрын тос боловсруулах үйлдвэр, дамжуулах хоолой барихтай холбогдуулан авах зарим арга хэмжээний тухай," 2016. 2. 1.

Монгол Улсын Засгийн Газрын 9 дүгээр тогтоол, "Дархан-газрын тос боловсруулах үйлдвэр байгуулах төслийг хэрэгжүүлэх тухай," 2013. 1. 12.

Монгол Улсын Их Хурлын 2010 оны 32 дугаар тогтоолын хавсралт, "Төрөөс төмөр замын тээврийн талаар баримтлах бодлого," 2010. 6. 24.

Монгол Улсын Их Хурлын 2015 оны 62 дугаар тогтоолын хавсралт, "Төрөөс аж үйлдвэрийн салбарт баримтлах бодлого," 2015. 6. 19.

Монгол Улсын Их Хурлын 2016 оны 19 дүгээр тогтоолын хавсралт, "Монгол улсын тогтвортой хөгжлийн үзэл баримтлал-2030," 2016. 2. 5.

Монгол Улсын Их Хурлын 2016 оны 45 дугаар тогтоолын хавсралт, "Монгол улсын Засгийн газрын 2016-2020 оны үйл ажиллагааны хөтөлбөр," 2016. 9. 9.

Монгол Улсын Их Хурлын 74 дүгээр тогтоол, "Импортын барааны гаалийн албан татварын хувь, хэмжээг батлах тухай," 2015. 7. 9.

Монгол Улсын Их Хурлын 75 дугаар тогтоол, "Хөдөө аж ахуйн 'Халхгол' чөлөөт бүс байгуулах тухай," 2015. 7. 9.

ХХААЯ, "Цаг үеийн мэдээлэл," Дугаар 12, 2015 он.

Б. Баяртогтох, "Төмрийн хүдрээ төрийн мэдэлд авья," *Саак News*, 2013. 1. 7.

Г. Хулан, "Хятад руу мах экспортлох боломжтой боллоо," *Mongolian economy*, 2016. 2. 4.

Д. Гансаруул, "Х.Хэрлэн : Хөөт-Бичигтийн төмөр замын техник-эдийн засгийн үндэслэл боловсруулагдаж байна," *Өдрийн сонин*, 2016. 10. 30.

Зам, тээврийн хөгжлийн яам, "Б.Артур : Тавантолгой-Гашуунсухайтын төмөр замыг 2018 оны эцсээр ашиглалтад оруулахаар төлөвлөсөн," 2016. 10. 18.

М. Сувд, "Л. Наранбаатар : Төмрийн хүдрийн баяжмалаас 1.2 тэрбум ам.доллар олох боломжтой," *Eagle.mn*, 2013. 11. 10.

О. Одноо, "Ж.Батсуурь БНХАУ-ын Ляонин мужид айлчиллаа," *NNews*, 2014. 4. 10.

Т.Жанцан, "И.К.Азизов : Монгол мах экспортлох асуудлаа яаравчлах хэрэгтэй," *ASSA*, 2015. 9. 24.

У.Болор, "Хөгжлийн шатандаа яваа төмөрлөгийн үйлдвэрлэл," *NNews*, 2013. 11. 14.

"Тэсо корпораци албан ёсны төлөөлөгчийн газраа нээж Хятадын зах зээлд нэвтэрлээ," *NNews*, 2016. 3. 23.

"Дорнод аймгийн хөгжлийн цогц бодлого(2009~2016 он)," 2009 он.

"Зүүн бүсийн хөгжлийн хөтөлбөр(2006~2015 он)," 2015 он.

"Нэмэгдсэн өртгийн албан татварын тухай хууль(Шинэчилсэн найруулга)," 2015. 7. 9.

"Сүхбаатар аймгийн хөгжлийн хөтөлбөр(2007~2015 он)," 2007 он.

"Төлөвлөсөн төмөр замууд гацаад байна," *VIP 76*, 2016. 4. 11.

"Төрийн болон орон нутгийн өмчийн хөрөнгөөр бараа, ажил, үйлчилгээ худалдан авах тухай хууль," 2015. 7. 9.

"Үйлдвэрлэлийг дэмжих тухай хууль," 2015. 7. 9.

"Хөрөнгө оруулалтын тухай хууль," 2013. 10. 3.

"Хэнтий аймгийн хөгжлийн цогц бодлого(2010~2021 он)," 2009 он.

"Аймгийн засаг дарга Ж.Оюунбаатар Шилийн гол аймаг, Жинжөү хотод ажлын айлчлал хийлээ," http://khentii.mn/web/%D0%B0%D0%B9%D0%...B8/(2016년 12월 9일 검색).

ГТХЭГ, "Бүтээгдэхүүн хуваах гэрээт талбайнууд," http://www.pam.gov.mn/content/--%D0%91%D0%A5%D0%93-%D1%82--%D1%82%D0%B0%D0%BB%D0%B1%D0%B0%D0%B9%D0%BD%D1%83%D1%83%D0%B4-13094.shtml(2016년 11월 7일 검색).

ГТХЭГ, "Газрын тосны олборлолтын өнөөгийн байдал," http://www.pam.gov.mn/page/2622.shtml?sel=4830(2016년 10월 27일 검색).

Монгол улсын Гадаад харилцааны яам, "Монгол-Орос-Хятадын эдийн засгийн корридор байгуулах хөтөлбөрийн төслийн жагсаалт," http://www.mfa.gov.mn/?p=35087(2016년 11월 16일 검색).

МУҮСХ, Статистикийн мэдээллийн үндсэн сан, "Мал аж ахуй : Малын тоо(төрлөөр, бүс, аймаг, сум, нийслэлээр)," http://www.1212.mn/statHtml/statHtml.do(2016년 11월 27일 검색).

МУҮСХ, Статистикийн мэдээллийн үндсэн сан, "Мал аж ахуй : Хөдөө аж ахуйн бүтээгдэхүүний үйлдвэрлэл(төрлөөр, бүс, аймаг, нийслэлээр)," http://www.1212.mn/statHtml/statHtml.do(2016년 11월 21일 검색).

Үндэсний хөгжлийн газар, "Төмрийн хүдрийн таамаг нөөц 11 тэрбум тонн," http://investmongolia.gov.mn/?page_id=53(2016년 11월 2일 검색).

ХХААХҮЯ, "Хүнсний үйлдвэр : Сүүний үйлдвэрлэл," http://mofa.gov.mn/new/index.php?option=com_content&view=article&id=123&Itemid=195(2016년 12월 11일 검색).

제8장 중국 동북지역과 북·러 접경지역의 생태환경 문제

강택구 외, 『북·중 접경지역개발 현황 및 환경 상태 조사(3차)』, 한국환경경제·정책평가원, 2013.

추장민, 「동북아 환경협력의 현황과 과제」, 『환동해 관계망의 역동성』, 경희대학교출판문화원, 2016.

强连红等, 「建国以来中国黑龙江流域生态环境现状及保护对策」, 『中国林业产业』 8, 2016.

居煇等, 「气候变化对中国东北地区生态与环境的影响」, 『中国农业通报』 4, 2007.

金永焕等, 「图们江地区生态安全与区域可持续发展的思考」, 『沈阳农业大学学报』 7(2), 2005.

腾　仁, 「中俄毗邻地区生态安全合作研究」, 『西伯利亚研究』 4, 2010.

刘文新等, 「东北地区生态环境态势及其可持续发展对策」, 『生态环境』 16(2), 2007.

李雪松,「东北亚区域环境跨界污染的合作治理研究」, 吉林大学博士学位论文, 2014.

李汝资等,「近10a来东北地区生态环境演变及其特征研究」,『地理科学』33(8), 2013.

谢立勇等,「东北地区农业及环境对气候变化的响应与应对研究」,『中国生态农业学报』1, 2011.

关庆涛,「浅谈朝鲜第四次核试验对辽宁省辐射环境影响」,『环球人文地理』4, 2016.

宋玉祥,「东北地区生态环境保育与绿色社区建设」,『地理科学』22(6), 2002.

王　茉,「图们江地区经济社会与生态环境协调发展水平评价」,『长春工程学院学报』17(2), 2016.

尹韶汉等,「鸭绿江中下游地区生态环境演变分析」,『地理科学』6(6), 2001.

曹亚乔等,「鸭绿江流域生态环境保护与建设的问题和对策」,『丹东海工』12, 2008.

邹春燕等,「中俄界河黑龙江生态环境保护与治理的对策研究」,『林业经济研究』34(3), 2014.

랴오닝성 환경보호청,『辽宁省环境状况公报』, 각 연도별.

옌볜주통계국,『옌볜통계연감』, 2016.

중국 국가통계국,『中国统计年鉴』, 각 연도별.

중국 국토자원부,『中国国土资源公报』, 각 연도별.

지린성 환경보호청,『吉林省环境状况公报』, 각 연도별.

헤이룽강 환경보호청,『黑龙江省环境状况公报』, 각 연도별.

『조선중앙통신』, 2016. 9. 3.

『腾讯新闻』, 2016. 9. 1.

지린성 통계연감, http://tjj.jl.gov.cn/tjnj/2016/ml/indexc.htm(2016년 12월 15일 검색).

옌볜주 환경보호국, http://www.yb-hb.gov.cn/SubPages/Zxdt/ZxdtDetail.aspx?id=67&mno=znyw (2016년 11월 26일 검색).

百度地图, https://www.baidu.com/(2016년 12월 5일 검색).

❙ 저자 소개 ❙

홍면기 국제정치 전공. 동북아역사재단 연구위원이며, 독도체험관장이다. 주요 논저로 『영토적 상상력과 통일의 지정학』, 『한반도 평화 번영을 위한 분야별 거버넌스 제도화 방안』(공저), 『동아시아 평화와 초국경협력』(공저), 『통일의 신지정학』(공저), 『중국의 한국전쟁 참전 기원』(역서), 「장보고의 해상 활동과 미래 한국의 국가 전략 : 한반도 미래 비전과 지정학적 정체성의 모색」, 「'동해 평화론' 서설 : 소통·협력 공간으로서의 동해와 한반도의 역할」, 「재외한인 네트워크의 새로운 방향과 과제」 외 다수가 있다.

송규진 한국 근현대사 전공. 고려대학교 아세아문제연구소 교수이며, 아세아문제연구소 비교사연구센터장이다. 주요 논저로 『일제하의 조선무역 연구』, 『통계로 본 한국 근현대사』(공저), 『제국 시기 식민지인의 '정치참여' 비교』(공저), 『동아시아국제관계사』(공저), 「유럽과 비교를 통한 동북아 '역사 화해'의 가능성 : 독일-폴란드와 한국-일본을 중심으로」, 「조선총독부의 통계행정기구 변화와 통계 자료 생산」, 「함경선 부설과 길회선 종단항 결정이 지역경제에 끼친 영향 : 나진·웅기·청진을 중심으로」, "'Cooperative Imperialism' in Colonial Korea : The Role of Japan and the Western Powers in Abolishing Foreign Settlements" 외 다수가 있다.

원동욱 중국 대외관계 전공. 동아대학교 중국일본학부 중국학 전공 교수이며, 국제정치학회 중국분과장이다. 주요 논저로 『중국의 동북지역개발과 신북방 경제협력의 여건』(공저), 『국제운송회랑의 새로운 지정학 : 유라시아 실크로드 구축을 위한 협력 방안 연구』(공저), 『신기후 체제하 글로벌 에너지 질서 변동과 한국의 에너지 전략』(공저), 「중국의 지정학과 주변외교 : '일대일로'를 중심으로」, 「중국의 대북 영향력 분석 및 전망」 외 다수가 있다.

박동훈朴東勳 정치학 전공. 중국 옌볜대학교 국제정치학과 부교수이며, 옌볜대 조선한국연구센터 부주임이다. 주요 논저로 『글로벌 금융위기 이후 중국과 한반도』, 『한중수교 이후 북·중 관계의 발전 : 추세 분석과 평가』(공저), 『朝鲜半岛研究文献资料索引』(공저), 『东北亚国际合作 : 困境与出路』(편저), 「동북3성과 한반도 경협의 비전과 과제 : 한·중 전략적 협력관계 내실화의 관점에서」, 「두만강지역개발과 국제협력 : 중국 '창지투선도구' 건설의 국제환경 분석」, 「김정은 체제 정당성 원천에 관한 연구」, 「김정은 시대 북한 체제 개혁의 과제 : 포스트 마오 시기(1976~1978) 중국과의 비교를 중심으로」, 「중국의 조어도 분쟁에 있어서 대응 전략의 변화」, 「중국의 대북정책 변화와 중·한 관계 : 천안함 사건 이후를 중심으로」 외 다수가 있다.

주용하오朱永浩 동북아경제론·중국경제론 전공. 국립대학법인 후쿠시마대학교 경제경영학류 준교수이다. 주요 저서로 『신아시아경제론 : 중국과 아시아·컨센서스의 모색』(공저), 『중국 동북진흥전략과 한·중 경제협력』(공저), 『중국 동북경제의 전개 : 동북아시아의 신시대』 외 다수가 있다.

최영진 중국 사회학 전공. 경희대학교 국제지역연구원 HK교수이다. 주요 논저로 『환동해 관계망의 역동성』(공저), 『환동해지역의 이해』(공저), "Aligning Labor Disputes with Institutional, Cultural and Rational Approach : Evidence of East Asian-Invested Enterprises in China", 「환동해지역의 항구와 해상관계망 형성」, 「동북아 접경지역의 경제기술개발구, 소지역협력 그리고 일대일로」 외 다수가 있다.

김보라 경제학 전공. 단국대학교 몽골연구소 연구교수이다. 주요 논저로 *Гадаадын шууд хөрөнгө оруулалт, Гадаадын шууд хөрөнгө оруулалтыг шийдвэрлэгч хүчин зүйлс*, 「GTI에 대한 몽골의 시각과 비전 및 한·몽 협력 방안 : 동몽골지역개발계획 내용을 중심으로」, 「이웃 국가들을 통해 출해구出海口를 확보하고자 하는 몽골의 이해관계와 몽골-러시아 연해주 협력 : 정책 문서와 협의·합의·협약 내용을 중심으로」, "Foreign Direct Investment(FDI) Opportunities in the Mongolian Four Regions and Regional Dispersion of Korean FDI in Mongolia", "Strengthening Cooperation between Invest Mongolia Agency and KOTRA : From the Perspective of Synergy Opportunities" 외 다수가 있다.

이송림李松林 환경경제·환경정책 전공. 중국 옌볜대학교 경제학과 전임강사이다. 주요 논문으로 「自治体における容器包装リサイクル政策の分析と評価ー横浜市等の大都市における事例研究」, 「容器包装リサイクル費用の測定と評価に関する自治体での実証分析とEPR適用可能性」, 「自治体における容器包装リサイクル費用の測定と評価」, 「韩国的低碳经济政策」, 「延边地区城市废弃物分类收集与资源化处理对策研究」, 「동북아 환경문제와 환경협력」, 「延边地区县域生态经济发展模式与对策研究」, 「朝鮮民主主義共和国の自然環境保護と自然保護区についての考察」, 「中国の環境経済政策の現状と展望」 외 다수가 있다.

경희대학교 국제지역연구원 환동해지역연구 시리즈 6

중국 동북지역과 환동해지역의 관계성

초판1쇄 인쇄　2017년 5월 20일
초판1쇄 발행　2017년 5월 22일

지은이　홍면기 송규진 원동욱 박동훈 주용하오 최영진 김보라 이송림
펴낸이　조인원
펴낸곳　경희대학교 출판문화원
주소　서울시 동대문구 경희대로 26
전화　02-961-0106~8, 팩스 02-961-0291
설립　1960년 9월 16일 제5-8호
등록　1977년 11월 8일 제6-5호
홈페이지　www.khupress.com
전자우편　press@khu.ac.kr

ISBN 978-89-8222-565-9 94910
978-89-8222-393-8 (세트)